厦门大学知识产权研究丛书

总主编 林秀芹

中央高校基本科研业务费专项资金（ZK1005）资助
Supported by the Fundamental Research Funds for the Central Universities（ZK1005）

我国专利侵权损害赔偿制度的法经济学研究

李 晶◎著

Legal and Economic Research of China's Patent Infringement Damage Compensation System

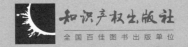

知识产权出版社
全国百佳图书出版单位

图书在版编目（CIP）数据

我国专利侵权损害赔偿制度的法经济学研究／李晶著．—北京：知识产权
出版社，2019.7

ISBN 978-7-5130-6199-5

Ⅰ．①我… Ⅱ．①李… Ⅲ．①专利侵权—赔偿—研究—中国 Ⅳ．①D923.424

中国版本图书馆 CIP 数据核字（2019）第 144071 号

责任编辑：刘　睿　邓　莹　　　　　　责任校对：王　岩
文字编辑：邓　莹　　　　　　　　　　责任印制：刘译文

我国专利侵权损害赔偿制度的法经济学研究
李　晶　著

出版发行：知识产权出版社 有限责任公司　　　网　　址：http：//www.ipph.cn
社　　址：北京市海淀区气象路 50 号院　　　　邮　　编：100081
责编电话：010-82000860 转 8346　　　　　　责编邮箱：dengying@cnipr.com
发行电话：010-82000860 转 8101/8102　　　发行传真：010-82000893/82005070/82000270
印　　刷：北京嘉恒彩色印刷有限责任公司　　经　　销：各大网上书店、新华书店及相关专业书店
开　　本：720mm×1000mm　1/16　　　　　印　　张：14
版　　次：2019 年 7 月第 1 版　　　　　　　　印　　次：2019 年 7 月第 1 次印刷
字　　数：212 千字　　　　　　　　　　　　定　　价：58.00 元
ISBN 978-7-5130-6199-5

前　　言

专利侵权损害赔偿作为最重要的专利救济途径，是激励及保护创新之有效政策杠杆。我国当前以加大专利侵权损害赔偿力度为路径的专利战略转向最终能否在我国实现社会福利最优的实施效果，有赖于决策者对专利侵权损害赔偿体系运行收益与成本的深刻理解。本书拟运用成本与收益分析来评估我国现有专利侵权损害赔偿制度的运行实效和福利效应，据此为我国专利公共政策的制定与完善提供理论依据及政策指引。

本书的创新点主要有以下几点：首先，构建以效率与效益为价值指引的专利侵权法定赔偿规范化量赔标准：第一步应以基础性、普适性及中位数代表性为原则确立基准参考案例；第二步通过比较个案与基准参考案例在专利商业化程度及侵权情节要素上的区别，并运用如下计算公式来确定个案最终赔偿额：

法院对原告法定赔偿额的支持程度＝专利商业化程度 30%＋侵权能力30%＋侵权所涉金额 10%＋地域范围 10%＋侵权持续时间 10%＋故意侵权 10%

其次，引入累积创新理论作为加大赔偿力度司法趋势的限制原则。鉴于中短期内我国企业主流的创新模式属于累积创新，专利侵权损害赔偿制度这一政策变量需要通过选择性适用市场分摊与全部市场价值原则、引入赔偿金分割制度以默许、保护甚至鼓励边际合法行为等措施最大程度地减少制度的实施成本。

再次，提出专利侵权损害赔偿之顺位设计必须符合纳什均衡。通过评估不同计算方式下个体福利与社会福利之间的均衡程度，本书提出，应通过优先适用合理许可使用费倍数及因侵权所受损、审慎适用因侵权获利、确立法定赔偿的例外适用原则等路径以促成利益相关人之间相互监督、制约的合作博弈关系。

最后，倡导在专利侵权损害赔偿制度中对成功商业化的专利给予倾斜保护。本书分析了对成功商业化专利进行倾斜保护的经济理性，提出应通过明晰"专利商业化"的认定标准、给予合法商业化专利默认的三倍许可费保护、将专利的商业化程度作为法定赔偿量化确定的最重要因素等建议，促成我国专利从技术到运用的跨越。

目　　录

绪　　论

一、研究背景

随着我国经济发展方式加快转变，创新引领发展的趋势越发明显，实证数据体现自 2008 年以来，我国的产业创新模式已经初步实现从单纯的引进、模仿向集成创新的跃迁。[1] 但不可否认的是，我国的自主创新仍面临严峻挑战，具体体现在：原始创新与基础科学领域少有建树；专利质量、专利商业化运用能力与发达国家差距巨大；过度依赖政府推动，企业创新动力和活力不足；创新资源配置重复分散、使用效率不高、共享不足；专利侵权现象较为普遍，特别是群体侵权、重复侵权还较为严重。

制度经济学理论认为，制度创新可以从根本上改变经济主体的各种决策，成为推动技术创新的最重要力量。[2] 著名经济学家吴敬琏也指出：在经济增长方式转变过程中，有两个因素最为重要：一个是技术创新因素，一个是制度创新因素，而制度因素重于技术因素。[3] 专利法是以保护专利权人合法权益、鼓励发明创造、推动发明创造的运用、提高创新能力以及促进科学技术进步和经济社会发展为目的的基本法律制度，是影响我国经济发展与转型的重要制度因素。专利侵权损害赔偿作为最重要的专利救济

---

❶　高锡荣，罗琳. 中国创新转型的启动证据——基于专利实施许可的分析［J］.科学学研究，2014（7）：1001.

❷　NORTH, DOUGLASS, C., ROBERT P. THOMAS, The Rise of the Western World: a New Economic History［M］. Cambridge: Cambridge University Press, 1973: 24.

❸　吴敬琏. 制度重于技术——论发展我国高新技术产业［J］. 经济社会体制比较，1999（5）：1-6.

途径，直接决定了专利权人的经济激励以及侵权人的侵权成本，专利侵权损害赔偿制度的合理构建及有效实施可以激励创新、促进经济发展方式的转型、优化产业结构，是行之有效的政策杠杆，对我国的经济转型和创新战略具有重要意义。2015 年 12 月 2 日公布的《中华人民共和国专利法修订草案（送审稿）》中最为重要的修改方向即为加大专利保护力度以维护权利人合法权益。2015 年 12 月 22 日发布的《国务院关于新形势下加快知识产权强国建设的若干意见》强调应通过提高知识产权侵权法定赔偿上限，针对情节严重的恶意侵权行为实施惩罚性赔偿并由侵权人承担实际发生的合理开支等途径加大知识产权侵权行为惩治力度，实行严格的司法保护。2015 年 3 月 18 日，最高人民法院院长周强在最高法院知识产权司法保护中心成立大会时指出，应针对知识产权司法审判面临的举证难等问题，探索建立知识产权诉讼证据开示制度，研究公平合理的知识产权诉讼举证规则，设计合理有效的证据保全制度，积极开展知识产权侵权损害赔偿制度理论研究。以上事例均说明我国已经开始了以加强专利司法保护力度为路径的、主动自觉的专利战略调整。

与此同时，专利制度影响技术变革与经济发展的机理和效果是十分复杂的。政策科学理论认为，公共政策是有一定限度的，如果某一公共政策所产生的社会成本较高，就可能难以达到预期目的，甚至可能带来不利后果。专利政策有赖于一般社会条件的成就，影响专利产品生产、传递、利用的基本条件必须具备，包括专利政策赖以存在和有效实施的经济、科技、文化等物质社会和社会环境，以及基于专利政策导向而配套形成的相关公共政策体系。如果上述条件得不到满足，专利政策就不能达到预期效果，甚至可能产生负面影响。❶ 现阶段虽然我国某些行业的领军企业已经初步具备了原始创新能力，但大部分企业主流的创新模式属于累积创新；图 0-1 与图 0-2 显示，在我国，内资企业拥有的发明专利与外资企业拥有的发明专利相比呈现"双低"特征：内资企业有效发明专利在内资企业所

---

❶ 吴汉东. 利弊之间：知识产权制度的政策科学分析 [J]. 法商研究，2006(5)：6.

有专利总数中所占比例较低，仅为 17.6%，内资企业长年限有效发明专利维持率较低，仅为 7.6%；同时在我国市场上具备较高商业价值的核心专利、基础专利多被外资企业掌握，累积创新严重依赖外资企业所有之专利；❶ 图 0-3 显示 2005～2013 年，我国始终处于典型的"知识产权净进口国"地位，且知识产权许可费逆差近年来呈现不断扩大趋势。❷ 因此加大侵权损害赔偿力度对我国企业累积创新将产生何种成本与影响值得深入研究。与此同时，在我国现行社会环境和执法环境下，侵权人具有极强的动机采取机会主义行为，提供虚假营业利润信息，甚至主动造假以承担低水

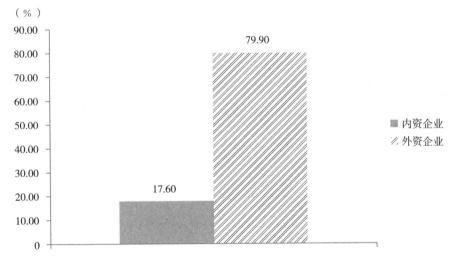

图 0-1　发明专利在内外资企业各自持有的专利总数中的比重

资料来源：国家知识产权局规划发展局：《2014 年中国有效专利年度报告》，国家知识产权规划发展司，2015 年 11 月。

---

❶　国家知识产权局规划发展局 2013 年中国有效专利年度报告（一）［EB/ OL］. http：//www. sipo. gov. cn/ghfzs/zltjjb/201503/ P020150325527033534175. pdf，2013-12-05/2015-08-05.

❷　世界银行. 知识产权使用费，接受［DB/OL］. http：//data. worldbank. org. cn/indicator/BX. GSR. ROYL. CD/countries？page＝1，2015 -06-15；世界银行. 知识产权使用费，支付［DB/OL］. http：//data. worldbank. org. cn/indicator/BM. GSR. ROYL. CD，2015-06-15.

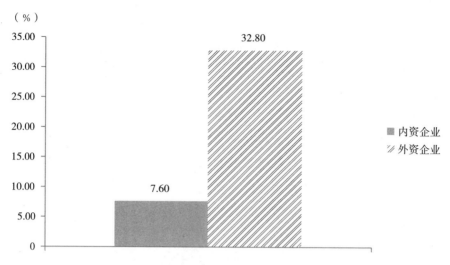

图 0-2　有效期超过十年的发明专利在内外资企业各自持有的
发明专利总数中的比重情况

资料来源：国家知识产权局规划发展局：《2014 年中国有效专利年度报告》，国家知识产权规划发展司，2015 年 11 月。

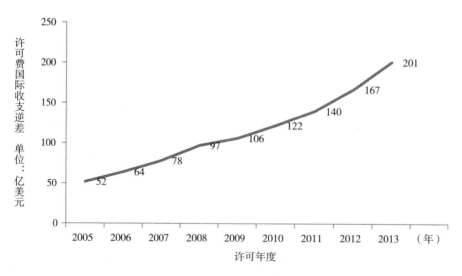

图 0-3　2005～2013 年中国知识产权许可费逆差情况

资料来源：世界银行：知识产权使用费，接受 ［DB/OL］. http://data.worldbank.org. cn/indicator/BX.GSR.ROYL.CD/countries？page＝1, 2015－06－15.

平的专利侵权赔偿。在社会诚信程度不高、法院保全执法力量有限而侵权又大量存在的背景下，如果没有健全的机制以加强证据保全的执行、强制力度并有效震慑伪造财务文件行为，所谓专利侵权损害赔偿的科学计算与量化只能沦为屠龙之技。

我国 2008 年《专利法》已经确立了一套符合国际公约标准的、相对完整的侵权损害赔偿制度，其基本目标在于通过补偿性赔偿使受害人恢复到未遭侵权以前的效用水平，意在"使受害人完好无损"，其实施的方式应当"有助于技术创新以及技术转让和传播，有助于技术知识的创作者与使用者以增进社会和经济福利、有助于权利和义务平衡的方式相互受益"。❶ 然而在具体实施过程中，专利作为创新程度最高的知识产权类型，其侵权损害赔偿水平长期处于低水平状态。据统计，专利侵权案件中的原告主张的损害赔偿均值为 50.1 万元，法院最终支持的平均金额仅为 15.9 万元，法院对原告的判赔支持度均值仅为 36.8%，❷ 据此国内产业界普遍反映"专利保护实施效果与创新主体的期待存在较大差距"，❸ 将知识产权执法力度与世界其他国家进行比较，我国也远未达到世界平均水平。❹ 为何这一用心良好的制度设计与司法实践存在如此反差？我国现有专利侵权损害赔偿制度是否实现了专利法预期的立法目的，换言之，专利侵权损害赔偿的司法运行现状是否有效？如何确保加大专利侵权行为惩治力度这一政策转向最终在我国实现社会福利最优的实施效果？显然这些问题对于我国顺利实施国家知识产权战略，实现创新驱动是至关重要的。然而学界对上述问题的讨论绝大多数止于理论分析，而鲜有实证研究。对我国专利

---

❶　Agreement on Trade – Related Aspects of Intellectual Property Rights. Part 1, Article 7.

❷　詹映，张弘．我国知识产权侵权司法判例实证研究——以维权成本和侵权代价为中心［J］．科研管理，2015（7）：150.

❸　中华人民共和国国家知识产权局．关于《中华人民共和国专利法修改草案（征求意见稿）》的说明［Z］．2015.

❹　2010 年，中国知识产权执法力度综合指数在全球 122 个国家和地区中位列第 92 位．详见詹映．我国知识产权保护水平的实证研究——国际比较与适度性评判［J］．科学学研究，2013（9）：1347–1354.

侵权损害赔偿制度运行实效的判定或是依据个案当事人的主观感受，或是仅对专利侵权损害赔偿立法进行法律规范分析，缺乏对我国专利侵权损害赔偿运行实效的定量研究。正是在上述背景下，笔者将"我国专利侵权损害赔偿制度的法经济学分析"作为本研究方向，拟运用成本与收益分析法评估我国现有专利侵权损害赔偿计算规则的效率功能和福利效应，据此构建专利侵权损害赔偿计算规则的科学量化体系，以期为我国专利公共政策的制定和当前正在进行的最新一轮专利法修订提供理论依据及政策指引。

二、研究目的与意义

基于上述背景，本书拟采用法经济学的理论与方法，对我国专利侵权损害赔偿制度的运行实效与改善建议进行经济分析，意图构建以最大化社会福利、最小化实施成本为原则的专利侵权损害赔偿制度，为我国创新驱动战略提供法律保障。

（一）理论意义

本书理论意义有以下两点。

首先，探索了专利侵权损害赔偿制度对我国产业累积创新、社会福利的影响，为我国构建最优专利救济提供了理论与实证依据。专利侵权损害赔偿作为最重要的专利救济途径，直接决定了专利权人的经济激励以及侵权人的侵权成本，专利侵权损害赔偿制度的合理构建及有效实施可以激励创新、促进经济发展方式的转型、优化产业结构，是行之有效的政策杠杆，对我国的经济转型和创新战略具有重要意义。目前学者对我国专利侵权诉讼的研究主要是基于法律文本分析的定性研究，实证研究比较缺乏，尤其缺乏对合理专利许可使用费、因侵权获利、因侵权受损专利侵权损害赔偿计算方式的实证研究，本书在一定程度上弥补了这一领域的研究空白。

其次，运用了法经济学的方式评估我国现行专利侵权损害赔偿制度运行实效，具有方法论上的启示意义。本书主张法律制度应追求社会经济效率，专利法最重要目的应基于功利角度，即为了保护专利权人合法权益、鼓励发明创造、推动发明创造的运用、提高创新能力以及促进科学技术进步和经济社会发展。❶ 基于这一观点，本书对专利侵权损害赔偿制度涉及的所有主体进行收益成本分析，研究各个主体会如何理性地对现行制度/改善建议的法律激励/法律引导做出反应，以及他们的反应是否会提升或降低社会福利，以此评估专利侵权损害赔偿制度的运行效果并提出改善建议，将法学与经济学分析方法紧密结合，将法经济学与我国立法、司法实践相结合，为法经济学的本土化做出了有益探索。

（二）现实意义

运用经济学方法研究我国专利侵权损害赔偿制度的现实意义如下。

首先，在立法层面，对构建有效服务我国自主创新战略的专利侵权损害赔偿制度，具有重要的指导意义。以加强专利司法保护力度为路径的专利战略调整是"中国制造"到"中国智造"产业转型背景下自主的制度选择，然而这一用心良好的政策最终能否在我国实现社会福利最优的实施效果，有赖于决策者对专利侵权损害赔偿体系运行收益与成本的深刻理解。本书从经济效率的角度提出了降低制度运行成本的立法原则与立法对策，对构建高效的，符合纳什均衡的专利侵权损害赔偿制度提供了重要理论依据及政策指引。

其次，在司法层面，为法官公正、高效审理专利侵权案件、有效保护创新成果提供了有益的理论指引。专利法所对应的科技领域发展日新月异，近年来随着标准组织、多重专利产品、专利流氓商业模式的涌现，专利法保护领域的新问题、新矛盾层出不穷，而专利法作为成文法，具有法律原则性与稳定性的一般属性，无法随时修改。专利法的相对滞后性需要法官在法律没有规定或规定模糊时，能够以最符合专利法立法本意的方式创造性地诠释及适用规则以解决纠纷。本书深入分析了专利侵权损害赔偿规则运行的经济逻辑，指出了该制度实施过程出现的权利空置、逆向选择、实施异化等不良倾向，并为该制度实施过程中的难点构建了一整套具有操作性的解决方案，包括法定赔偿的科学计算与量化、基于我国累积创

---

❶ 我国《专利法》第1条阐明的专利法立法目的。

新的特征及需求选择性适用技术分摊原则与全部市场价值原则等，为法官公正、高效审理专利侵权案件、有效保护自主创新提供了有益的理论指引。

三、研究方法与内容

（一）研究方法

1. 法经济分析法

本书在研究专利权人、侵权人及法院对不同损害赔偿计算方式的决策反应以评估现行计算方式的外部性和构建最优赔偿计算方式时运用了行为预测方法；在评估不同计算规则经济效率与社会福利效应时运用了成本收益分析方法；运用效果评估方法分析了不同计算规则对权利人诉讼收益、诉讼成本及侵权人侵权成本，得出了较为客观的量化结论。

2. 案例分析法

对于我国专利侵权法定赔偿审判尺度统一性研究，本书主要采用案例分析。笔者通过选取同一权利人就同一专利的系列维权案，对不同法院运用的损害赔偿计算规则、判罚绝对数额、对原告起诉额支持程度、法定赔偿参考系数进行统计及案例分析，从而证明我国专利侵权法定赔偿审判存在适用尺度不一、判罚缺乏清晰说理及可预测性的问题。

3. 定量分析法

笔者对我国发明专利侵权损害赔偿的实效提出研究假设，通过调查研究、统计分析、相关分析等计量研究方法，论证我国现有专利侵权损害赔偿对权利人严重补偿不足，四种存在先后适用次序的计算方式只有法定赔偿获得压倒性适用，对权利人维权成本补偿程度偏低，法定赔偿计算方式的诉讼效率相较于其他三种计算方式并不明显等，并据此提出针对性改善意见。

4. 法理分析法

本书基于传统法学的实质正义理论、专利制度的激励理论以及侵权法中关于补偿性赔偿的填平理论，提出了最优专利侵权损害赔偿的应然标准，以此评估专利损害赔偿不同计算方式的实施实效，并据此作为修正与完善现有专利侵权损害赔偿制度的理论基础。

（二）研究内容

本书的研究内容主要分为八个部分。

第一部分，对选题的背景和意义进行详细阐释。如何通过专利侵权损害赔偿制度调整一国专利的保护强度，从而促进创新及本国产业发展是各国的理论研究热点；我国的产业创新模式已经初步实现从单纯的引进、模仿向集成创新的跃迁，急需加大专利侵权行为惩治力度以矫正司法保护中严重的赔偿不足；我国现有专利侵权损害赔偿制度在实施过程中出现了异化及权利空置倾向，亟待通过构建符合纳什均衡的配套机制以实现最优的赔偿水平。

第二部分，对我国专利侵权损害赔偿制度的现状、存在问题及成因进行总体的梳理，该部分是对我国专利侵权损害赔偿制度进行法经济学分析及制度优化构建的逻辑起点，只有准确的诠释及定位专利侵权损害赔偿制度的问题及成因，才能引导立法与司法突破智识资源的局限，使专利侵权损害赔偿制度能真正贴近中国市场经济运行的现实特征及要求，使专利法真正实现利益的动态平衡。

第三部分，对相关理论进行综述，并据此构建本书的理论框架与评估体系。对专利制度目的论、最优专利救济理论、累积创新理论、专利价值实现理论进行综述，为本书提供理论支撑，并构建了我国专利侵权损害赔偿制度的经济学分析框架，为制度建议与完善提供理论支撑。

第四部分，对我国专利侵权法定损害赔偿计算方式进行法经济学分析，首先运用统计分析对我国专利侵权法定赔偿的适用现状进行案例实证研究，其次基于收益成本分析方法对我国专利侵权法定赔偿制度的运行实效进行评估，在此基础上针对性地提出构建法定赔偿量化标准、提升对原告诉请金额的支持率、确立法定赔偿的例外适用原则及强化法定赔偿额确定的论证环节等制度改善建议。

第五部分，对我国专利侵权合理许可使用费损害赔偿计算方式进行法经济学分析，首先运用统计分析对该计算方式的实施现状进行案例实证研究，其次基于收益成本分析方法对该制度的运行实效进行评估，在此基础上针对性地提出明晰"明显不合理"许可使用费上限的举证路径、对合法商业化的专利给予三倍许可费倾斜保护及对满足在先许可交易真实性审查时默认适用合理许可费倍数计算方式等制度改善建议。

第六部分，对我国专利侵权因侵权所受损失损害赔偿计算方式进行法经济学分析，首先运用统计分析对该计算方式的实施现状进行案例实证研究，其次基于收益成本分析方法对该制度的运行实效进行评估，在此基础上针对性地提出明晰该方式适用几大关键要素之举证指引、基于我国累积创新的特征及需求引入技术分摊原则并选择性适用等制度改善建议。

第七部分，对我国专利侵权因侵权获利损害赔偿计算方式进行法经济学分析，首先运用统计分析对该计算方式的实施现状进行案例实证研究，其次基于收益成本分析方法对该制度的运行实效进行评估，在此基础上针对性地提出审慎适用专利损害赔偿侵权获利计算方式、探索设立税务、公安、法院三方联动的证据妨碍机制及赔偿金分割制度、基于我国累积创新的特征及需求选择性适用技术分摊原则与全部市场价值原则、将对被告财务资料进行审计的费用列入维权合理开支等制度完善建议。

第八部分，基于以上的理论与实证研究，得出全书结论并提出我国专利侵权损害赔偿的整体适用框架及配套制度建议。

四、研究思路与创新点

（一）研究思路

本书的研究思路，如图 0-4 所示，首先，对我国专利侵权损害赔偿制度的现状、存在问题及成因进行总体的梳理；其次，通过文献回顾，对专利制度目的论、最优专利救济理论、专利价值实现理论、累积创新理论与侵权法的法经济学分析理论、进行综述，在此基础上提出专利侵权损害赔偿制度运行的理论框架；再次，基于法经济学的成本收益分析角度分别对我国专利侵权损害赔偿的四大损害赔偿计算方式进行效率功能和福利效应的评估；最后，基于评估结果，对我国专利侵权损害赔偿计算方式提出制度优化的建议对策。根据以上研究思路，本书分为七章。

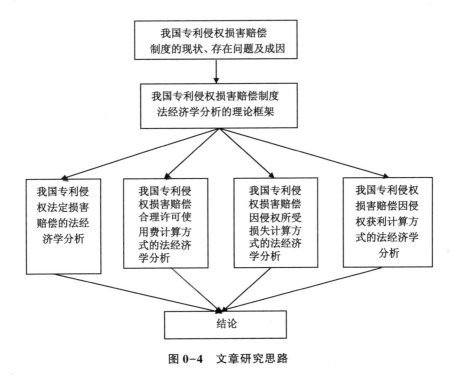

图 0-4　文章研究思路

(二) 创新点

本书主要的创新之处有以下几点。

1. 基于累积创新理论评估我国专利侵权损害赔偿制度之实效并据此作为加大赔偿力度司法趋势的限制原则

研究发现，我国企业在中短期内主流的创新模式属于累积创新，而累积创新严重依赖国外专利，因此我国长期以来大规模、低水平适用的法定赔偿能够降低我国企业从事累积创新的成本。随着我国产业发展已经实现从创新式模仿向模仿式创新的跃迁，加大赔偿力度将带来更显著的社会福利改善。在此背景下，专利侵权损害赔偿制度这一政策变量仍然需要通过选择性适用市场分摊与全部市场价值原则、引入赔偿金分割制度以默许、保护甚至鼓励边际合法行为，最大程度地减少制度的实施成本，使其与我国产业累积创新的现实特征与需求相适应。

2. 提出应以提高社会经济效率、实现纳什均衡为目标构建我国专利侵权损害赔偿制度

一项立法是否能够符合纳什均衡，是法律能否有效实施的重要条件。规则设计要符合纳什均衡，要求立法者在制度设计上必须考虑到法律关系涉及的全部主体的策略选择，克服个体利益和集体利益之间的矛盾，从而通过个体的最优策略选择实现社会最优，使权利人按照集体理性决策和行为成为可能。考虑到我国法律实施过程中经常出现的"异化"及权利空置特质，笔者提出，应通过建立税务、公安、法院三方联动的证据妨碍机制、构建明晰易用的法定赔偿量化标准、优先适用合理许可使用费及因侵权所受损失计算方式以促成利益相关人之间相互监督、制约的合作博弈关系，在最小化诉讼制度运行成本的基础上实现最优的专利损害赔偿水平。

3. 在专利侵权损害赔偿制度中构建倾斜保护商业化专利的实施路径

本书分析了对成功商业化专利进行倾斜保护的经济理性，提出应通过明晰"专利商业化"的认定标准、给予合法商业化专利默认的三倍许可费保护、将专利的商业化程度作为法定赔偿量化确定的最重要因素以提高创新产品的转化率，促成我国专利从技术到运用的跨越。

4. 全面的案例实证数据

以 2009 年 1 月 1 日至 2015 年 9 月 4 日审结的、法院认定侵犯发明专利权成立的 318 起案例为对象，运用 SPSS 21 软件对每起案例的原告主张赔偿计算方式、法院采纳之计算方式、原告支出合理费用等 41 项变量进行数值统计及图表归纳，为我国专利损害赔偿制度提供了迄今为止最为全面的实证数据，以期为我国专利公共政策的制定和当前正在进行的最新一轮专利法修订提供理论依据及政策指引。

（三）不足

（1）除了法定赔偿计算方式的案例样本数足够以外，其余计算方式的案例统计样本过少，统计结果可能缺乏普遍意义及指导性。该现象是我国专利侵权司法实践的真实反映，笔者会定期对案例库进行动态更新以充实

和完善统计结果。

（2）由于适用相同的评估指标，对某些损害赔偿计算方式的收益、成本分析甚至是政策建议可能存在类似之处。例如除了因侵权所受损失计算方式以外，其余三种计算方式都存在严重补偿不足的问题；因侵权获利作为因侵权所受损失的替代计算方式，两种方式都需要选择性地适用技术分摊原则。

（3）由于人力与时间的限制，对案例数据统计的交叉验证不够充分及深入。

五、文献综述

（一）国内研究综述

专利侵权损害赔偿体系的实施效果一直是我国学者研究的热点，大量学者对专利侵权赔偿规则进行规范分析，对司法案例进行评析，并提出完善建议。广州市中级人民法院知识产权庭研究了目前知识产权审判赔偿法定赔偿唯一化及法定赔偿缺乏量化标准体系的困境及成因，并提出了证据披露、证据妨碍、运用优势证据认定赔偿数额、专家辅助人制度、引入惩罚性赔偿制度等一套完整的改善建议，并开创性地构建了法定赔偿的量化标准体系的原则、具体量化要素及适用方法。[1] 王鹏对现有专利侵权法律制度经济分析及相关研究成果进行综述，从经济学视角重新审视了专利侵权法律制度的演变、内容、逻辑结构和特点，分别对专利侵权法律制度的各个组成部分，包括专利权的界定、专利保护的范围、专利实施权安排、专利侵权外部性的解决方式进行经济学分析，并提出相应的对策建议。[2] 朱启莉在确定知识产权法定赔偿含义和特征的基础上，分析其价值基础，并针对我国在适用条件、计量标准与赔偿数额确定基准、参考因素三方面存在的问题提出相应的完善建议，希望能够尽可能地增加适用知识产权法

---

[1] 广州市中级人民法院知识产权审判庭课题组，夏强．模糊的边界：知识产权赔偿问题的实务困境与对策［J］．法治论坛，2014（3）：175.

[2] 王鹏．最优专利侵权归责原则的选择——一种经济模型的方法［J］．制度经济学研究，2010（4）：26-38.

定赔偿的确定性，使民事主体对自己的行为责任的预期能够在最大程度上确定下来，并进一步强化对知识产权权利人利益的保护。❶ 胡晶晶对知识产权侵权损害赔偿中的利润剥夺计算方式的请求权基础进行质疑，其认为利润剥夺并入侵权损害赔偿请求权的路径将"侵权获利"推定为"实际损害"缺乏合理的理论基础；利润剥夺的前提是侵权行为成立，但在侵权法框架下无法以不当得利返还作为救济方式，并且从侵权获利中区分出不当得利在计算上难以实现；无因管理旨在维护公序良俗，与利润剥夺的预防功能无法契合；利润剥夺独立说缺乏充分的必要性以及合理的法理基础。利润剥夺应并入法定赔偿，作为确定赔偿额的影响因素存在，从而发挥预防功能而又不带有惩罚性，且避免使权利人获得意外之财，符合全面赔偿原则和矫正正义的实质性要求。❷ 张楠通过比较与梳理各国对同一市场规则、技术分摊原则、全面市场价值原则、边际利润等争议点的立法与案例，构建了通过初步计算与合理调整计算所失利润的完整体系，是目前国内唯一专门围绕因侵权受损计算方式展开的全面研究。❸

我国有许多学者运用经济学模型评估专利侵权赔偿规则。董雪兵、史晋川通过构建累积创新框架下的拍卖模型来探讨知识产权制度的社会福利效应，比较各种具体制度的效率及在各种特殊的产业中的应用保护。基于存在领先厂商情况下累积创新过程中的创新竞赛问题的分析，可以得到三种不同策略情形下的社会福利函数，并确定知识产权保护程度的适用范围。研究结论的应用扩展表明：以生物技术、电子和医药等为主的行业，适用比较严格的保护制度进行保护，如专利制度；以计算机软件、音乐、书籍和期刊等为主的行业，适用比较宽松的保护制度进行保护，如版权制度。❹ 王鹏建立模型研究不同规则原

❶ 朱启莉. 我国知识产权法定赔偿制度研究 [D]. 长春：吉林大学，2010：85-177.

❷ 胡晶晶. 知识产权"利润剥夺"损害赔偿请求权基础研究 [J]. 法律科学（西北政法大学学报），2014（6）：113.

❸ 张楠. 论专利侵权赔偿所失利润计算方式 [D]. 天津：南开大学，2013.

❹ 董雪兵，史晋川. 累积创新框架下的知识产权保护研究 [J]. 经济研究，2006（5）：97-105.

则对侵权人行为的影响以选择最优规则原则，指出对于制造者、进口者来说应适用无过错归责原则；对销售、使用者来说应适用过错规则原则。❶祝建辉运用经济分析的方法，对专利侵权适用专利使用费赔偿的条件、经济依据和赔偿倍数进行分析，分析表明当专利权人因被侵权所受损失和侵权人因侵权获利都难以确定时，可适用专利许可使用费进行赔偿，以专利许可使用费的一定倍数作为赔偿额具有经济合理性，应根据诉讼成本和侵权发生的概率对赔偿额的弹性来确定赔偿倍数。❷

　　近年来，有越来越多的学者开始以定量的方式来分析专利侵权损害赔偿的实施效果。詹映、张弘基于我国各级法院审理的 4 768 件知识产权侵权案件对我国知识产权实际保护状况进行实证分析，结果显示，知识产权维权成本高问题并不显著，但维权周期长问题确实存在；侵权赔偿低问题十分突出，法院过多适用法定赔偿确定赔偿额，使权利人常常得不偿失，而举证难是这一问题的关键原因。❸ 贺宁馨对我国专利侵权诉讼的有效性进行最为全面完整的实效分析，其基于专利侵权诉讼目的论，对专利侵权损害赔偿的有效性进行理论分析，实证研究得出我国专利侵权损害赔偿基本有效的结论，反驳了美国 332 调查的不当指责。❹ 贺宁馨还基于 2005~2010 年法院受理的一审专利民事胜诉案件进行了实证研究，构建了影响专利赔偿额的模型，研究发现专利类型、侵权行为数量、专利权人的请求赔偿额、法院所在区域对赔偿额有显著的正向影响，侵权人数和侵权事件跨度对赔偿额没有影响，并据此提出应规定具体举证的侵权情节并规定侵权情节对赔偿而影响的量化程度，细化赔偿额计算方法，裁判文书应统一规定必须列

---

❶　王鹏．最优专利侵权归责原则的选择——一种经济模型的方法 [J]．制度经济学研究，2010（4）：26-38．

❷　祝建辉．基于经济分析的专利使用费赔偿制度研究 [J]．科技管理研究，2010（11）：226-228．

❸　詹映，张弘．我国知识产权侵权司法判例实证研究——以维权成本和侵权代价为中心 [J]．科研管理，2015，36（7）．

❹　贺宁馨．我国专利侵权诉讼有效性的实证研究 [D]．武汉：华中科技大学，2012．

举影响因素及量化关系的建议。❶ 杨柳对随机选取的五个省市关于法定赔偿方式的侵权损害判赔案件进行实证分析，结果证明我国专利前法定赔偿存在法定赔偿被滥用、法定赔偿理由在文书中体现不充分、没有明确确定的计量标准、精神损害赔偿不予以支持、法定赔偿判定数额过低等问题。❷ 李黎明对 2002~2010 年的专利侵权案件进行了主体特征及行业属性研究，指出专利侵权法定赔偿存在明显的产业区分特征和多种赔偿计算方式并用情形，新《专利法》实施后，高新技术产品法定赔偿额显著提升。在原告损害或侵权获利部分确定之前提下，法院应结合产业的行业特点对不确定因素进行法定赔偿，赔偿总额应允许超过 100 万元限额，对于专利经济贡献难以量化的高新技术产品专利纠纷，应考虑引入技术分摊原则和产额利润法以减少法定赔偿原则的适用。❸ 王风分析了北京、上海、广州、山西、甘肃五个省市的专利案件，重点研究专利侵权损害赔偿制度的适用及赔偿额分布问题，探讨了各省市在专利侵权损害赔偿判决中的不同和差距，并提出了完善损害赔偿方式适用的条件和顺序、完善法定赔偿立法、增加精神损害赔偿及惩罚性赔偿及增加专利权人利息损失的建议方案。❹

（二）国外文献综述

关于专利侵权损害赔偿的实施效果分析一直是法学领域研究的热点。学者的研究思路主要是对专利侵权损害赔偿体系的整体或单个侵权赔偿计算方式进行规范分析，对司法实践提出批评并提出完善建议。

近年来一大研究趋势是批评一体适用的损害赔偿规则，提出应根据不同的科技或行业授予不同的专利赔偿。夏皮罗（Shapiro）指出美国现行专利体系下可能会导致专利权人获得超过其社会贡献的私人收益，这些超额

---

❶ 贺宁馨，李杰伟，丁秀好. 专利侵权损害赔偿额的影响因素研究——基于我国 24 个地区专利侵权案件的实证［J］. 情报杂志，2012（12）：109-114.

❷ 杨柳. 我国专利侵权损害法定赔偿问题研究［D］. 南昌：江西财经大学，2014.

❸ 李黎明. 专利侵权法定赔偿中的主体特征和产业属性研究——基于 2002—2010 年专利侵权案件的实证分析［J］. 现代法学，2015（4）：170-183.

❹ 王风. 我国专利侵权损害赔偿相关问题研究［D］. 兰州：兰州大学，2009.

私人收益将增加无谓损失（deadweight loss）并阻碍他人创新。据此其提出应通过调整专利救济机制，包括厘清合理许可费的计算方式，缩小故意侵权的范围以确保专利权人的收益与其社会贡献相一致。❶西西尔曼（Sichelman）反对专利救济的"填平"属性，认为专利法应被调整为促进社会福利最大化的创新的种类与水平，而不是为私人被侵权提供救济。专利不应被视为保护私人利益的私权，而仅是为创新者提供赔偿的方法。❷罗思（Roin）指出应当运用专利进入市场的时间作为变量来评估每个行业创新的经济价值，据此决定专利赔偿以实现恰当均衡，平衡创新的收益与专利垄断价格及阻滞后续创新的社会成本，并反驳了此歧视性做法违反 Trips 协议及可能引发大规模政治游说的意见。❸日本学者竹中俊彦（Takeneka）对日本1999年加强专利保护，尤其是加强专利实施力度的政策进行了比较研究及效果评估，结果显示该政策转向有效地提升了日本的国际竞争力，并重振其国内经济，科技进出口已经实现盈余并且稳步提升，国际竞争排名日益提升，该政策转向基本实现了其预期目的。❹

近年来，学者对专利侵权损害赔偿有效性的研究逐步超出了纯法学的范畴，开始运用经济学的理论和方法来评估专利侵权损害赔偿规则的效率功能和福利效应。柯特和布莱尔（Cotter & Blair）是运用经济分析以构建最优知识产权侵权损害规则的鼻祖，塑造了一套完整的知识产权金钱救济规则制定及评估体系。其研究提出，在缺乏权利实施、信息及交易成本的背景下，为了保障知识产权法的激励结构以及知识产权的类产权性质，损害赔偿规则应至少使侵权人不因侵权结果获益，而最优规则首先应在现有

---

❶ SHAPIRO C. Patent reform：Aligning reward and contribution［M］. Innovation Policy and the Economy, Volume 8. University of Chicago Press, 2008：111-156.

❷ SICHELMAN T M. Purging Patent Law of 'Private Law' Remedies［J］. Texas Law Review, 2014, 92（3）：516-571.

❸ ROIN B N. The Case for Tailoring Patent Awards Based On the Time-To-Market of Inventions［J］. UCLA La Review, 2014, 61（3）：672.

❹ TAKENAKA T. Success or Failure-Japan's National Strategy on Intellectual Property and Evaluation of Its Impact from the Comparative Law Perspective［J］. Wash. U. Global Stud. L. Rev. , 2009（8）：379.

规则无法实施有效震慑时，权利人应能够获得因侵权所造成的损失赔偿以保护权利人的发明动机，或对被告适用因侵权获利规则以避免由法院决定知识产权的价值并鼓励双方进行事前的资源交易，其次法院最终应选择这两类规则中较重的赔偿规则；最后法院应通过适当增加或减少赔偿以平衡震慑难以发现的侵权及防止潜在的使用者过分遵守法律义务的冲突利益，确保胜诉原告获得补偿性赔偿或恢复原状赔偿中较重的救济。❶ 享利和特纳（Henry & Turner）基于双寡头垄断的固定位置及市场准入模型，评估了专利损害赔偿体系对市场竞争的影响，在专利实施基本确定无疑时，合理许可费机制能够产生对称的均衡价格因此能够最大化静态效率并最大程度地提升创新动机；在专利实施缺乏确定性且产品足够有价值时，因侵权所失去利润可能震慑侵权并最大程度地提升创新动机；因侵权获利机制则产生较低的静态效率及较低的创新动机。❷ 詹姆斯·安东和丹尼斯·姚（Anton & Yao）检验了在侵权决策是内生且影响市场选择的背景下，专利侵权损害赔偿在方法创新的均衡寡头模型中的影响，研究发现即使权利人的利润通过因侵权所失去利润规则得以保护，与侵权能够受到震慑的机制相比，创新的动机仍然受到了削减。❸ 怀亚特（Wyatt）论证纳什的博弈理论充分适用了具体个案的实际情况进行分析，考虑了诉讼双方的博弈地位，能够中立地计算及调整合理许可使用费损害赔偿，因此应作为 George Pacific 要素的替代计算方式。❹ 戈尔登（Golden）指出鉴于确定适当的侵权损害赔偿受限于公共和私人资源，相关法律不应退化成微观经济学上的

---

❶ BLAIR R D, COTTER T F. Economic Analysis of Damages Rules in Intellectual Property Law ［J］. Wm. & Mary L. Rev, 1997, 39（5）: 1585.

❷ HENRY M D, TURNER J L. Patent Damages and Spatial Competition ［J］. The Journal of Industrial Economics, 2010, 58（2）: 279-305.

❸ ANTON J J, YAO D A. Finding "Lost" Profits: An Equilibrium Analysis of Patent Infringement Damages ［J］. The Journal of Law, Economics, & Organization, 2006, 23（1）.

❹ WYATT L. Keeping Up with the Game: The Use of the Nash Bargaining Solution in Patent Infringement Cases ［J］. Santa Clara High Technology Law Journal, 2014, 31（3）: 427.

无效努力：尝试实现绝对精确且实质超过社会需求，并据此提出了设计专
利救济的五大原则：非绝对主义、反行业歧视、学习、行政性以及授权。❶
赖茨格、汉高和希恩（Reitzig, Henkel & Heath）开创性地提出在全球现有
损害赔偿机制下，"被侵权"是拥有不重要专利的小型企业主要的创新开
发策略，尤其是在类似于德国这种将侵权人获利作为潜在救济的国家。即
使是在仅适用合理许可使用费计算方式的国家，错误地使用高水平的标准
行业费率也将导致对专利流氓过分赔偿并使"被侵权"有利可图。❷ 希尔
德（Heald）的研究提出，在存在交易成本的现实世界中，专利救济的目
的应是为有效交易发生提供动机，同时最小化交易成本。❸

　　部分学者基于微观数据对专利侵权诉讼进行了计量研究。马祖奥、希
尔和兹扬茨（Mazzeo, Hillel, Zyontz）对 1995～2008 年美国联邦法院 340
起侵权成立且判罚损害赔偿的案件进行了计量经济学分析，其构建的计量
模型能够解释损害赔偿 75% 的变量，案件涉及专利的数量、专利的成熟程
度、专利的权利要求范围、专利的向前引用数、是否由陪审团决定以及案
件耗费的时间都将实质性影响损害赔偿的大小。研究结果显示侵权损害赔
偿并非系统性地无法预测，基于此反驳了专利侵权损害赔偿不合法的批评
意见。❹ 莱姆利和夏皮罗（Lemley & Shapiro）对美国法院适用合理许可费
计算损害赔偿的案件进行实证分析，指出在许可费堆叠的情况下，该计算
方式将导致法院过分预估合理许可费。❺ 加拉索和肖克曼（Galasso &

❶　GOLDEN J M. Principles for Patent Remedies [J]. Texas Law Review, 2009, 88
(3): 505.

❷　REITZIG M, HENKEL J, HEATH C. On Sharks, Trolls, and Their Patent Prey—
Unrealistic Damage Awards and Firms' Strategies Of "Being Infringed" [J]. Research Policy,
2007, 36 (1): 134-154.

❸　HEALD P J. TRANSACTION COSTS THEORY OF PATENT LAW [J]. OHIO
STATE LAW JOURNAL, 2005, 66 (3): 473.

❹　MAZZEO M J, HILLEL J, ZYONTZ S. Explaining the "Unpredictable": An Empir-
ical Analysis of US Patent Infringement Awards [J]. International Review of Law and Econom-
ics, 2013, 35 (C): 58-72.

❺　LEMLEY M A, SHAPIRO C. Patent Holdup and Royalty Stacking [J]. Texas Law
Review, 2006, 85 (7): 1991.

Schankerman）对 1975～2000 年所有由美国联邦上诉巡回法院审结的案件进行了实证分析，研究显示联邦巡回上诉法院的亲专利倾向及法院判决的确定性将减少专利丛林对侵权诉讼调解的影响，包括减少诉讼的争议时间以及增加与专利丛林相关的专利谈判数量。❶ 科琳·钱（Chien）对未经诉讼和被权利人提出诉讼的案件数据进行比较，证明最后进入诉讼的专利在转让、再审查、维持和引用方面比普通专利更加频繁，常具有不同规模的所有权人并可能基于专利进行融资，并基于此提出诉讼的可能性不仅在于专利的价值，也在于专利的所有权及交易记录。❷

部分学者基于宏观数据进行了实证分析，分析了侵权诉讼对行业及经济的影响。拉古（Raghu）就专利诉讼结果公布或调解对电子行业涉案人股票价格的影响进行了评估，结果显示专利侵权诉讼对被告股价将产生不利影响，原告则可能从中获得显著的、超过正常水平的经济回报，然而这两大效果却不是零和博弈，被告的损失潜在地超过专利权人的收益。以专利印证率进行衡量指标的专利质量对专利诉讼中的市场价值影响巨大。❸ 蔡碧慧（Huei）对 2001～2006 年 87 个中国台湾地区集成产业的数据进行了实证数据分析，结果显示专利授权的快速增长与专利侵权诉讼的发生具有正相关关系，意味着知识产权侵权诉讼加强了企业创新的动力。❹

（三）评述及贡献

纵览国内外研究文献可以发现，专利侵权损害赔偿制度作为激励创新、促进经济发展的有效政策杠杆，是各国学者和政府广泛关注的热点问

---

❶ GALASSO A, SCHANKERMAN M. Patent Thickets, Courts, and the Market for Innovation [J]. the RAND Journal of Economics, 2010, 41（3）：472-503.

❷ CHIEN C V. Predicting Patent Litigation [J]. Texas Law Review, 2011, 90（2）：283.

❸ RAGHU T S, WOO W, MOHAN S B, et al. Market Reaction to Patent Infringement Litigations In the Information Technology Industry [J]. Information Systems Frontiers, 2008, 10（1）：61-75.

❹ TSAI B H. Does Litigation Over the Infringement of Intellectual Property RightsHinder Enterprise Innovation? An Empirical Analysis of the Taiwan IC industry [J]. Issues & Studies, 2010, 46（2）：173-203.

题之一。目前学者主要基于两大研究范式对侵权损害赔偿制度进行研究。第一种是法学研究方法，即运用专利法、侵权法的基本法律原则来评估专利侵权损害赔偿规则的合理性，研究结论能够为侵权损害赔偿体系起到价值指引及纠偏作用；还有部分学者采用了比较分析的方法，结合本国的具体社会、经济情况移植、改造他国先进的法律规则以完善我国专利侵权损害赔偿制度。第二种则是法经济学的研究方法，部分学者运用法经济学、制度经济学、产权经济学、行为经济学的基础理论和方法论，运用成本与收益来分析评估专利侵权损害赔偿的实施效率和社会福利影响，丰富了专利侵权损害赔偿制度的理论。部分学者基于微观数据对专利侵权诉讼进行了计量研究，以实证统计分析推动了专利侵权诉讼理论研究的丰富与深化。还有部分学者基于宏观数据进行实证分析，分析侵权诉讼对行业及经济的影响，提出应通过调整侵权诉讼立法及实施强度以最好地满足本国经济与产业的特征和需求。

我国学者对专利侵权损害赔偿制度的研究基本集中于理论研究，近年来开始逐步重视该领域的实证研究，但主要集中在对法定损害赔偿的有效性分析，对其他三种损害赔偿计算方式的定量研究尚属于研究空白。同时对专利侵权损害赔偿的经济学分析一般着眼于最优专利宽度角度，提出的建议较为宏观与原则。本书对专利侵权损害赔偿的四大计算方式均采用微观案例统计数据进行运行实效评估，弥补了其他三大计算方式微观实证研究文献的不足，不仅为专利侵权损害赔偿的体系构建提供原则性的理论指导，更尝试构建明晰易行的司法实施路径及配套公共政策，确保权利兑现及制度有效运行。

第一章 我国专利侵权损害赔偿制度之现状、问题及成因研究

第一节 我国专利侵权损害赔偿制度之现状

一、定义

依据我国民法和知识产权法理论，专利侵权损害赔偿通常包含三重含义：第一，它指权利人与加害人之间的一种权利义务关系，即指当公民、法人和其他民事主体依法享有的专利权受到他人不法侵害，遭受财产利益或精神利益的损害时，权利人享有向加害人请求赔偿的权利，加害人负有向权利人赔偿义务的民事法律关系。这种法律关系也称作侵犯专利侵权损害赔偿之债。❶ 第二，它是专利法中最重要的权利救济制度，即专利侵权损害赔偿制度。根据专利法的规定，无论公民、法人等任何民事主体，只要侵犯了他人享有的专利权，给权利人造成损害的，都应当予以赔偿。第三，它是专利法规定的一类民事责任形式，在不法行为人侵害了他人享有的专利并造成损害时，即负有赔偿的义务。如果加害人不履行赔偿义务，权利人有权提起民事诉讼并通过人民法院的判决强制其承担赔偿损失的民

---

❶ 刘京. 专利侵权损害赔偿研究［D］. 北京：北京化工大学，2010.

事责任。❶

二、立法体系

我国于 2009 年 10 月 1 日施行的、第三次修订之《专利法》第 65 条奠定了我国现行专利侵权损害赔偿制度的基本框架："侵犯专利权的赔偿数额按照权利人因被侵权所受到的实际损失确定；实际损失难以确定的，可以按照侵权人因侵权所获得的利益确定。权利人的损失或者侵权人获得的利益难以确定的，参照该专利许可使用费的倍数合理确定。赔偿数额还应当包括权利人为制止侵权行为所支付的合理开支。权利人的损失、侵权人获得的利益和专利许可使用费均难以确定的，人民法院可以根据专利权的类型、侵权行为的性质和情节等因素，确定给予一万元以上一百万元以下的赔偿。"第三次修订之《专利法》在侵权损害赔偿制度上贯彻了损害赔偿的补偿性原则，修改了 2000 年《专利法》中确定侵权损害赔偿额的计算顺序，取消了前两种计算方法之间可以选择适用的关系，明确规定将权利人的损失作为赔偿数额的第一顺位计算方式，强调了四种计算方式的先后适用顺位。

与此同时，专利法相关的司法解释也对专利侵权损害赔偿制度具体适用中出现的诸多疑难问题进行了回应。首先，为了明确四大计算方式的举证思路，避免司法实践中的随意性，使权利人与法院对计算方式的举证及金额确定拥有合理预期，2015 年 2 月 1 日正式实施的《最高人民法院关于审理专利纠纷案件适用法律问题的若干规定》（2015 修正）进一步细化了《专利法》第 65 条第 1 款的规定，明确了四大计算方式的先后适用顺位，确定权利人因被侵权所受到的实际损失可以根据专利权人的专利产品因侵权所造成销售量减少的总数乘以每件专利产品的合理利润所得之积计算。权利人销售量减少的总数难以确定的，侵权产品在市场上销售的总数乘以每件专利产品的合理利润所得之积可以视为权利人因被侵权所受到的实际

---

❶ 廖志刚. 专利侵权损害赔偿研究 [J]. 重庆大学学报（社会科学版），2007，13（3）：90-94.

损失。而侵权人因侵权所获得的利益可以根据该侵权产品在市场上销售的总数乘以每件侵权产品的合理利润所得之积计算。侵权人因侵权所获得的利益一般按照侵权人的营业利润计算，对于完全以侵权为业的侵权人，可以按照销售利润计算。在权利人的损失或者侵权人获得的利益难以确定，有专利许可使用费可以参照的，人民法院可以根据专利权的类型、侵权行为的性质和情节、专利许可的性质、范围、时间等因素，参照该专利许可使用费的倍数合理确定赔偿数额；没有专利许可使用费可以参照或者专利许可使用费明显不合理的，人民法院可以根据专利权的类型、侵权行为的性质和情节等因素，确定法定赔偿数额。同时权利人主张其为制止侵权行为所支付合理开支的，人民法院可以在《专利法》第 65 条确定的赔偿数额之外另行计算。其次，为了解决专利侵权损害赔偿的举证难问题，2016年 4 月 1 日实施的《最高人民法院关于审理侵犯专利权纠纷案件应用法律若干问题的解释（二）》中规定，如权利人因被侵权所受到的实际损失难以确定的，人民法院应当要求权利人对侵权人因侵权所获得的利益进行举证；在权利人已经提供侵权人所获利益的初步证据，而与专利侵权行为相关的账簿、资料主要由侵权人掌握的情况下，人民法院可以责令侵权人提供该账簿、资料；侵权人无正当理由拒不提供或者提供虚假的账簿、资料的，人民法院可以根据权利人的主张和提供的证据认定侵权人因侵权所获得的利益。同时该司法解释还赋予了当事人对损害赔偿计算方式的选择权，规定如权利人、侵权人依法约定专利侵权的赔偿数额或者赔偿计算方法，并在专利侵权诉讼中主张依据该约定确定赔偿数额的，人民法院应予支持。最后，鉴于专利侵权的复杂性，对于侵害产品零部件或包装物却判罚权利人获得该产品所有利润可能造成专利权的不当扩大，2010 年 1 月 1日实施的《最高人民法院关于审理侵犯专利权纠纷案件应用法律若干问题的解释》规定人民法院在确定侵权人因侵权所获得的利益，应当限于侵权人因侵犯专利权行为所获得的利益；因其他权利所产生的利益，应当合理扣除。侵犯发明、实用新型专利权的产品系另一产品的零部件的，人民法院应当根据该零部件本身的价值及其在实现成品利润中的作用等因素合理确定赔偿数额。侵犯外观设计专利权的产品为包装物的，人民法院应当按照包装物本身的价值及其在实现被包装产品利润中的作用等因素合理确定赔偿数额。

三、功能与目的

我国《专利法》并没有为专利侵权损害赔偿制度规定明晰的定位，其功能应源于 2010 年实施的《侵权责任法》规定之三大功能，即保护民事权益、预防侵权行为和制裁侵权行为。这三大功能分别衍生出不同的侵权损害赔偿计算标准：第一，保护民事权利之功能要求损害赔偿计算以严格贯彻"填平原则"，以权利人遭受的损失为基本标准；第二，预防侵权行为之功能要求行为人支付足够的预防成本以震慑未来类似侵权的发生，侵权损害赔偿的数额不应低于预防侵权行为发生的成本；第三，制裁侵权行为功能要求行为人不能从侵权行为中获益，即侵权损害赔偿金额不得低于被告因侵权行为获得的利益。除了应遵循《侵权责任法》的一般功能原则，专利侵权损害赔偿制度作为专利法最为重要的权利救济制度外，也应服务于《专利法》的总体功能：即保护专利权人合法权益、鼓励发明创造、推动发明创造的运用、提高创新能力以及促进科学技术进步和经济社会发展。

第二节　我国专利侵权损害赔偿制度之问题

"法律的价值最终必须按照它在实现其目标方面的成功来评价，而不纯粹以它的形式的法律结构来判断。"❶ 单纯从形式法律结构判断，专利侵权损害赔偿制度是能充分实现专利法目的的、自足自洽的法律制度，然而专利实务界对专利侵权损害赔偿制度的运行实效评价存在广泛的争议，以专利案件赔偿额高低为例，外部评价往往是维权难，赔偿额低，而内部评

---

❶　VELJANOVSKI C G. The Economic Approach to Law：A Critical Introduction ［J］. British Journal of Law and Society，1980，7（2）：158-193.

价往往举证不足，赔偿额并不低。❶ 笔者主张法律制度应追求社会经济效率，专利法最重要目的应基于功利角度，即为了保护专利权人合法权益、鼓励发明创造、推动发明创造的运用、提高创新能力以及促进科学技术进步和经济社会发展。基于此，本节将尝试解析我国现行专利侵权损害赔偿制度存在之问题，对这一制度在社会中的运行实效进行概括式的总结（专利侵权损害赔偿制度四大计算方式的运行实效详见本书第三章至第六章）。

一、对权利人严重赔偿不足

补偿性赔偿，又称全面赔偿原则，是大陆法系侵权损害赔偿制度的基石，指侵权行为人承担赔偿责任的大小，应以行为所造成的实际财产损失为依据，全部予以赔偿。❷ 我国专利法首要的立法目的在于"保护专利权人合法权益"，对侵权计算方式顺位的规定也明确体现我国专利侵权赔偿遵循的是以"填平"为目的的补偿性赔偿立法意旨。侵权损害赔偿制度作为专利侵权最重要的救济手段，试图通过补偿性赔偿使受害人恢复到未遭侵权以前的效用水平，意在"使受害人完好无损"。一旦权利人提出诉讼维权，侵权对权利人带来的损失就分为两部分：因侵权行为侵害权利人排他权而造成的商业利益损失以及权利人为履行举证义务而支付的维权成本。然而我国现行专利侵权损害赔偿制度在填平上述两部分损失，"使受害人完好无损"方面的运行效果差强人意。

首先，我国法院对发明专利的侵权损害赔偿与原告的期待存在较大差距。笔者以我国自 2009 年 1 月 1 日至 2015 年 9 月 4 日审结的、一审法院认定侵害发明专利成立的、总计 318 起案例作为统计样本，统计结果显示我国发明专利的侵权损害赔偿平均值为人民币 245 223 元，法院对原告起诉金额的支持率仅为 37.2%，实际赔偿金额甚至远不及预期赔偿的一半。

其次，我国法院对发明专利侵权案件原告维权合理开支的支持率处于

---

❶ 知识产权司法保护研讨会专题摘编．营造鼓励知识创新和保护知识产权的法制环境．[N]．人民法院报，2016-04-27（5）.

❷ 杨立新．侵权行为法 [M]．上海：复旦大学出版社，2005：268.

低水平状态。依据我国专利法现行举证规则，权利人的举证成本与难度居高不下，我国专利争端法律服务市场又欠发达，导致我国发明专利诉讼的成本并不低。❶ 虽然我国现行专利法规定，赔偿数额应当包括权利人为制止侵权行为所支付的合理开支，但依据笔者的调研，我国法院对于该部分费用多采取保守立场：在笔者统计的 318 个有效案例样本中，一共有 118 个案件的原告明确提出合理开支请求，原告合理开支诉请金额平均值为人民币 43 369 元，而法院最终支持的合理费用仅有 64 个案例，占原告提出请求的 54%，且法院支持的合理开支平均值为人民币 19 811 元，仅占原告合理开支诉请金额的 45.7%，据此：法院对原告维权合理开支诉请金额的支持率＝法院支持维权合理开支的案件比例 54%×法官支持原告诉请维权合理开支的金额比例 45.7% ＝24.7%。

最后，我国法院现行一并计算合理开支的做法严重挤压对权利人的实际赔偿。在笔者统计的 318 个有效案例样本中，只有 16% 的案件采取了单列维权合理开支的做法，其余案件均采用一并计算的做法，这一计算做法可能严重挤压对权利人的实际赔付，加剧赔偿不足。例如，在（2010）沪一中民五（知）初字第 158 号案件中，原告提交公证费发票与律师费发票举证维权合理开支总额为人民币 87 297 元，其中公证处发票造假诈骗可能性极小，原告聘请的金杜律师事务所系国内最顶尖的一流律所，与当事人合谋伪造发票诈骗的可能性亦基本可以排除，而最终法院在确认被告侵权销售及生产已经商业化的发明专利的基础上，只支持了人民币 10 万元的赔偿金额，扣除维权费用，权利人只获得人民币 12 703 元的赔偿，属于赔偿金额与维权成本严重倒挂，权利人"赢了官司输了钱"的典型案例。

---

❶ 以专利案件中常见的技术鉴定为例，笔者在 2013 年对厦门致公党进行《厦门市知识产权保护现状及对策建议》调研过程中发现，整个福建省以及科技研发重镇深圳，截至 2013 年年底，都尚未成立权威的、鉴定结论能为法院所广泛接受的专利技术鉴定机构。由于技术问题与法律问题的难以剥离性，专利诉讼中需要专业技术鉴定具有一定的普遍性。（如取样中涉及技术鉴定的比例）一旦专利争议需要进行技术鉴定，必须要聘请北上广一线城市的鉴定机构，鉴定费动辄八九万人民币起步。这对于我国中小企业而言，实属不可承受之重。

综上所述，在法院对原告起诉金额的支持率仅为 37.2%，法院对原告维权合理开支诉请金额的支持率仅为 24.7%，且一并计算合理开支做法严重挤压对权利人实际赔付的局面下，权利人提起专利侵权诉讼绝无可能实现"使受害人完好无损"的局面，我国现行专利侵权损害赔偿制度对权利人严重赔偿不足。

二、无法有效推动发明的运用

制度经济学强调，制度是决定经济增长的关键性要素，只有良好的制度才能激励人们进行投资和交易，社会资源才能配置到最有效率的用途上，❶ 然而我国目前低水平的专利侵权损害赔偿严重影响我国专利商业价值的提升，未能有效推动专利的商业运用与交易许可。从图 1-1 可知，自我国 2008 年修订的《专利法》正式实施以来，我国的专利授权量增速远远大于专利实施许可合同数量的增速，2009～2014 年我国专利法授权量保持着年均 24.17% 的高速增速，而我国专利实施许可合同数量的年均增速仅为 0.74%；2009～2014 年我国新增专利申请授权量高达 5 225 522 件，❷ 而同期新增专利实施许可合同仅为 10 520 件，❸ 而考虑到新增的实施许可合同有相当部分可能基于 2009 年以前授权的专利，我国这一期间有效专利最终实施许可的比例应小于 0.2%，这意味着我国大部分专利都属于沉睡专利，未能进入实质商业化运用的阶段。

首先，专利侵权损害赔偿水平将极大地影响许可谈判及专利估值，进而对专利的商业价值产生重大影响。专利侵权损害赔偿对讼争专利的潜在价值和许可具有"强烈的公示作用"：对于权利人来说意味着权利人运用专利排他禁止权时能够获得的价值，对潜在的侵权人来说意味着侵害专利

---

❶ 马光荣. 制度、企业生产率与资源配置效率——基于中国市场化转型的研究 [J]. 财贸经济，2014 (8)：105.

❷ 国家知识产权局. 2014 年专利统计年报：国内专利申请授权年度状况 [EB/OL]. http：//www. sipo. gov. cn/tjxx/jianbao/year2014/b/b2. html，2016-05-06.

❸ 科学技术部火炬高技术产业开发中心. 全国技术市场统计年度报告 [EB/OL]. http：//www. innofund. gov. cn/jssc/tjnb/list. shtml，2016-05-06.

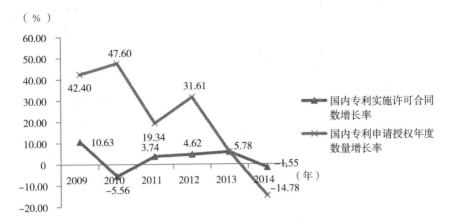

图 1-1　2009~2014 年我国专利授权与专利实施许可增长情况

资料来源：国家知识产权局：《2010~2015 年专利统计年报-国内专利申请授权年度状况》；科学技术部火炬高技术产业开发中心：《2010~2015 年全国技术市场统计年度报告》。

必须付出的成本。❶ 近年来已有学者明确提出，侵权损害赔偿应被视为专利的法律价值，专利侵权损害赔偿比传统专利估值理论中的股价表现、引用或投资者信心等要素更能合理地评估专利强度（patent strength）。❷ 我国自 2010 年来连续五年位居世界专利申请量第一，❸ 然而不可回避的是我国专利的商业价值尚处于较低的区间，只有 7.6% 的中国发明专利维持年限超过十年，❹ 依据 2008 年国家知识产权局发布的专利缴费指南可以计算出发明专利年费十年的维持成本在人民币 2445~16300 元，这意味着我国

❶ SCHMITT - NILSON A. The Unpredictability of Patent Litigation Damage Awards：Causes and Comparative Notes ［J］. Intellectual Property Brief，2012，3（3）：53.

❷ LAI Y H，CHE H C. Evaluating Patents Using Damage Awards of Infringement Lawsuits：A Case Study ［J］. Journal of Engineering and Technology Management，2009，26（3）：167-180.

❸ 陈洁. 发明专利申请量突破百万，中国连续 5 年位居世界第一 ［N］. 21 世纪经济报道，2016-04-19.

❹ 国家知识产权局规划发展局. 2014 年中国有效专利年度报告 ［EB/OL］. http：//www. sipo. gov. cn/tjxx/yjcg/201512/t20151231＿ 1224068. html，2015 - 12 - 31/ 2016-05-03.

92.4%的发明专利的商业价值在申请后的十年内甚至还不足人民币16 300元。依据笔者实证统计，我国法院对发明专利侵权案件最终支持的合理开支平均值为人民币19 811元。基于经济理性人假设，只有在权利人经过收益成本分析预判其商业价值至少应高于维权合理开支时，权利人提出专利维权诉讼方符合经济理性，因此进入专利诉讼的发明专利应属于我国发明专利中商业价值较高的部分，即至少应属于我国商业价值排名前7.6%的发明专利。而依据笔者实证分析结果，我国发明专利的侵权损害赔偿平均值为人民币245 223元，这意味着我国商业价值排名前7.6%的发明专利其侵权损害赔偿均值也仅为人民币245 223元，反映了我国发明专利低水平的排他价值。

其次，低水平的商业价值将抑制对专利许可、开发的动机。以专利许可为例，假设在时间T时，用户U有兴趣就某一特定发明专利I进行商业化，同时权利人P对该发明专利的许可持开放态度，且已与他人发生了真实的许可交易。因此U有三个选择：

（1）与P进行许可谈判，通过支付许可费等方式合法使用专利；

（2）基于该发明进行规避设计；

（3）未经许可使用该发明并承担侵权风险。

在我国现行低水平的专利侵权损害赔偿背景下，选项（1）与选项（2）的成本极有可能远高于选项（3），因此用户具有极强的动机采取机会主义行为，绕过市场，通过承担低水平的侵权损害赔偿金，未经许可使用发明，类似于某种意义上的"强制许可"；另外权利人无法获得合理的赔偿，将严重影响其进行研发及商业转化的积极性，低水平的法定赔偿将造成国内创新生态整体的低效率。

综上所述，鉴于专利侵权损害赔偿对讼争专利的潜在价值和许可具有"强烈的公示作用"，而我国商业价值排名前7.6%的发明专利其侵权损害赔偿均值也仅为人民币245 223元，我国低水平的专利侵权损害赔偿水平对许可谈判、专利估值产生负面影响，进而抑制了对专利许可、开发的动机。在这一背景下，2009~2014年我国专利实施许可合同数量的年均增速仅为0.74%，有效专利最终实施许可的比例小于0.2%，现行专利侵权损害赔偿制度无法有效推动发明的运用。

三、存在严重的"顺位倒挂"

我国《专利法》第 65 条明确规定了四种专利侵权损害赔偿计算方式的适用顺位及适用条件：因侵权受损是第一顺位的计算方式，对于已经对专利进行产品开发的权利人来说，该计算方式是对权利人受损的直接测定，是基于专利合法产品的利润、成本、销量、技术先进性等信息通过相对严谨的经济分析获得的、更加科学及贴近真实的结果，因此因侵权受损是实现填平补偿，保护专利权人合法权益的最理想计算方式；因侵权获利作为第二适用顺位的计算方式，在权利人未对专利进行商业化而无法举证专利产品的合理利润时是因侵权受损理想的推定替代计算方式，同时运行良好的因侵权获利计算方式能够有效剥夺侵权获利，进而抑制侵权动机，震慑侵权行为；专利合理许可使用费倍数是第三适用顺位的计算方式，在权利人已经对专利进行真实许可的情况下，该计算方式得出的赔偿金额最接近商业环境下平等主体自愿谈判的结果；法定赔偿则是在上述三种计算方式都无法适用时，为了解决专利侵权举证难问题，提高专利权司法保护效率而在 2008 年《专利法》新增的兜底计算方式。全国人大常委会法制工作委员会在《中华人民共和国专利法释义》中强调"在确定专利侵权赔偿数额时，应依次使用上述计算方法"，❶ 这一计算方式顺位的规定体现了我国《专利法》保护权利人合法权益，实现"填平"赔偿的立法目的。然而在司法实践中，我国专利损害赔偿计算方式适用顺位未能获得有效实施，法定赔偿的适用呈现严重泛化倾向，适用顺位存在严重的"顺位倒挂"。

首先，法定赔偿的适用呈现严重泛化倾向。依据法定赔偿的立法原意，该计算方式是为了解决实践中出现的举证难问题而出台的兜底选择，既不是优先选择，也不是平行选择，然而在司法实践中法定赔偿已经完全超越其他三种计算方式，成为发明专利侵权案件中绝对优先适用的计算方

---

❶ 安建，主编. 全国人大常委会法制工作委员会，编. 中华人民共和国专利法释义［M］.北京：法律出版社，2009：241.

式（见表1-1）：在原告主动要求适用法定赔偿时，法院完全适用法定赔偿；在原告未就赔偿金计算方式做出明确选择时，法院基本适用法定赔偿方式而绝少适用其他方式；即使原告主动选择适用其他计算方式，法官也极有可能不支持其他计算方式而主动适用法定赔偿。这一司法现状与法定赔偿的兜底定位相悖，是该计算方式被滥用和泛化的表现，侵蚀了权利人对赔偿金计算方式的选择权，不利于专利权人的利益保护。

表1-1　2009~2015年中国侵害发明专利一审案件法定赔偿适用统计情况

同类型文书统计要素 / 文书分类要素	案件样本数量 单位：个	法官适用法定赔偿案件数量 单位：个	在此类型案件中法官适用法定赔偿的比率
发明专利侵权成立且判处赔偿金	318	303	95.9%
侵权成立且原告未选择赔偿金计算方式	236	234	99%
侵权成立且原告主动选择法定赔偿计算方式	29	29	100%
侵权成立且原告主动选择法定赔偿金以外的方式	53	41	77.3%

资料来源：北大法宝，中国自2009年1月1日至2015年9月4日审结之侵害发明专利一审案件。

其次，与法定赔偿泛化相对应的，是法院对因侵权受损、因侵权获利及合理许可使用费计算方式的保守立场（见表1-2）。依据笔者统计，法律规定第一顺位适用的因侵权受损计算方式在全部案件中的适用率排名垫底；因侵权获利、因侵权受损及合理许可使用费倍数三种计算方式在全部案件中的适用率之和尚不足5%；在权利人自主选择计算方式的案件中，法院对这三类计算方式的支持率也处于极低的水平，在我国司法实践中长期处于"乏人问津、适用惨淡"的状态。

基于以上分析可以得出，我国专利损害赔偿计算方式适用顺位在司法实践中未能获得有效实施，法定赔偿的适用呈现严重泛化倾向，法院对因侵权受损、因侵权获利及合理许可使用费计算方式持保守立场。适用顺位存在严重的"顺位倒挂"。

表1-2　我国发明专利侵权损害赔偿计算顺位情况

计算方式 司法适用统计要素	因侵权受损	因侵权获利	合理许可使用费倍数	法定赔偿
法院对权利人自主选择计算方式的支持率	9.09%	8.57%	30.76%	100%
在全部案件中的适用率	0.06%	2.37%	1.26%	95.90%
法律规定的适用顺位	1	2	3	4
司法实践中的适用顺位	4	2	3	1

　　资料来源：北大法宝，中国自 2009 年 1 月 1 日至 2015 年 9 月 4 日审结之侵害发明专利一审案件。

第三节　我国现行专利侵权损害赔偿
制度问题之成因研究

　　为何用意良好、法学逻辑自洽的专利侵权损害赔偿制度未能实现预想的实施效果？为何以填平为目标的专利侵权损害赔偿制度对权利人严重赔偿不足？为何我国侵权损害赔偿计算方式存在严重的"顺位倒挂"，法定赔偿成为压倒性适用的计算方式？低水平的损害赔偿水平与低水平的专利商业化程度又是如何互为因果？这些关键问题是对我国专利侵权损害赔偿制度进行法经济学分析及制度优化构建的逻辑起点，只有准确的诠释及定位专利侵权损害赔偿制度问题的成因，才能引导立法与司法突破智识资源（包括单纯的法律逻辑、思维方式及方法论）的局限，使专利侵权损害赔偿制度能真正贴近中国市场经济运行的现实特征及要求，使专利法真正实现利益的动态平衡。笔者将根据影响法律实施效果的立法、司法、经济、社会四方面对我国专利侵权损害赔偿制度问题的成因进行分析。

一、立法因素

（一）规则本身的技术难度

专利权的非物质性、非排他性和非竞争性决定了专利侵权具有隐蔽性、长期性、动态性等特质，这些特质导致专利侵权损害赔偿的相关规则比一般民事侵权损害赔偿的规则更为复杂，专利侵权损害赔偿的精确量化趋于不可能。专利侵权损害赔偿涉及的许多争议焦点，例如专利权人实际损失与侵权的因果关系、利润贡献率、在先许可费对后案合理许可费的参考价值等一直是困扰学界和司法实务界的难题。以因侵权受损和因侵权获利必然要涉及的利润贡献率为例，由于专利的非物质性、专利价值的市场波动性及主观性，精确量化特定专利对最终产品利润贡献率的举证成本很高，甚至是不可能的命题。著名的汉德法官就曾在审判书中陈述："由于技术分摊并不能根据权利要求的文本加以确定，因而答案在某种程度上只能是任意的。所有的发明都是一种改进，都是站在过去知识的肩膀上做出的，很难说它为现有知识增加了百分之几的新贡献，也许某些发明的创新改进贡献可以被单独剥离出来，使技术分摊的量化成为可能，但这仍难以保证利润也按这一比例分摊就是准确的。"❶ 技术分摊涉及的技术分析、价值评估的操作难度及"技术分摊量化不可能"的理论争议正是 1964 年美国专利法废除因侵权获利作为专利侵权赔偿计算方式的主要原因。近年来随着专利池及标准组织的兴起，越来越多的科技产品涉及一揽子专利，这越发加大了在多重专利产品中进行技术分摊的难度。由是观之，法院指责专利权人"举证不足"造成低水平的损害赔偿额，而专利权人的举证不力很大程度是受困于错综复杂的技术分析、瞬息万变的市场环境以及粗放随意的立法规定，连美国这一专利规则最为完善的国家都存在"技术分摊量化不可能"的争议，又如何能苛求权利人仅凭一己之力厘清专利侵权损害

---

❶ 和育东. 专利侵权赔偿中的技术分摊难题——从美国废除专利侵权"非法获利"赔偿说起［J］. 法律科学（西北政法大学学报），2009（3）：161-168.

赔偿所需要的众多技术难题？

（二）规则建构不合理

古希腊哲人亚里士多德早在两千多年前即掷地有声地指出：立法的好坏，决定法律是否是"良法"以及"良法"的程度，是法律能否被普遍遵循的先决条件，而现代法理学亦要求立法质量应遵循明确、完整、和谐三大基本要求。然而我国专利侵权损害赔偿制度在实施过程中出现的法定赔偿尺度不一、"适用顺位倒挂"等问题很大程度上应归因于规则自身构建的不合理。

第一，对因侵权受损计算方式关键因素的模糊规定造成权利空置。安守廉教授指出，中国在知识产权立法时，既宣布权利，但又不受制于权利兑现，这直接造成了权利空置。❶ 我国专利法中对因侵权受损计算方式关键因素的模糊规定即为权利空置的典型佐证。因侵权受损计算最关键的两大要素在于专利权人的合法专利产品因侵权所造成销售量减少的总数及每件合法专利产品的合理利润。我国现行专利立法虽然大幅降低了该计算方式的举证门槛，为这两大要素提供了简单直接的替代举证方式，然而究竟如何证明权利人在某一段时间内的销售量减少属于"因侵权所造成"？何种情况属于"权利人销售量减少的总数难以确定"？何种情况下"可以"或"不可以"运用侵权产品销售总数替代权利人销售量减少的总数？专利产品的合理利润如何界定？对此立法均无涉及。在司法实践方面，依据笔者统计，我国法院尚未支持一例发明专利权利人主张依据"专利权人的专利产品因侵权所造成销售量减少的总数"为基数的、适用因侵权受损计算方式的案例，仅有三起对这两大因素举证不力的排除式论证案例（见表1-3）。在梳理有限的三起案例后，可以大致得出法院在认定"因侵权所造成销售量减少的总数"方面的保守立场：首先，法院对该证明销量下降证据的真实性与合法性未能提供清晰指引。原告"因侵权所造成销售量减少的总数"显属原告内部经营信息，一般原告只需提供侵权持续期间财务报表的同比与环比数据即可证明下降的销售量，这一证据由原告举证成本最

---

❶ ［美］安守廉．窃书为雅罪［M］．李琛，译，北京：法律出版社，2010：103.

小是显而易见的不争事实。然而法院并不认可原告"自行提供的数据"，是要求第三方证据加以佐证，或是由独立的会计师事务所进行审计，现行案例并未对此提供明确指引；其次，法院对因果关系提出了潜在的举证要求却缺乏清晰指引。关于销量下降与侵权之间的因果关系确属世界性的难题，因为销售量下降的原因可能是复杂而多元的，消费者消费习惯的改变、同类产品的竞争、自身产品质量的下降、营销策略的失误、零售终端的选择方式、广告的覆盖面下降、公司或品牌美誉度受损、产品定价过高、消费者群体的减少、产品过时、消费能力下降、市场饱和等均可能造成销售量下降。❶ 法院亦认可侵权持续时间内原告销售额的下降与诸多因素有关，对原告提出了隐含的、证明销售量减少"由侵权所造成"的因果关系举证要求，而现行判例对这一因果关系缺乏明晰指引。新制度经济学派的鼻祖诺斯认为制度的目的在于通过为人们提供日常生活的规则来减少不确定性，因此如果一项制度没有减少不确定性，那么它就是不健全的，甚至不能称为制度。❷ 现行关于因侵权受损计算方式的规定过于简单抽象，无法为司法实践中专利侵权损害赔偿金的认定减少不确定性，直接导致了该计算方式在司法实践中的冷遇，实质造成了这一最能实现"填平"效果的、有利于保障权利人利益计算方式的权利空置。

表1-3　原告主张因侵权受损而法院最终适用法定赔偿案例统计

案号 比较因素	（2009）珠中法民三 初字第 5 号	（2011）郑民三 初字第 744 号	（2011）浙金知 初字第 193 号
原告主张之计算方式	因侵权受损	因侵权受损	因侵权受损
法院采纳之计算方式	法定赔偿	法定赔偿	法定赔偿

---

❶ 庞璐. 浅析现有专利侵权赔偿制度的合理性［C］. 中华全国专利代理人协会. 加强专利代理行业建设、有效服务国家发展大局——2013 年中华全国专利代理人协会年会暨第四届知识产权论坛论文选编. 北京：知识产权出版社，2013.

❷ 王磊，赖石成. 中国经济改革过程中的制度分析——以诺斯的制度理论透视当下中国经济改革［J］. 现代管理科学，2015（3）：42.

续表

比较因素 ＼ 案号	（2009）珠中法民三初字第 5 号	（2011）郑民三初字第 744 号	（2011）浙金知初字第 193 号
原告主张因侵权所受损失之证据形式	原告自行制作了其销量下滑的数据	专利损失计算依据表及明细和专利研发投入汇总表及明细证明其因侵权受到的损失	2011 年财务报表及审计报告以证明原告的利润率
法院对证据认定立场	无法确定相关评估标准和数据的真实性、准确性以及合理性，否定该证据效力	原告销售额的下降与诸多因素有关，否定该证据之效力	原告未就每吨专利产品的合理利润提供充分、有效的证据支持，否定该证据之效力
原告是否因侵权赔偿计算方式提出上诉	因侵权赔偿计算方式提出上诉	提出上诉，但未涉及侵权赔偿计算方式	未上诉

资料来源：北大法宝，中国自 2009 年 1 月 1 日至 2015 年 9 月 4 日审结之侵害发明专利一审案件。

第二，对技术分摊原则的矛盾规定使立法逻辑无法自洽。我国现有专利侵权责任体系属于补偿性质，这一性质试图通过赔偿使受害人恢复到未遭侵权以前的效用水平，意在"使受害人完好无损"。而专利的价值体现在实施了该专利的产品因此而增长的利润上，当侵权发生时，权利人受到的损失正是由其专利技术带来的增利。因此专利侵权赔偿的应是权利人因侵权所丧失的或侵权人因侵权而获得的增利，❶ 这也正是我国在侵权人因侵权获利计算方式中确立技术分摊规则的理论基础。技术分摊规则指按照特定专利对最终产品利润的贡献比率来计算专利侵权损害赔偿数额。全部市场价值规则指因产品的整个市场价值都取决于专利的功能、或者说专利特征是消费者选择产品的利益，因此权利人的损害赔偿额应当以整个侵权产品，包括专利和非专利部分的全部获利来计算。❷《最高人民法院关于审理侵犯专利权纠纷案件应用法律若干问题的解释》第 16 条第 1 款明确规

❶ 张玲，张楠. 专利侵权损害赔偿额计算中的技术分摊规则 [J]. 天津法学，2013（1）：14.

❷ 管育鹰. 专利侵权损害赔偿额判定中专利贡献度问题探讨 [J]. 人民司法，2010（23）：85.

定因侵权获利计算方式应考虑技术分摊原则，然而对原本最应凸显"填平"性质的因侵权所受损失却未规定技术分摊原则。相反，2015年2月1日起施行的《最高人民法院关于审理专利纠纷案件适用法律问题的若干规定》第20条规定：权利人因被侵权所受到的实际损失可以根据专利权人的专利产品因侵权所造成销售量减少的总数乘以每件专利产品的合理利润所得之积计算。权利人销售量减少的总数难以确定的，侵权产品在市场上销售的总数乘以每件专利产品的合理利润所得之积可以视为权利人因被侵权所受到的实际损失。从文意解释上对因侵权所受损失是实行全部市场价值规则的。虽然我国专利法并未使用推定的概念，但将侵权人因侵权获利作为权利人因侵权所受损失的替代计算方式应无异议，原本应遵循相同填平原则的两种计算方式对技术分摊规则却采取了不同的立场，在立法逻辑上无法自洽。从比较法的角度，目前美国、日本、德国与韩国均未区分因侵权受损和因侵权获利计算方式选择性适用技术分摊原则。

二、司法因素

（一）证据不利推定制度在专利侵权司法实践中鲜有真正实施

2002年起施行的《最高人民法院关于民事诉讼证据的若干规定》（以下简称"证据规定"）第2条第2款规定了类似证据披露—证据妨碍的不利后果承担制度，即当证据证明的事实在诉讼中处于真伪不明的情况下，负有举证责任的当事人需要承担不利后果。鉴于关于侵权损害赔偿的诸多关键证据多处于被告控制之下，而专利侵权由于其隐蔽性、技术复杂性及动态变化性等特质使权利人获得此类对被告不利之证据更为困难，不利后果承担制度对专利权利人的举证显得尤为关键。鉴于在专利侵权案件中公证购买侵权产品过程是最为常见的举证形式，获得侵权产品的侵权价格一般不存在难度。在这一背景下，如果真正贯彻证据规定的不利后果承担制度，要求被告提交侵权产品的利润率及销售总数，适用因侵权获利计算方式应是举证成本最小的选择；而如果被告拒绝提交证据，抑或提交证据存在造假情形，可参照北京市第一中级人民法院在（2011）一中民初字第

16752 号、（2011）一中民初字第 16747 号中的做法，认定"原告关于被告的非法所得超过了法定赔偿额上限的主张成立"。❶ 专利侵权损害赔偿举证难题似有解决之道。然而依据笔者实证统计，不利后果承担制度在专利侵权司法实践中鲜有真正实施：在笔者统计的 318 个有效案例样本中，只有 4 起案件的法官采用不利后果承担制度，适用率仅为 1.25%。无怪乎安守廉教授尖锐地指出，中国在知识产权立法时，既宣布权利，但又不受制于权利兑现，这直接造成了权利空置。❷

（二）超负荷办案的司法困境加剧法官对法定赔偿的倾向性适用

我国知识产权案件的连年攀升使我国知识产权法官超负荷办案的司法困境成为常态。以北京知识产权法院为例，据新华社报道，2015 年，北京知识产权法院共受理各类知识产权案件 8 758 件，审结各类知识产权案件 4 128 件，❸ 北京法院审判信息网官方信息显示北京知识产权法院现有审判员（包含院长、副院长）共 45 名，❹ 这意味着即使每名法官即使全年无休，平均处理一起案件的时间不足四天，扣除必需的行政事务、基本的法定假日（如春节）及法官日常起居时间（至少 8 小时/日），平摊到每起案件的有效工作时间不足两天。在目前我国知识产权案件高速增长，法官超负荷办案的环境下，法定赔偿规避了其余三种计算方式必然会涉及的复杂法律关系，例如因侵权受损的因果关系及技术分摊，因侵权获利的利润因

---

❶　（2011）一中民初字第 16752 号、（2011）一中民初字第 16747 号的判决书中载明：鉴于在本院已经明确证据妨碍可能导致的不利法律后果的情况下，被告仍然拒绝在指定限期内提交涉及侵权产品的相应财务资料。而且，被告在其提交本院的书面代理意见中亦确认在本院进行诉讼保全的当天即有足够的时间完成上述工作，故本院有充分理由确信其侵权所得已超过了法定赔偿额的上限。同时，由于原告主张上述证据属于被告无正当理由拒绝在限期内提交的对其不利的证据，本院依据上述规定推定原告关于被告的非法所得超过了法定赔偿额上限的主张成立。据此，本院确定被告向原告赔偿人民币一百万元。

❷　［美］安守廉.窃书为雅罪［M］.李琛，译，北京：法律出版社，2010：103.

❸　梁天韵，乌梦达. 北京知识产权法院去年审结 4128 件案件［EB/OL］. http://news.xinhuanet.com/legal/2016-01/26/c_ 1117903053.htm, 2016-01-26.

❹　北京知识产权法院.北京知识产权法院法官信息［EB/OL］. http：//www.bjcourt.gov.cn/fgxx/detail.htm? court=30&channel=100606002，2016-05-25.

果关系、真实性及技术分摊，以及合理许可使用费倍数的许可费真实性、合理性、可参照性等争议点，大幅度降低了说理的篇幅和论证的技术难度，实质性提升了审判效率。不仅如此，由于法官适用法定赔偿以外的其余三种形式最终支持的损害赔偿额均值及对原告诉请的支持率均远高于法定赔偿，这意味着侵权人将为其侵权付出更高的成本，被告对一审裁判结果提出异议的可能性增大，上级法院在上诉或再审中改判的可能性也相应增大；而我国现行法定赔偿的适用并不存在量化标准体系，法官适用法定赔偿授予的自由裁量权决定赔偿额虽然不够严谨却难以被推翻，❶ 极少被撤销或改判。在74.2%的权利人未明确主张任何计算方式，法定赔偿能够大幅度减轻法官论证难度、办案负荷并减少被撤销或改判风险的背景下，法定赔偿几乎是作为"理性"法官的唯一选择，这无疑加剧了法官对法定赔偿的倾向性适用及对其余计算方式的保守适用立场。

三、经济因素

（一）累积创新为主的创新模式制约了制度的实施效果

专利法的实效效果有赖于一般社会条件的成就，包括专利政策赖以存在和有效实施的经济、科技、文化等物质社会和社会环境，以及基于专利政策导向而配套形成的相关公共政策体系。如果上述条件得不到满足，专利法就不能达到预期的效果，甚至可能产生负面影响。❷ 我国企业以累积创新为主的创新模式制约了我国专利侵权损害赔偿制度的实施效果。依据法经济学的观点，损害赔偿仿佛是硬币的两面，对权利人而言，赔偿金是其权利的价格，对侵权人而言，赔偿金则是其为自身行为自由所支付的成

---

❶ 徐聪颖. 我国专利权法定赔偿的实践与反思［J］. 河北法学，2014（12）：64-65.

❷ 吴汉东. 利弊之间：知识产权制度的政策科学分析［J］. 法商研究，2006（5）：6.

本。❶ 必须正视的是，在中短期内，我国企业主流的创新模式属于累积创新，而低水平的法定赔偿额对于我国企业来说意味着较低的累积创新技术运用成本。累积创新（cumulative innovation）指后续发明人使用由一项有效专利覆盖的在先发明以进行研发的情形。❷ 基于宏观角度，依据世界银行统计的各国知识产权许可费国际收支最新数据，❸ 2005～2013 年，我国始终处于典型的"知识产权净进口国"地位且知识产权许可费逆差呈现不断扩大趋势；基于微观角度，依据国家知识产权局关于我国有效专利的最新统计数据，❹ 我国内资企业拥有的发明专利与外资企业拥有的发明专利相比呈现"双低"特征：内资企业有效发明专利数占我国有效专利总数的比重较低，同时内资企业长年限有效发明专利维持率较低。宏观与微观的双重数据体现：虽然我国某些行业的领军企业已经初步具备了创新能力，但大部分企业仍处于跟随与模仿阶段，目前我国内资企业主流的创新模式属于累积创新；同时在我国市场上具备较高商业价值的核心专利、基础专利多被国外企业或外资企业掌握，累积创新严重依赖国外专利，因此引进和运用国外专利的能力和成本对于我国企业的累积创新至关重要。与此同时，西方技术发达国家不论是出于维护技术优势及相应的垄断利益考量，还是出于意识形态方面的防范与偏见，都不愿将真正的核心技术转移给中国，这也决定了中国不可能也不应该走上技术依赖的发展路径。我国学者吴汉东曾指出："是否保护专利权，给予何种水平的专利权保护，是一国

❶ ［美］罗伯特·考特，托马斯·尤伦：法和经济学［M］. 史晋川，董雪兵，等译. 上海：格致出版社，2012：364.

❷ OFER TUR-SINAI. Cumulative Innovation in Patent Law：Making Sense of Incentives ［J］. IDEA：The Intellectual Property Law Review，2010（4）：731.

❸ 世界银行，知识产权使用费，接受［DB/OL］. http：//data. worldbank. org. cn/indicator/BX. GSR. ROYL. CD/countries？page＝1，2015-06-15；世界银行. 知识产权使用费，支付［DB/OL］. http：//data. worldbank. org. cn/indicator/BM. GSR. ROYL. CD，2015-06-15.

❹ 国家知识产权局规划发展局. 2013 年中国有效专利年度报告（一）［EB/OL］. http：//www. sipo. gov. cn/ghfzs/zltjjb/201503/P020150325527033534175. pdf，2013-12-05/2015-08-05.

根据其现实发展状况及未来发展需要而做出的公共政策选择与安排。"❶ 基于我国企业累积创新的现实语境，低水平的法定赔偿额对于我国企业来说确实意味着较低的累积创新技术运用成本，实质性地制约我国专利侵权损害赔偿制度的实施效果。

（二）低下的专利商业化水平与低水平的专利侵权损害赔偿互为因果

法律作为根植于一国特定经济生活的反映和观照，其实施效果必然受到一国基本经济制度、经济体制、某一具体经济制度的发展状况及经济发展水平和经济利益格局的深远影响。❷ 我国专利低下的商业化水平显然限制了因侵权受损及合理许可使用费倍数计算方式的适用，而我国低水平的专利侵权损害赔偿力度反过来又严重影响我国专利商业价值的提升，未能有效推动专利的商业运用与交易许可，低下的专利市场化水平和低水平的专利侵权损害赔偿力度之间就这样"鸡生蛋，蛋生鸡"地相互促进，恶性循环。

我国发明专利乏善可陈的许可率决定了合理许可使用费倍数计算方式无法成为主流。我国专利法对合理许可使用费倍数计算方式采取了"既成许可费"（established royalty）的立场，即参照已经完成谈判并真实履行许可义务（如支付许可费等）的涉案专利许可交易以确定赔偿金，这意味着如果一项专利未被许可，就不存在合理许可使用费倍数计算方式的适用余地。然而如前所述，2009～2014 年我国新增专利申请授权量高达5 225 522件，❸ 而同期新增专利实施许可合同仅为 10 520件，❹ 考虑到新增的实施许可合同有相当部分可能基于 2009 年以前授权的专利，且同一

---

❶ 吴汉东. 利弊之间：知识产权制度的政策科学分析 [J]. 法商研究，2006（5）：6.

❷ 张骐. 法律实施的概念，评价标准及影响因素分析 [J]. 法律科学（西北政法学院学报），1999（1）：45.

❸ 国家知识产权局. 2014 年专利统计年报：国内专利申请授权年度状况 [EB/OL]. http：//www. sipo. gov. cn/tjxx/jianbao/year2014/b/b2. html，2016-05-06.

❹ 科学技术部火炬高技术产业开发中心. 全国技术市场统计年度报告 [EB/OL]. http：//www. innofund. gov. cn/jssc/tjnb/list. shtml，2016-05-06.

专利可能同时许可给不同的被许可人，我国这一期间有效专利最终实施许可的比例应小于 0.2% 。这一专利许可率在司法实践中的投射体现为权利人极少主张运用合理许可使用费倍数计算侵权损害赔偿，依据笔者统计，自 2009 年 1 月 1 日至 2015 年 9 月 4 日共计 318 个发明专利侵权成立的一审案例中，共有 13 个原告主动要求适用此计算方式，只有 4 个案件的法官最终支持了这一计算方式，即该计算方式最终仅有 1.3% 的法官采纳率。古谚云："皮之不存，毛将焉附，"真实的专利许可交易是适用合理许可使用费计算方式的根基，在现行专利许可比例小于 0.2% 的背景下，合理许可使用费倍数计算方式在我国必然无法成为主流。

四、社会因素

(一) 证据造假现象普遍

专利侵权损害赔偿制度是否能够实现专利法意图实现的立法目的，必然受制于我国企业的经营规范程度、经营诚信程度以及市场发展业态。在我国现行市场运行环境和执法环境下，侵权人具有极强的动机采取机会主义行为，提供虚假营业利润信息，甚至主动造假以承担低水平的专利侵权赔偿，这一现象在很大程度上迫使法官对当事人提交的证据持有"天然的造假推定"。

首先，侵权人财务造假直接排除了因侵权获利计算方式的适用空间。我国已有学者通过实证统计指出，中小企业普遍存在为了偷税、漏税故意造假账导致证据链不完整的现象，从而无法适用侵权人所获利润规则计算赔偿额。❶ 在本书统计的适用因侵权获利计算方式的（2011）浙绍知初字第 175 号判决书中也体现，在法院向绍兴县工商局调取的被告 2010 年、2011 年年检资料中记载的金额与被告的国税部门增值税专用发票上载明的数额不符，存在年检中隐瞒真实情况、弄虚作假的可能性。深圳中级人民

---

❶ 贺宁馨，袁晓东. 我国专利侵权损害赔偿制度有效性的实证研究 [J]. 科研管理，2012（4）：127.

法院曾经尝试聘请会计师等共同参与对财务账册等的证据保全，但在原告申请启动保全程序后，查封到的账册普遍存在残缺、虚假的情况，不能直接反映侵权产品的销售数量和侵权利润。权利人在此情形下也只能无奈放弃以被告的财务账册作为赔偿损失的依据。

其次，权利人许可合同造假动机强烈限制了合理许可使用费倍数计算方式的适用。《专利法》的立法者原本希望通过参考在先许可交易的使用费标准简化赔偿基数的确定，使赔偿金额更符合双方通过正常市场环境下谈判达成的真实交易水平，然而部分原告却通过虚构许可交易、关联交易、夸大许可金额等方式投机取巧，造假动机强烈：在本书统计的9起原告主张适用合理许可使用费倍数计算方式，而法官最终采用法定赔偿的案例中，有5起案件在许可交易真实性上存在瑕疵，其中4起是许可合同未真实履行，1起是交易双方存在关联关系，真实性存疑的案件比例高达56%。对此类型案件适用合理许可使用费倍数计算方式显然偏离了立法者的初衷。

最后，权利人虚列开支现象普遍迫使法院对维权合理开支持保守立场。根据学者研究统计，对于部分支持律师费的案件，少数是因为原告举证不足，更多的情形是即使原告提交了律师费用的充足证据，也很难得到法院的全额支持。❶ 广州市中级人民法院对此的解释是"信用缺失，权利人虚列开支尤其是律师费的情况很普遍。双方虽然签订了委托合同，但根本不按照约定执行，即使开具了发票，也可以在开完庭后进行作废处理。所以如果完全根据表面证据去认定合理开支，脱离社会实际，也会助长权利人的弄虚作假行为"。❷

综上所述，在我国现行市场运行环境和执法环境下，侵权人具有极强的动机采取机会主义行为，通过侵权人财务账册造假、权利人许可合同造假以及权利人虚列律师费开支等途径以获得不当诉讼收益，此类现象迫使

---

❶ 詹映，张弘．我国知识产权侵权司法判例实证研究——以维权成本和侵权代价为中心［J］．科研管理，2015（7）：151.

❷ 广州市中级人民法院知识产权审判庭课题组，夏强．模糊的边界：知识产权赔偿问题的实务困境与对策［J］．法治论坛，2014（3）：175.

法官对当事人提交的证据持有"天然的造假推定",进而对侵权损害赔偿的认定持保守立场。

（二）权利人权利意识淡薄，怠于举证

体现在我国权利人未能积极行使损害赔偿计算方式的选择权。虽然法定赔偿以外的三种计算方式相较于法定赔偿对权利人提出了更高的举证要求，然而法定赔偿以外的三种计算方式无论基于其补偿性赔偿的立法意旨，还是基于司法实践中法院最终支持金额的均值，均比法定赔偿更能实现权利人保护的"填平"效果，因此权利人主张法定赔偿以外的三种计算方式意味着权利人能够获得更高的预期赔偿。然而我国司法实践中仅有 16.7% 的权利人主张法定赔偿以外的计算方式，更有 74.2% 的权利人未明确主张任何计算方式，客观上为法定赔偿的泛化与滥用留下了空间。

第四节　本章小结

通过上述分析可以得出，我国现行专利侵权损害赔偿制度对权利人严重赔偿不足，无法有效推动发明的运用与商业化，我国专利侵权损害赔偿计算方式适用顺位在司法实践中未能获得有效实施，法定赔偿的适用呈现严重泛化倾向，法院对因侵权受损、因侵权获利及合理许可使用费计算方式持保守立场，适用顺位存在严重的"顺位倒挂"。我国专利侵权损害赔偿制度未能实现理想的法律实施效果，原因是多方面的，包括了规则本身技术难度及规则建构不合理的立法因素，证据不利推定制度在专利侵权司法实践中鲜有真正实施以及法官超负荷办案加剧对法定赔偿倾向性适用的司法因素，累积创新为主的创新模式制约了制度的实施效果以及低下的专利商业化水平与低水平的专利侵权损害赔偿互为因果的经济因素，证据造假现象普遍以及权利人怠于举证的社会因素等。认识我国专利侵权损害赔偿制度的问题及成因是对该制度进行法经济学分析及制度优化构建的逻辑起点，只有准确的诠释及定位专利侵权损害赔偿制度问题的成因，才能引导立法与司法突破智识资源（包括单纯的法律逻辑、思维方式及方法论）的局限，使专利侵权损害赔偿制度能真正贴近中国市场经济运行的现实特征及要求，使专利法真正实现利益的动态平衡。

第二章　我国专利侵权损害赔偿制度法经济学研究的理论基础

第一节　专利侵权损害制度的传统法学理论及局限

专利权作为典型的法定拟制权利，不仅要在立法上宣告权利的性质，更应设置相应的配套机制确保权利兑现。正如法谚所言"无救济则无权利"，专利侵权损害赔偿是专利侵权救济最重要的实现途径，是对专利法激励效果进行调整的有效政策杠杆：如果加强侵权损害赔偿的保护水平，专利制度整体的激励效果就增强；如果削弱侵权损害赔偿的保护水平，专利制度整体的激励效果就减损。所有关于专利侵权损害赔偿制度的研究都可以归结为一个根本问题，即专利侵权损害赔偿应该维持在何种限度？传统法学在探索这一命题时主要是依托激励与正义两大理论作为立法目的和限度指标，对专利侵权损害赔偿产生了不同的理论指向。

一、激励理论与专利侵权损害赔偿

作为蔚为大观的专利目的论中最经典的基础理论，激励发明理论认为专利的预期将激励有用发明的产生，因此应当授予发明者专利垄断权以补偿他们在发明中耗费的时间、资金和精力投入并确保他们从其发明中获得经济上的效益，❶ 先申请制正是激励发明理论在专利法领域的具体适用案

---

❶　KITCH E W. The Nature and Function of the Patent System ［J］. Journal of Law & Economics，1977，20（2）：273-274.

例。激励发明理论可以具体细分为两大分支。

（一）事前激励论

事前激励论认为专利制度通过设置事前激励以促进发明的产生。获得专利权与赢得彩票一样具有潜在的高额预期价值，以及低概率的中奖率。❶只有当诱饵的价值大于发明成本时，才会激励社会对发明进行投入，引起发明竞赛。鉴于专利权是对发明人的事前回报，这种回报与后续的实施和商业化并无关联，发明人的回报未必通过亲自实施专利获得，而可以通过专利权的排他效力实现。❷ 在这一理论下，专利侵权损害赔偿作为专利权金钱救济的最重要形式，其保护水平直接反映了对发明事前激励的水平，损害赔偿水平越高，对专利权的激励效果越强；对专利权的激励效果越强则进一步推高损害赔偿水平。事前激励理论是对专利权的强保护，在这一理论下专利侵权损害赔偿的确定与是否实施无关，专利侵权救济的水平也相对较高。

（二）激励规避设计理论

这一理论实则从对专利成本理论发展演变而来。有学者指出，持有强专利可能震慑在"相邻地带"的发明努力。❸ 在缺乏明确许可的情况下，改善、丰富原始创新的后续创新工作可能将受到抑制。❹ 正如硬币的另一面，基于这一专利"震慑成本"理论，有学者提出专利的目的抑或说正当性正在于专利迫使竞争者进行规避设计，制造出与已经获得专利的产品明显不同的非侵权新产品。❺ 激励规避设计理论对专利侵权损害赔偿制度中

❶ CROUCH D D. The Patent Lottery：Exploiting Behavioral Economics for the Common Good ［J］. George Mason Law Review, 2008, 16（1）：153-154.

❷ 和育东. 美国专利侵权救济制度研究 ［D］. 北京：中国政法大学, 2008.

❸ GILBERT R, SHAPIRO C. Optimal Patent Length and Breadth ［J］. RAND Journal of Economics, 1990, 21（1）：106-112.

❹ GREEN J R, SCOTCHMER S. On the Division of Profit in Sequential Innovation ［J］. RAND Journal of Economics, 1995, 26（1）：20-33.

❺ MAZZOLENI R, NELSON R R. The benefits and costs of strong patent protection：a contribution to the current debate ［J］. Research policy, 1998, 27（3）：275.

的侵权心态认定提供了理论基础。当侵权人对某一项专利进行规避设计的尝试，但最终没有成功而构成专利侵权时，侵权人不应被视为"故意侵权"而最终引发惩罚性赔偿。❶ 这一理论实质性地减轻了从事规避设计行为人的专利侵权损害赔偿预期。

（三）激励商业化理论

激励商业化理论认为给予发明专利权将吸引必要的资本投入以对发明进行商业化。鉴于一项专利从最初的技术方案到最终的实际运用需要投入巨大的经济、人力与时间成本，使发明人在早期获得专利权能够确保一旦技术被成功研发，发明人能够获得相应的经济回报，因此专利的重要目的之一在于引导对发明开发应用投入持续的资源，尤其在从事最初发明的行为人并不适合从事后续研发的情况下，例如大学、政府实验室等。如果无法获得专利的激励与排他权，私人企业将缺乏动机对这部分发明投入必要的资源进行商业化，这也正是美国实施拜杜法案的原因。❷

最早提出激励商业化理论的是吉尔斯·S. 里奇（Giles S. Rich）。他在1942 年的系列文章中指出，专利制度并非旨在激励发明或披露，激励的商业因素才是实践中最重要的，即激励"将发明商业化的努力"。❸ 基奇（Kitch）的"预期理论"认为专利制度的主要目的并不是发明提供激励，而是通过赋予那些尚未被发现的创意以预期产权，以鼓励现有创意的进一步商业化以及改进的运用，因此最初创新者有义务，也具备最大的动机同时进行现有创新的商业化和探索未来改进。❹ 梅格斯（Merges）始终强调专利法的根本目的应在于鼓励"真正的"创新，而不应被寻租的主体滥用。当专利权人拥有有限的垄断权时，（专利）授权本身并无法实现专利

❶　和育东. 美国专利侵权救济制度研究［D］. 北京：中国政法大学，2008.

❷　MAZZOLENI R，NELSON R R. The benefits and costs of strong patent protection：a contribution to the current debate［J］. Research policy，1998，27（3）：276-279.

❸　RICH G S. Relation between Patent Practices and the Anti-Monopoly Laws［J］. J. Pat. Off. Soc'y，1942（4）：179.

❹　KITCH E W. The Nature and Function of the Patent System［J］. Journal of Law & Economics，1977，20（2）：273-274.

的经济效能。专利需要通过实施而实现货币化。但如果实施的成本太高，市场规则会驱使专利权人或是出售或许可专利给予有资源实施的第三人，或是不实施专利。通过资源交换和利益最大化的动机，市场规则帮助专利从一项排他的机制转变为价值实现的手段。❶

激励商业化理论为限制专利侵权赔偿、确定法定赔偿量化因素提供了理论支撑。在传统的激励发明、激励技术披露的专利目的理论下，专利的实施、商业化及价值实现对于专利侵权损害赔偿的确定并无影响，但是激励商业化理论将专利技术的实施以及成功的价值实现作为专利制度的目的之一，因此如果一项专利权已经成功实现商业化，意味着对其加大保护能够示范、诱导与鼓励对商业化的持续投入，符合激励商业化的专利法目的，因此应通过专利侵权损害赔偿制度给与倾斜性保护；相反如果一项专利从未被实施，而是被专利权人作为滥用及寻租的工具，将违背激励商业化这一专利目的理论，因此应通过限制专利侵权损害赔偿加以限制。

二、正义理论与专利侵权损害赔偿

罗尔斯在其经典著作《正义论》中提出：正义原则是"所有社会的基本善—自由和机会，收入和财富及自尊的基础—都应被平等地分配，除非对一些或所有社会基本善的一种不平等分配有利于最不利者"。❷ 中外知识产权学者普遍认可这一以平等为核心的正义观应作为知识产权法的伦理基础。彼得·德劳斯（Peter Drahos）直言"知识产权法是实现正义的工具"，❸ 我国学者吴汉东也将实现正义视为知识产权制度的第一目标。❹ 专

---

❶ MERGES R P. The Trouble with Trolls：Innovation，Rent-Seeking，and Patent Law Reform ［J］. Berkeley Technology Law Journal，2009（4）：1583-1614.

❷ ［美］罗尔斯. 正义论 ［M］. 何怀宏，等译，北京：中国社会科学出版社，2009：303.

❸ DRAHOS P. A Philosophy of Intellectual Property ［M］. Aldershot：Dartmouth，1996：19

❹ 吴汉东. 利弊之间：知识产权制度的政策科学分析 ［J］. 法商研究，2006（5）：6.

利法对社会正义、平等价值的追求主要通过在专利权利保护制度中贯穿权利人与侵权人之间、私人利益与公共利益之间、收益权与接触权之间的利益均衡考量加以实现。

利益平衡要求授予的专利权不仅应当"充分而有效"，而且应当"适度与合理"。专利保护的适度和合理要求对专利的保护既不能过度，也不能保护严重不足，而是应当维持一种适当的保护水准，既保障了激励专利创造的需要，又使得专利权的授予不至于成为社会公众接触技术的障碍。专利权的私权保护是利益平衡的前提，"适度和合理"保护的要求则使专利权的私权保护受到利益平衡原则的制约。❶ 与此同时，专利科技的发展日新月异，法律的稳定性决定了专利法是相对滞后的，专利法的利益平衡既是一种价值诉求也是一种过程，专利法作为一种过程的平衡表现为动态平衡，由于专利权人与公共利益的平衡有赖于一定社会、科技、经济、法治条件的成就，一旦外部环境和条件发生变化，原有的利益均衡就会被打破，原本合理的专利机制将变得不恰当，这需要依据新的外部条件重构利益平衡机制，以实现理想的社会效用。❷

正义理论以及正义理论衍生的利益平衡原则为设计及调整专利侵权损害赔偿制度提供了基础理论。一方面专利侵权损害赔偿制度应以使权利人恢复到侵权以前的填平原则作为保护权利人私权的基础，通过充分有效的赔偿激励创新；另一方面又要通过专利限定原则、技术分摊原则、强制许可原则等机制防止过分赔偿，抑制专利权的不当扩张与滥用，以实现专利法的公共利益诉求。与此同时，专利侵权损害赔偿的水平也应依据一国的创新模式、产业结构、法治水平而进行动态调整，以实现持续的利益均衡。

---

❶ 冯晓青. 利益平衡论：知识产权法的理论基础［J］. 知识产权，2003，13（6）：16-17.

❷ 冯晓青. 利益平衡论：知识产权法的理论基础［J］. 知识产权，2003，13（6）：18-19.

三、专利侵权损害制度传统法学理论之局限

首先，纯粹的法学研究无法解释专利法保护的限度问题。知识产权法学者对专利侵权损害赔偿制度的研究可谓蔚为大观。但既有研究或是基于法律概念进行规范分析、逻辑梳理，或对不同法域法律进行比较分析，进而提出改善建议。此类研究虽然能够增进我们对专利侵权损害赔偿制度的理解，但一旦刨根问底，却无法解释专利侵权损害赔偿的若干核心问题。比如，究竟什么样的专利侵权损害赔偿水平是适当的？判断损害赔偿强保护与弱保护的尺度标杆为何？在专利侵权损害赔偿涉及冲突的法律价值时应如何取舍，例如研究激励规避设计理论的学者就提出了针锋相对的立场，专利一方面将实质性震慑累积创新，另一方面也可能激励规避设计，应当如何在原始发明人和累积创新人之间进行利益取舍？专利侵权损害赔偿的运行实效应如何评价？专利侵权损害赔偿的水平是因时、因地而异，还是应遵循一定恒定的限度？对专利侵权损害赔偿规则的评价，最终将涉及上述问题，而对于这些问题，局限于法律本身无法给出有信服力的解释，也无法推导出什么样的规则才是更合理的法律规则。

其次，纯粹的法学研究无法解答为何用意良好、法学逻辑自洽的专利侵权损害赔偿制度未能实现预想的实施效果。例如，我国在专利法中设置了法定赔偿制度。基于法学规范分析的视角，增设法定赔偿实则赋予法官相当的自由裁量权，很大程度减轻权利人的举证责任，降低证明标准，使权利人的损失更容易通过赔偿的方式得到弥补，从消极层面上促进了权利人利益的实现，增强了权利保护的力度，从而能更大程度上实现激励创新的价值目标。❶ 单纯从形式法律结构判断，法定赔偿是能充分实现专利法目的的、自足自洽的法律制度。然而在司法实践中，法定赔偿这一原本属于兜底定位的计算方式已成为专利侵权优先使用甚至压倒性使用的赔偿金计算方式，同时由于普遍缺乏清晰的说理及严谨论证，赔偿金额往往既达不到原告的期待，也无法让被告信服。为何这一用心良好的制度设计与司

---

❶ 朱启莉. 我国知识产权法定赔偿制度研究［D］. 长春：吉林大学，2010：58.

法实践存在如此反差？我国现有专利侵权法定赔偿是否实现了专利法预期的立法目的，换言之，专利侵权法定赔偿的司法运行现状是否有效？如何实现专利侵权法定赔偿额的精准量化？法律自身的逻辑与方法论不足以解释及解决这些问题。"法律的价值最终必须按照它在实现其目标方面的成功来评价，而不纯粹以它的形式的法律结构来判断"。❶ 专利法作为涉及一国经济、科技、社会及法治等多个层面的重要法律，不应只从单一角度来制定、研究、批判法律，不能仅仅"就法论法"，而应从多学科的角度来立法、释法、用法，才能使专利法真正解决实现利益的动态平衡。

第二节　专利侵权损害赔偿制度法经济学研究之兴起

法经济学是运用"经济学的方法和理论，而且主要是运用微观经济学，以及运用福利经济学、公共选择以及其他有关实证和规范方法考察、研究法律和法制制度的形成、结构、过程、效果、效率及未来发展的学科"。❷ 专利侵权损害赔偿制度既提出了传统法学永恒的公平正义考量，例如，从制度伦理的视角考量专利法赋予专利权人基于"全部市场价值原则"而剥夺侵权人"因侵权获利"所形成的权利义务配置是否符合公平正义观念，也提出了法经济学独特的成本收益考量。例如，如何运用专利侵权损害赔偿在回报现有创新主体与未来创新主体之间确定适当的平衡。而且，法学与经济学都始发于人类普遍的经验直觉，贯穿专利法立法与司法过程始终的利益平衡理念本身就与法经济学的收益成本理念不谋而合。对于专利法传统法学本已存在的终极诘问，例如专利法正当性基础的正义与效率之争、私人垄断权与公共接触权的平衡、专利法的私法属性与公法属性、专利法的公共利益与私人权利等问题，法经济学的分析范式不但无法

---

❶ PAUL BURROWS, CENTO G. VELJANOVSKI. Introduction：The Economic Approach to Law ［C］. PAUL BURROWS AND CENTO G. VELJANOVSKI. The Economic Approach to Law. London：Butterworths，1981.

❷ ［美］理查德·波斯纳. 法律的经济分析 ［M］. 蒋兆康，译. 北京：中国大百科全书出版社，1997：3.

绕过，反而必将触及，法经济学能为解决这些问题提供崭新的、让人信服的思路，同时法经济学的分析方法和结论往往是开放式的，为后续新情况的讨论提供了空间。因此，专利侵权损害的法学研究显然有必要超越传统自然法学与实证法学的研究方法，引入法经济学的研究思路。

一、专利侵权损害赔偿的合理限度

对于专利侵权损害赔偿应该维持在怎么样的限度，法律经济学的研究为确定和构建"充分有效且适当合理"的专利侵权损害赔偿提供了很好的理论向度。美国学者布莱尔和柯特（Blair 和 Cotter）是运用经济分析构建最优知识产权侵权损害规则的鼻祖，塑造了一套完整的知识产权金钱救济规则制定及评估体系，其研究提出，在缺乏权利实施、信息及交易成本的背景下，为了保障知识产权法的激励结构以及知识产权的类产权性质，损害赔偿规则应至少使侵权人不因侵权结果获益，而最优规则首先应在现有规则无法实施有效震慑时，权利人应能够获得因侵权所造成的损失赔偿以保护权利人的发明动机，或对被告适用因侵权获利规则以避免由法院决定知识产权的价值并鼓励双方进行事前的资源交易，其次法院最终应选择这两类规则中较重的赔偿规则；最后法院应通过适当增加或减少赔偿以平衡震慑难以发现的侵权及防止潜在的使用者过分遵守法律义务的冲突利益，确保胜诉原告获得补偿性赔偿或恢复原状赔偿中较重的救济。❶ 戈尔登（Golden）指出鉴于确定适当的侵权损害赔偿受限于公共和私人资源，相关法律不应退化成微观经济学上的无效努力：尝试实现绝对精确且实质超过社会需求，并据此提出了设计专利救济的五大原则：非绝对主义、反行业歧视、学习、行政性以及授权。❷ 享利和特纳（Henry & Turner）基于双寡头垄断的固定位置及市场准入模型，评估了专利损害赔偿体系对市场竞

---

❶ BLAIR R D, COTTER T F. Economic Analysis of Damages Rules in Intellectual Property Law [J]. Wm. & Mary L. Rev., 1997, 39 (5): 1585.

❷ GOLDEN J M. Principles for Patent Remedies [J]. Texas Law Review, 2009, 88 (3): 505.

争的影响，在专利实施基本确定无疑时，合理许可费机制能够产生对称的均衡价格因此能够最大化静态物理并最大程度地提升创新动机；在专利实施缺乏确定性且产品足够有价值时，因侵权所失去利润可能震慑侵权并最大程度地提升创新动机；因侵权获利机制则产生较低的静态效率及较低的创新动机。❶ 希尔德（Heald）的研究提出，在存在交易成本的现实世界中，专利救济的目的应是为有效交易发生提供动机，同时最小化交易成本。据此侵权人获利应作为专利侵权救济的一种计算方式，并且应该为从事自主发明并进行合理检索的过失侵权人提供足够的保护。❷ 赖茨格、汉高和希斯（Reitzig, Henkel & Heath）开创性地提出在全球现有损害赔偿机制下，"被侵权"是拥有不重要专利的小型企业主要的创新开发策略，尤其是在类似于德国这种将侵权人获利作为潜在救济的国家。即使是在仅适用合理许可使用费计算方式的国家，错误地使用高水平的标准行业费率也将过分赔偿专利流氓并使"被侵权"有利可图。❸ 詹姆斯·安东和丹尼斯·姚（Anton & Yao）检验了在侵权决策是内生且影响市场选择的背景下，专利侵权损害赔偿在方法创新的均衡寡头模型中的影响，研究发现即使权利人的利润通过因侵权所失去利润规则得以保护，与侵权能够受到震慑的机制相比，创新的动机仍然受到了削减。❹ 怀亚特（Wyatt）论证纳什的博弈理论能够充分依据具体个案的实际情况进行分析，考虑了诉讼双方的博弈地位，能够中立地计算及调整合理许可使用费损害赔偿，因此应作

❶　HENRY M D, TURNER J L. Patent Damages and Spatial Competition [J]. The Journal of Industrial Economics, 2010, 58（2）：279-305.

❷　Heald P J. Optimal Remedies for Patent Infringement: A Transactional Model [J]. Hous. L. Rev., 2008, 45（3）：1165.

❸　REITZIG M, HENKEL J, HEATH C. On Sharks, Trolls, and Their Patent Prey—Unrealistic Damage Awards and Firms' Strategies Of "Being Infringed" [J]. Research Policy, 2007, 36（1）：134-154.

❹　ANTON J J, YAO D A. Finding "Lost" Profits: An Equilibrium Analysis of Patent Infringement Damages [J]. The Journal of Law, Economics, & Organization, 2006, 23（1）.

为 George Pacific 要素的替代计算方式。❶ 虽然法经济学在我国起步较晚，但已有学者运用经济学研究范式对专利侵权损害赔偿的合理限度展开了研究。祝建辉运用经济分析的方法，对专利侵权适用专利使用费赔偿的条件、经济依据和赔偿倍数进行了分析，分析表明当专利权人因被侵权所受损失和侵权人因侵权获利都难以确定时，可适用专利许可使用费进行赔偿，以专利许可使用费的一定倍数作为赔偿额具有经济合理性，应根据诉讼成本和侵权发生的概率对赔偿额的弹性来确定赔偿倍数。❷ 董雪兵、史晋川通过构建累积创新框架下的拍卖模型来探讨知识产权制度的社会福利效应，比较各种具体制度的效率及在各种特殊的产业中的应用保护。基于存在领先厂商情况下累积创新过程中的创新竞赛问题的分析，可以得到三种不同策略情形下的社会福利函数，并确定知识产权保护程度的适用范围。研究结论的应用扩展表明：以生物技术、电子和医药等为主的行业，适用比较严格的保护制度进行保护，如专利制度；以计算机软件、音乐、书籍和期刊等为主的行业，适用比较宽松的保护制度进行保护，如版权制度。❸ 王鹏对现有专利侵权法律制度经济分析及相关研究成果进行了综述，从经济学视角重新审视了专利侵权法律制度的演变、内容、逻辑结构和特点，分别对专利侵权法律制度的各个组成部分，包括专利权的界定、专利保护的范围、专利实施权安排、专利侵权外部性的解决方式进行了经济学分析，并提出了相应的对策建议。❹

---

❶　WYATT L. Keeping Up with the Game: The Use of the Nash Bargaining Solution in Patent Infringement Cases [J]. Santa Clara High Technology Law Journal, 2014, 31 (3): 427.

❷　祝建辉. 基于经济分析的专利使用费赔偿制度研究 [J]. 科技管理研究, 2010 (11): 226-228.

❸　董雪兵, 史晋川. 累积创新框架下的知识产权保护研究 [J]. 经济研究, 2006 (5): 97-105.

❹　王鹏. 最优专利侵权归责原则的选择———一种经济模型的方法 [J]. 制度经济学研究, 2010 (4): 26-38.

二、专利侵权损害赔偿的有效性

"法律的价值最终必须按照它在实现其目标方面的成功来评价，而不纯粹以它的形式的法律结构来判断。"❶ 纯粹的法学研究无法解答为何用意良好、法学逻辑自洽的专利侵权损害赔偿制度未能实现预想的实施效果。法经济学基于微观数据与宏观数据对专利侵权损害赔偿的有效性进行评估，这一立足实证的研究范式从经济学的角度立法、释法、用法，能够弥补传统法学理论的不足，有助于实现专利法的利益动态平衡。

部分学者基于微观数据对专利侵权诉讼的有效性进行了计量研究，基于其实证结论对专利侵权损害赔偿的立法与司法提出了改进建议。Lemley & Shapiro 对美国法院适用合理许可费计算损害赔偿的案件进行了实证分析，指出在许可费堆叠的情况下，该计算方式将导致法院过分预估合理许可费。❷ Mazzeo、Hillel、Zyontz 对 1995~2008 年美国联邦法院 340 起侵权成立且判罚损害赔偿的案件进行了计量经济学分析，其构建的计量模型能够解释损害赔偿 75% 的变量，案件涉及专利的数量、专利的乘数程度、专利的权利要求范围、专利的向前引用数、是否由陪审团决定以及案件耗费的时间都将实质性影响损害赔偿的大小。研究结果显示侵权损害赔偿并非系统性地无法预测进行就专利损害赔偿的价值以研究专利损害赔偿的不可预测性，基于此反驳了专利侵权损害赔偿不合法的批评意见。❸ 加拉索和尚克曼（Galasso & Schankerman）对 1975~2000 年所有由美国联邦上诉巡回法院审结的案件进行了实证分析，研究显示联邦巡回上诉法院的亲专利倾向及法院判决的确定性将减少专利丛林对侵权诉讼调解的影响，包括减

---

❶ MICELI T J. The Economic Approach to Law［M］. Stanford University Press，2004：2.

❷ LEMLEY M A，SHAPIRO C. Patent Holdup and Royalty Stacking［J］. Texas Law Review，2006，85（7）：1991.

❸ MAZZEO M J，HILLEL J，ZYONTZ S. Explaining the "unpredictable"：An Empirical Analysis of US Patent Infringement Awards［J］. International Review of Law and Economics，2013，35（C）：58-72.

少诉讼的争议时间以及增加与专利丛林相关的专利谈判数量。❶ 詹映、张弘基于我国各级法院审理的 4 768 件知识产权侵权案件对我国知识产权实际保护状况进行了实证分析，结果显示，知识产权维权成本高问题并不显著，但维权周期长的问题确实存在；侵权赔偿低问题十分突出，法院过多适用法定赔偿确定赔偿额，使权利人常常得不偿失，而举证难是这一问题的关键原因。❷ 贺宁馨对我国专利侵权诉讼的有效性进行了最为全面完整的实效分析，其基于专利侵权诉讼目的论，对专利侵权损害赔偿的有效性进行了理论分析，实证研究得出我国专利侵权损害赔偿基本有效的结论，反驳了美国 332 调查的不当指责。❸ 贺宁馨还基于 2005～2010 年法院受理的一审专利民事胜诉案件进行了实证研究，构建了影响专利赔偿额的模型，研究发现专利类型、侵权行为数量、专利权人的请求赔偿额、法院所在区域对赔偿额有显著的正向影响，侵权人数和侵权事件跨度对赔偿额没有影响，并据此提出应规定具体举证的侵权情节并规定侵权情节对赔偿而影响的量化程度，细化赔偿额计算方法，裁判文书应统一规定必须列举影响因素及量化关系的建议。❹ 杨柳对随机选取的五个省市关于法定赔偿方式的侵权损害判赔案件进行实证分析，结果证明我国专利前法定赔偿存在法定赔偿被滥用、法定赔偿理由在文书中体现不充分、没有明确确定的计量标准、精神损害赔偿不予以支持、法定赔偿判定数额过低等问题。❺ 李黎明对 2002～2010 年的专利侵权案件进行了主体特征及行业属性研究，指出专利侵权法定赔偿存在明显的产业区分特征和多种赔偿计算方式并用情

---

❶ GALASSO A，SCHANKERMAN M. Patent Thickets，Courts，and the Market For Innovation ［J］. the RAND Journal of Economics，2010，41（3）：472-503.

❷ 詹映，张弘. 我国知识产权侵权司法判例实证研究——以维权成本和侵权代价为中心 ［J］. 科研管理，2015（7）：145-153.

❸ 贺宁馨. 我国专利侵权诉讼有效性的实证研究 ［D］. 武汉：华中科技大学，2012.

❹ 贺宁馨，李杰伟，丁秀好. 专利侵权损害赔偿额的影响因素研究——基于我国 24 个地区专利侵权案件的实证 ［J］. 情报杂志，2012（12）：109-114.

❺ 杨柳. 我国专利侵权损害法定赔偿问题研究 ［D］. 南昌：江西财经大学，2014.

形，新《专利法》实施后，高新技术产品法定赔偿额显著提升。在原告损害或侵权获利部分确定之前提下，法院应结合产业的行业特点对不确定因素进行法定赔偿，赔偿总额应允许超过 100 万元限额，对于专利经济贡献难以量化的高新技术产品专利纠纷，应考虑引入技术分摊原则和产额利润法以减少法定赔偿原则的适用。❶ 王风分析了北京、上海、广州、山西、甘肃五个省市的专利案件，重点研究专利侵权损害赔偿制度的适用及赔偿额分布问题，探讨了各省市在专利侵权损害赔偿判决中的不同和差距，并提出了完善损害赔偿方式适用的条件和顺序、完善法定赔偿立法、增加精神损害赔偿及惩罚性赔偿及增加专利权人利息损失的建议方案。❷

部分学者基于宏观数据进行了实证分析，分析了专利侵权诉讼对行业及经济的影响，为专利侵权损害赔偿的限制与调整提供了有力的理论依据。拉古、吴和莫汉（Raghu，Woo & Mohan）就专利诉讼结果公布或调解对电子行业涉案人股票价格的影响进行了评估，结果显示专利侵权诉讼对被告股价将产生不利影响，原告则可能从中获得显著的、超过正常水平的经济回报，然而这两大效果却不是零和博弈，被告的损失潜在地超过专利权人的收益。以专利印证率进行衡量指标的专利质量对专利诉讼中的市场价值影响巨大。❸ 蔡碧慧（Huei）对 2001～2006 年 87 个中国台湾地区集成产业的数据进行了实证数据分析，结果显示专利授权的快速增长与专利侵权诉讼的发生具有正相关关系，意味着知识产权侵权诉讼加强了企业创新的动力。❹

然而迄今为止，对专利侵权损害赔偿制度进行全面系统经济分析的研

❶ 李黎明. 专利侵权法定赔偿中的主体特征和产业属性研究——基于2002—2010年专利侵权案件的实证分析 [J]. 现代法学，2015（4）：170-183.

❷ 王风. 我国专利侵权损害赔偿相关问题研究 [D]. 兰州：兰州大学，2008.

❸ RAGHU T S，WOO W，MOHAN S B，et al. Market Reaction To Patent Infringement Litigations In the Information Technology Industry [J]. Information Systems Frontiers，2008，10（1）：61-75.

❹ TSAI B H. Does Litigation Over the Infringement of Intellectual Property Rights Hinder Enterprise Innovation? An Empirical Analysis of the Taiwan IC industry [J]. Issues & Studies，2010，46（2）：173-203.

究并不多见，对法定赔偿以及因侵权获利计算方式的经济分析更是寥寥无几。在西方学界，仅有前述几位美国、英国、澳大利亚及日本的学者对专利侵权损害赔偿进行了专门的经济分析。放眼国内，专利侵权损害赔偿的法经济学分析则处于萌芽起步阶段，遑论系统全面。因此，有必要进一步运用法经济学的理论与方法，分析法定赔偿、合理许可使用费倍数计算方式、因侵权获利计算方式、因侵权受损等计算方式、具体运用规则与司法实施水平对于中国法域内专利权利人、专利使用人、司法机关的成本、收益、效率与福利等效应。为此，本书选择专利侵权损害赔偿的法经济学分析作为研究主题，探索将法经济学、侵权法法经济学、专利法法经济学的研究成果运用于专利侵权损害赔偿的领域，进一步拓展与深化专利侵权损害赔偿不同计算方式的经济分析，从而为专利侵权损害赔偿计算方式提供一种不同于传统法学的崭新研究视角及论证方式，进而在分析比较不同专利侵权损害赔偿计算方式的社会福利效应基础上对我国专利侵权损害赔偿体系的立法、司法及学术研究提供理论依据及政策指引。

第三节　专利侵权损害赔偿制度法经济学研究之理论框架

本书拟选择法经济学的效率作为专利侵权损害赔偿规则的评价标准。经济学是一门研究人类理性选择的科学，经济学假设，理性人会主动地追求自我利益的最大化，这意味着，人会对激励做出反应，如果外部环境发生改变，人可以通过改变其行为来增加其效用（Utility），那么，人就会对于这种环境的改变做出反应来增进自我利益。❶ 专利法主要的主体是自然人、法人和非法人组织等民事私人主体，因此，笔者将假定专利权利人及侵权人都为理性地追逐自我利益最大化的经济人，运用成本与收益分析评估不同专利侵权损害赔偿规则对于专利侵权诉讼中的权利人及侵权人的行

---

❶ ［美］理查德·波斯纳. 法律的经济分析［M］. 蒋兆康，译. 北京：中国大百科全书出版社，1997：46.

为激励效应，进而评估不同专利侵权损害赔偿规则的效率功能和福利效应。在此，作为成本与收益分析的效率标准，笔者采用的是从中国本国视角出发的国家效率，也就是中国所有个体效用总和意义上的效率和福利，而非全球范围的效率或福利，或者某一群体，如专利权利人或侵权人单一群体的福利。鉴于在技术赶超过程中，使用人和专利权人的身份可能存在动态转换及身份糅杂，专利的使用人可能同时是从事累积创新、自主研发的权利人，甚至将专利成功商业化而成为专利的许可方，因此在分析成本收益时，应格外注意侵权损害规则对社会整体福利的"双刃剑"效应，也应防止将某些主体滥用侵权损害赔偿制度的社会成本与制度本身的成本相混同。

一、侵权法的法经济学分析

对于专利侵权损害赔偿应该维持在怎么样的限度，侵权法的法经济学分析理论为评价和确定专利侵权损害赔偿的水平提供了很好的理论指引。

（一）侵权成本与法律效率

美国制度经济学家科斯在其经典著作《社会成本问题》中提出了后来成为法律经济学分析基石的交易成本理论。科斯认为，只要交易成本为零，无论立法者或法院对权利如何界定，都可以通过市场交易达到资源的最佳配置。一旦考虑到进行市场交易的成本，合法权利的初始界定，会对经济制度运行的效率产生影响。❶ 鉴于现实生活中必然存在交易成本，因此交易成本最小化的法律就是资源配置最合理的法律。基于科斯的理论，卡拉布雷西和梅拉梅德（Calabresi & Melamed）提出了著名的权利保护三规则：一是财产规则，其涉及的权利通过自愿交易方式进行转移，由买方支付卖方同意的财产价值。二是责任规则，不管权利人同意与否，他人可以通过支付由国家客观确定的价值而取得权利。三是不可剥夺规则，此类

---

❶　COASE R H. The Problem of Social Cost [J]. Journal of Law and Economics，1960（3）：1.

权利在任何情况下均不可交易，国家不仅要干涉最初的权利阶段，还要确定赔偿价值。❶ 按照其理论，财产规则是权利保护的一般规则，当交易成本过高时，用侵权规则取代财产规则是有效率的，而涉及人类不可剥夺的基本权利时，社会利益的价值高于效益价值。❷ 大多数情况下专利侵权损害赔偿是按照责任规则进行保护的权利。根据波斯纳对科斯定理的推论，在法律即使尽了最大努力而市场交易成本仍旧很高的领域，法律应当将产权配置给对他来说价值最大的使用者，来模拟市场对于资源的支配。❸ 卡拉布雷西（Calabresi）在后续研究中进一步提出，最小化事故的总体成本是侵权法最重要的目标，而事故成本可以被区分为主要事故成本，即预防措施的成本以及仍然发生的损失，次要事故成本，即必须容忍一定程度损失的成本，以及三级事故成本，即处理事故损害的法律体系的管理成本。据此，从经济分析的角度，赔偿本身并非目的，仅是实现成本削减目的的手段。❹ 而为了确保侵权法能够最大程度地减少运行成本，侵权法的规则必须符合纳什均衡。纳什均衡指的是这样一种策略组合，这种策略组合由所有参与人最优策略组成，即在给定别人策略的情况下，没有人有足够理由打破这种均衡。❺ 张维迎提出："一个规则本身是否是纳什均衡能预见法律执行起来的容易程度。"❻ 可见一项立法是否能够符合纳什均衡，是法律能否有效实施的重要条件。如果一项规则符合纳什均衡，它将是稳定的、自我实施和自我强制的。规则设计要符合纳什均衡，要求立法者在制度设

---

❶ CALABRESI G, MELAMED A D. Property Rules, Liability Rules, and Inalienability：One View of the Cathedral［J］. Harv. L. Rev.，1971，85（6）：1092 - 1093.

❷ 和育东. 美国专利侵权救济制度研究［D］. 北京：中国政法大学，2008.

❸ ［美］理查德·波斯纳. 法律理论的前沿［M］. 武欣，凌斌，译. 北京：中国政法大学出版社，2003：6.

❹ CALABRESI G. The Cost of Accidents：A Legal and Economic Analysis［M］. New Haven：Yale University Press，2008：24-25.

❺ ROBERT COOTER, THOMAS ULEN, Law and Economics［M］. New Jersey：Prentice Hall，2011：90.

❻ 张维迎. 法律：通过第三方实施的行为规范［J］. 读书，2000（11）：64.

计上必须考虑到法律关系涉及的全部主体的策略选择，克服个体利益和集体利益之间的矛盾，从而通过个体的最优策略选择实现社会最优，使权利人按照集体理性决策和行为成为可能。

（二）侵权行为的收益与成本

依照法经济学的观点，从权利人看来，赔偿额是其权利的价格，从侵权人看来，赔偿额是其为自身行为自由所支付的成本。❶ 如果侵权人可以逃脱法律惩罚，侵权行为就是有利可图的，反之亦然。通过减少侵权的预期收益甚至降低到零，立法者可以通过政策调整使侵权无利可图。虽然个案中没有被发现的侵权可能是获利的，但侵权的整体可能是无利可图的。❷ 通过削弱侵权人的违法行为能力，消除其从事违法行为的物质力量，可以提高侵权行为的必然成本，降低侵权行为可能带来的"收益"，确保侵权行为的成本总和大于该行为所取得的"利益"，作为法定成本的最低限度，对某些特别严重的侵权行为，设定较高的法定成本，即以法律的形式加重对该类违法行为的惩罚，不让其有利可图，这一系列思路能够有效抑制侵权行为收益大于成本的预期。❸

（三）侵权责任的界定

对于行为人是否应承担责任，关键在于判断行为人是否尽到合理注意和审慎义务。经济学的角度则认为，行为人是否履行前述义务关键在于行为人是否采取合理的成本来预防损害。美国联邦法院法官汉德在合众国诉罗尔拖轮公司一案中提出了著名的"汉德法则"用以判定过失责任标准：如果一个人能以较小的代价避免较大的损失，而这个人却没有采取预防措施来避免事故的发生，从效率的观点来看这个人是有过失的。❹ 波斯纳随

---

❶ ［美］理查德·波斯纳. 法律的经济分析［M］. 蒋兆康，译. 北京：中国大百科全书出版社，1997：3.

❷ BLAIR R D, KENNY L W. Microeconomics For Managerial Decision Making［M］. McGraw-Hill Companies，1982：161.

❸ 吴汉东. 关于知识产权基本制度的经济学思考［J］. 法学，2000（4）：46.

❹ 刘宇琼. 侵权行为法的经济分析［D］. 北京：中国政法大学，2005：19.

后发展了这一理论，认为损害赔偿应迫使潜在的侵权行为人将他们的行为造成的外部性内部化，进而实现损害赔偿制度的效率。具体来说，考虑到损害赔偿"首先是给受害人予以诉讼的激励，因为诉讼是维持侵权制度作为一种对过失的有效威慑力所必需的；其次是防止受害人采取过度的预防措施。"波斯纳认为，当侵权者须负严格责任时，同样将考虑 B<PL 的经济后果。不过，当 B>PL 时，人们情愿赔偿可能发生的是损失费，而不愿花费预防成本，采取措施来预防可能发生的事故。❶ 考特和尤伦（Cooter & Ulen）则依据预防义务的分配提出了侵权责任的适用标准，如果预防是双方面的，即当事人双方都采取预防行为，以减少事故的严重性和可能性，那么，过失责任规则形式是合格的责任标准；如果预防是单方面的，即只有施害方可望采取行动以减少事故的概率及其严重性，那么，严格责任规则是合适的责任标准。❷ 我国学者吴汉东进一步提出对于知识产品的侵权，某些侵权损害由行为人单方面预防更为有效。当某类严重的侵权损害发生后，应责令行为人首先举证，行为人通过抗辩事由说明 B>PL 时，即证明无过失，可免除责任；如果无抗辩事由或事由不能成立，则推定行为人有过失。补充适用过失责任原则或严格责任原则，可以调整双方当事人预防事故发生的成本比例，提高侵权行为的被追究率，从而使得侵权法的实施处于有效率的状态之中。❸

综上所述，侵权法的法经济学分析的核心在于说明侵权的成本，调整关于产权保护的成本与收益的关系，以促使理性的经济人放弃侵权—赔偿这一选择，引导行为人放弃侵权进行事前许可谈判或独立的规避设计，同时在这一过程中寻找成本最小的制度安排，以促成制度实施的合作博弈，实现最优的资源配置。

---

❶ ［美］理查德·波斯纳. 法律的经济分析［M］. 蒋兆康，译. 北京：中国大百科全书出版社，1997：246.

❷ ［美］罗伯特·考特，托马斯·尤伦. 法和经济学［M］. 史晋川，董雪兵，等译. 上海：格致出版社，2012：364.

❸ 吴汉东. 关于知识产权基本制度的经济学思考［J］. 法学，2000（4）：46.

二、累积创新理论

累积创新（cumulative innovation）指后续发明人使用由一项有效专利覆盖的在先发明以进行研发的情形。❶ 在现代高科技产业中，尤其是电子通信技术、生物医药技术、精密仪器行业中累积创新的特征尤为明显。累积创新常见的路径为通过无效申请挑战可能站不住脚的专利、规避设计或窄化、优化现有专利，从而实现对现有技术的累积创新。❷ 如澳洲学者瑞克曼（Reichman）指出的："如何使（原始创新的）企业能在累积与后续创新（follow-on innovation）中获得投资果实，而不损害后续创新以及不为准入制造壁垒已经成为千禧年时代知识产权法经济学领域最亟待解决的问题之一。"❸ 累积创新相关研究的核心议题始终围绕在如何通过专利制度与反垄断法对原始创新和累积创新实现合理的利益分配，从而为原始创新和后续创新者提供足够的创新激励。

基奇（Kitch）基于预期理论提出应将利益分配给原始创新人，因为原始创新人具备最大的动机同时进行现有创新的商业化和探索未来改进，如果没有专利法进行激励，原始创新人就可能缺乏创新动力。❹ 然而莱姆利（Lemley）对该做法提出质疑，因为改进者之间的激烈竞争可能比对创新的集中控制创造更大的社会福利，同时专利权人和潜在的改进者之间并无法最终达成许可协议。❺ 梅格斯和纳尔逊（Merges 和 Nelson）则提出了与

❶　OFER TUR-SINAI. Cumulative Innovation in Patent Law：Making Sense of Incentives [J]. IDEA：The Intellectual Property Law Review，2010（4）：731.

❷　Bekkers，R. N. A. & West，J. The Effect of Strategic Patenting On Cumulative Innovation In UMTS Standardization［C］. Dime Working Papers on Intellectual Property Rights，2006（9）：3.

❸　REICHMAN J H. Of Green Tulips And Legal Kudzu：Repackaging Rights In Subpatentable Innovation［J］. Vand. L. Rev. 2000，53（6）：1744-1745.

❹　KITCH E W. The Nature and Function of the Patent System［J］. Journal of Law & Economics，1977，20（2）：275-280.

❺　LEMLEY M A. The Economics of Improvement in Intellectual Property Law［J］. Tex. L. Rev.，1997，75（1）：1048-1072.

预期理论相反的"量身定制的动机"理论（tailored incentives）。他们指出竞争，而不是垄断的所有权能够更有效地促进发明，更快的发明意味着更好的发明，产生更多的对抗性发明要比极少的发明带来更大的社会福利改善。❶ 伯克和莱姆利（Burk & Lemley）则指出同时给予原始创新和改进创新专利能够正确地平衡创新动机，但某些情况下改进人应根据反向等同侵权选择而不承担侵权责任。如何取得平衡应取决于原始创新和改进创新的相对重要性。❷

虽然对如何对原始创新和累积创新进行利益分配存在争议，但研究累积创新的学者们普遍认同专利权虽然重要，但不应被授予无限的排他权。第一，社会不能仅期待原始创新人有足够的动机有效率地许可竞争对手使用其技术，尤其是后续研究可能使专利技术成为过时技术的情况。❸ 第二，创新正向的技术外溢将实质性地推动后续创新。艾森伯格和梅格斯（Eisenberg & Merges）指出对基本文结果的专利财产权将损害科学进步，阻滞新知识的自由流动及科学结果的发表，因惧怕侵权责任而冷却科学家的研究努力。❹ 第三，进行强知识产权保护将鼓励寻租，进而可能侵蚀知识产权的社会价值。给予原始发明人过强的产权将鼓励浪费资源的专利竞赛。❺ 略韦特（Llobet）指出法院授予的专利保护将影响后续创新人的市场准入、调解和诉讼结果，其模型指出如果更强的保护减少及震慑了本可以通过许可利用专利的侵权人的准入，这一强保护可能对专利权人反而是有害的。

---

❶ MERGESR. Intellectual Property Rights and Bargaining Breakdown：The Case of Blocking Patents [J]. Tennessee Law Review, 1994, 62 (2)：75.

❷ BURK D L, LEMLEY M A. Policy Levers in Patent Law [J]. Va. L. Rev., 2003, 89 (7)：1610.

❸ EISENBERG R S. Patents and the progress of science：Exclusive rights and experimental use [J]. The University of Chicago Law Review, 1989, 56 (3)：1072-1073.

❹ EISENBERG R S, MERGES R P. Reply to Comments on the Patentability of Certain Inventions Associated With the Identification of Partial DNA Sequences [J]. AIPLA QJ, 1995, 23 (1)：61.

❺ GRADY M F, ALEXANDER J I. Patent Law and Rent Dissipation [J]. Virginia Law Review, 1992, 78 (1)：305-350.

这一效应在越高价值的发明上体现得越为明显。谢弗（Shaver）指出滥讼的环境将阻碍对下一代创新的投资，因为潜在的累积创新者将惧怕他们具有专利侵权风险的行为将受到诉讼阻碍。❶ 基奇指出对于多重专利产品来说，现有侵权规则一方面可能过度赔偿单一专利的权利人，另一方面可能惩罚或震慑侵权人，甚至剥夺有效侵权人因侵权获得的所有利润，导致后续创新不足，这种两难境地被学者称为"专利套牢"（patent holdup）。据此图尔西奈（Tur-Sinai）建议通过专利侵权赔偿责任的重塑以为累积创新提供适当的激励，即在发明人未达成自愿许可协议时，允许行为人通过事后承担法院决定的合理许可费为对价，未经权利人同意利用开发后续发明。这一损害赔偿适用规则将提升后续发明人的谈判地位，使后续发明人能够获得可观的利润。如果最终双方没有达成协议，这一侵权赔偿原则将确保后续发明人能以支付许可费的方式开发利用发明，显著增强后续发明人事先运用发明的动机。❷ 董雪兵、史晋川通过构建累积创新框架下的拍卖模型来探讨知识产权制度的社会福利效应，比较各种具体制度的效率及在各种特殊的产业中的应用保护。基于存在领先厂商情况下累积创新过程中的创新竞赛问题的分析，可以得到三种不同策略情形下的社会福利函数，并确定知识产权保护程度的适用范围。研究结论的应用扩展表明：以生物技术、电子和医药等为主的行业，应适用比较严格的保护制度进行保护，如专利制度；以计算机软件、音乐、书籍和期刊等为主的行业，应适用比较宽松的保护制度进行保护，如版权制度。❸ 文礼朋、郭熙保通过比较美国与日本的创新模式及专利保护战略，指出基础研发能力较弱的后发展国家往往不大可能进行重大的原始技术或产品的创新，只能是在引进的基础上进行改进创新，或者说就是模仿式创新。因此后发展

---

❶ SHAVER L. Illuminating Innovation：From Patent Racing to Patent War ［J］. Wash. & Lee L. Rev. , 2012, 69（4）：1944.

❷ OFER TUR-SINAI. Cumulative Innovation in Patent Law：Making Sense of Incentives ［J］. IDEA：The Intellectual Property Law Review, 2010（4）：761.

❸ 董雪兵，史晋川. 累积创新框架下的知识产权保护研究 ［J］. 经济研究, 2006（5）：97.

国家的最优专利保护宽度应该是较窄的，应该仿效当年日本的专利保护制度，降低专利保护的宽度，以便使本国企业进行跟进的改进创新。❶

综上所述，鉴于累积创新已经成为现代高科技产业的创新常态，学者已经普遍认识到强专利保护可能对后续创新人的市场准入、许可谈判、创新成本产生不可欲的负面成本。以专利侵权损害赔偿及禁令为主要内容的侵权救济体系必须在回报现有创新主体与未来创新主体之间确定适当的平衡。当一国主要的创新模式属于累积创新时，应当考虑以较窄的专利保护宽度保护善意使用人对专利技术的后续开发，以适应本国产业的特征及需求。

三、最优专利救济

最优专利救济制度根源于侵权法的过度震慑与震慑不足理论。严苛的惩罚极有可能刺激潜在的使用者过度检索专利权人并引导使用人进行无必要的防范性许可甚至完全停止创新。❷ 另外，如果赔偿设置得过低，发明将被不当滥用，交易和创新将同时受到震慑。张和海尔顿（Zhang & Hylton）则发现最优专利救济可能多于或少于标准的"因侵权所受损失"计算方式的结果，取决于创新的社会价值。但专利的社会价值足够高时，最优赔偿将通过给予创新人其投资所有的社会价值以引导社会有效的投资。❸ 为了防止对需求过度赔偿的寻租行为及充分实现专利法的填平赔偿功能，莱姆利（Lemley）建议严格参考专利发明相对于被告制造和销售的最终产品来计算权利人的赔偿，考察侵权人将专利发明集合进侵权人产品的真实利润，以及侵权人采用次优的、未经专利的替代技术

---

❶ 文礼朋，郭熙保. 专利保护与技术创新关系的再思考［J］. 经济社会体制比较，2007（6）：133-139.

❷ STERKS E. Property Rules, Liability Rules, and Uncertainty About Property Rights［J］. Michigan Law Review, 2008, 106（7）：1290.

❸ ZHANG M, HYLTON K N. Optimal Remedies for Patent Infringement［J］. Boston Univ. School of Law, Law and Economics Research Paper, 2015（15-53）：3-5.

的侵权人利润之间的利润差。❶ 王鹏建立模型研究不同规则原则对侵权人行为的影响以选择最优规则原则，指出对于制造者、进口者应适用无过错归责原则；对销售、使用者应适用过错规则原则。有效率的专利政策应寻求给予专利权人有限的市场权利，使权利人以对社会造成最小成本的方式获取利润，即来源于垄断定价的利润应与其对社会造成的成本成正比。具备一定不确定性和延迟的实施体系，可能对于限制权利人的市场权利造成预想不到的收益。❷ 传统的专利救济体系源于对专利制度目的单一维度的解读，认为专利制度的目的就在于鼓励发明者将更多的资源投入到研发中去，因此专利侵权救济也应调整为能最大程度优化企业能够投入研发中的数量。❸ 然而许多实证研究质疑专利法与研发开支之间并无联系，同时计算出企业应该支出的最优研发金额几乎不具备可操作性。鉴于专利法能够实质性地刺激交易、清晰的产权能够增加专利交易方之间的信任，最优化许可活动的模型远比最优化研发投入的模型要精确，赫勒尔德（Herald）提出了一个全新的专利救济理论：专利救济应实现具备发明能力的企业和要求运用发明企业之间交易数量的最优，这一理论可以被用来设定专利救济的上限。有效的救济体系能为交易双方提供谈判动机，而谈判从社会福利的角度来说往往是最优的决策。❹

学者们普遍认同专利侵权救济能否实现最优的社会福利取决于与一国经济、科技、法治与社会发展水平的契合程度。戈尔登（Golden）指出鉴于确定适当的侵权损害赔偿受限于公共和私人资源，相关法律不应退化成

❶　MERGES R P. The Trouble with Trolls：Innovation，Rent‑Seeking，and Patent Law Reform［J］. Berkeley Technology Law Journal，2009（4）：1613-1614.

❷　IAN AYRES，PAUL KLEMPERER. Limiting Patentees' Market Power Without Reducing Innovation Incentives：The Perverse Benefits of Uncertainty and Non‑injunctive Remedies［J］. Michigan Law Review，1999，97（4）：1032.

❸　HEALD P J. Transaction Costs Theory of Patent Law［J］. Ohio St. LJ，2005，66（3）：473.

❹　HEALD P J. Optimal Remedies for Patent Infringement：A Transactional Model［J］. Hous. L. Rev.，2008，45（2）：1165

微观经济学上的无效努力：尝试实现绝对精确且实质超过社会需求，并据此提出了设计专利救济的五大原则：非绝对主义、反行业歧视、学习、行政性以及授权。❶

综上所述，最优专利侵权损害赔偿实则是专利目的动态平衡在专利救济制度中的体现，最优专利侵权损害赔偿规则的下限应至少使侵权人不因侵权结果获益，其上限应实现具备发明能力的企业和要求运用发明企业之间交易数量的最优。同时考虑到目前存在的以投机、寻租为目的的滥用侵权救济的商业模式，最优专利救济应该考虑专利的社会价值、运用技术分摊原则防止过度赔偿，并且与一国的具体创新环境与需求相契合，以实现社会福利的最大化。

第四节　本章小结

专利侵权损害赔偿制度经济学分析理论框架的研究核心在于确保专利侵权损害赔偿制度的建立与运行符合社会经济的效率标准，而是否符合效率标准，必须基于多个维度进行评价。

首先，专利侵权损害赔偿制度必须符合专利激励的多元诉求、利益平衡及动态调整。随着新兴专利运用商业模式的发展，加上专利界限的不确定性，侵权损害赔偿涉及的主体，权利人既涵盖传统意义上的研发实施主体，也可能包含意图滥用侵权救济进行寻租的专利流氓；使用人群体既包括通过许可合法使用专利的被许可人，也涵盖"故意侵权人"，同时覆盖了处于侵权与合法边界的、从事"边际合法行为"的"非故意侵权人"，不同的主体对专利侵权损害赔偿制度的利益诉求迥异，因此在分析专利侵权损害赔偿涉及主体的成本收益时，应格外注意区分不同的主体对社会福利可能带来的影响，也应防止将某些主体滥用专利侵权损害赔偿制度的社会成本与专利侵权损害赔偿制度本身的负面影响相混同。专利目的的利益

---

❶ GOLDEN J M. Principles for Patent Remedies［J］. Texas Law Review, 2009, 88（3）: 505.

平衡要求侵权损害赔偿制度一方面应充分实现对权利人的填平补偿，另一方面又应通过技术分摊原则、损害赔偿分割制度等防止专利的不当扩张与滥用，以实现专利法的公共利益诉求。与此同时，专利侵权损害赔偿的具体规则及司法保护尺度应依据一国科技经济发展水平和战略利益进行动态调整。

其次，专利侵权损害赔偿制度必须符合最优专利救济的设计，以克服专利制度的弊端，解决专利制度的矛盾。最优专利侵权损害赔偿规则的下限应至少使侵权人不因侵权结果获益，其上限应实现具备发明能力的企业和要求运用发明企业之间交易数量的最优。同时考虑到目前存在的以投机、寻租为目的的滥用侵权救济的商业模式，最优专利救济应该考虑专利的社会价值、运用技术分摊原则防止过度赔偿，并且与一国的具体创新环境与需求相契合，以实现社会福利的最大化。

再次，专利侵权损害赔偿制度不应过分抑制我国产业的累积创新。累积创新将是中短期内我国产业进行国际竞争和技术赶超的现实手段和必经过程。侵权损害赔偿一方面是权利人专利价值的体现，另一方面也意味着侵权人模仿行为的成本。更严格的专利侵权损害赔偿可能提高我国产业运用专利许可进行累积创新的许可成本，可能震慑我国企业的边际合法行为，然而累积创新过程中使用人和专利权人的身份可能存在动态转换，更严格的侵权责任可能推动原始创新的涌现。如何尽可能减少专利侵权损害赔偿制度对累积创新的阻滞和震慑，实现对原始创新和累积创新的均衡保护，是实现专利侵权损害赔偿效率标准的题中之义。

最后，专利侵权损害赔偿制度应促成我国专利的商业化，进而实现专利价值。以专利商业化为手段的专利价值实现，对于企业的创新绩效与宏观经济的发展转型都具有极为重要的意义，商业化已经成为专利法的重要目的之一，因此通过加大对实际进行专利商业化的权利人的赔偿力度，优先适用能够促成事先专利许可交易的合理许可费计算规则，能够实现专利产出和专利商业化之间的均衡激励，解决我国专利多而不优、商业附加值低的顽症。

综上所述，以法经济学的方式评估专利侵权损害赔偿制度及探讨该制度的完善路径，应对专利侵权损害赔偿设计的所有主体的收益成本进行分析，研究各个主体会如何理性地对不同侵权损害赔偿规则的法律激励/法律引导做出反应，以及他们的反应是否会提升或降低社会福利，以此侵权损害赔偿规则的实际运行效果。鉴于我国当前的创新业态特征体现为基础创新少而累积创新多，沉睡专利多而商业化创新少，在判断侵权损害赔偿制度相关主体反应对社会福利的影响时，其评估标准应基于是否符合我国专利制度的目的、是否会抑制我国产业累积创新、是否能促进专利从技术到产品的飞跃。同时，最优专利救济理论要求侵权损害赔偿制度与一国经济、法治、科技发展水平相契合以实现社会福利的最大化。因此专利侵权损害赔偿体系的设立调整及其实施尺度必须在保护私人利益与维护公共利益、回报原始创新主体与累积创新主体、静态规则确定和动态环境变化之间实现恰当平衡。

第三章　我国专利侵权法定赔偿的法经济学研究

专利侵权法定赔偿，指在权利人的损失、侵权人获得的利益和专利许可使用费均难以确定的情况下，由人民法院根据专利权的类型、侵权行为的性质和情节等因素，在 1 万元以上 100 万元以下确定的赔偿。❶ 基于规范分析的视角，增设法定赔偿实则赋予法官相当的自由裁量权，以解决专利权人的举证难问题，提高专利权司法保护的效率。然而在司法实践中，法定赔偿这一原本属于兜底定位的计算方式已成为专利侵权优先使用甚至压倒性使用的赔偿金计算方式，同时由于普遍缺乏清晰的说理及严谨论证，赔偿金额往往既达不到原告的期待，也无法让被告信服。为何这一用心良好的制度设计与司法实践存在如此反差？我国现有专利侵权法定赔偿是否实现了专利法预期的立法目的，换言之，专利侵权法定赔偿的司法运行现状是否有效？如何实现专利侵权法定赔偿额的精准量化？学界对上述关键问题的探讨大多止于理论分析而鲜有实证研究。笔者拟以 2009 年 1 月 1 日至 2015 年 9 月 4 日我国各级法院审结的共计 318 个发明专利侵权一审案例为统计对象，基于判例实证分析结果对我国专利侵权法定赔偿的实效进行收益成本分析，以构建专利侵权法定赔偿的规范化量赔标准作为建言重点，以期为我国专利公共政策的制定和当前正在进行的最新一轮专利法修订提供理论依据及政策指引。

---

❶ 《中华人民共和国专利法》（2008 年修正）第 65 条第 2 款。

第一节　引言

关于我国专利侵权法定赔偿，理论与实务界的关注热点主要为以下两大问题：我国专利侵权法定赔偿的运行实效如何？如何确定法定赔偿的量化标准？关于我国专利侵权法定赔偿的运行实效，目前国内学界的主流看法认为该计算方式存在泛化倾向，法定赔偿额偏低不足以保护权利人。詹映、张弘的研究基于迄今为止最齐全的知识产权侵权案例数据库，其实证分析结果显示：由于法院过多适用法定赔偿导致赔偿低问题十分突出，而举证难是导致这一问题的关键原因。依据法定赔偿所确定的获赔额均值和判赔支持度均值一般都低于适用其他确定标准时的水平。这一结果一方面与知识产权损害举证难度大等因素有关，另一方面也反映出法官在审判实践中自由裁量权过大，存在过度采用法定赔偿标准、压低赔偿额的倾向。❶上海高院则从司法实践者的角度指出知识产权侵权赔偿数额确定中存在法定赔偿适用的泛化、套话倾向并分析其原因，提出法定赔偿的适用应量化标准体系。❷徐聪颖基于专利侵权判决书的统计分析，指出专利类型的差异对于法定赔偿数额的高低具有一定程度的影响，但专利质量鲜少成为法官的考量因素。法院对法定赔偿数额的裁判往往过于笼统，缺乏充分的说理、论证，这一大而化之的做法虽然不算严谨，但因为法定赔偿的适用缺乏量化体系而难以被推翻。❸然而与主流的意见不同，贺宁馨、袁晓东通过实证分析发现，我国法院大规模使用法定赔偿是我国企业经营不规范、市场不成熟造成的，在目前情况下法定赔偿额不可或缺，专利侵权损害的法定赔偿额与我国市场的专利交易价格基本相同，总体而言我国专利侵权

---

❶　詹映，张弘.我国知识产权侵权司法判例实证研究——以维权成本和侵权代价为中心［J］.科研管理，2015（7）：145-153.

❷　上海法院确定侵犯知识产权赔偿数额的司法实践［J］.人民司法，2006（1）：15-16.

❸　徐聪颖.我国专利权法定赔偿的实践与反思［J］.河北法学，2014（12）：60-71.

损害赔偿制度对专利的保护基本有效。❶ 李黎明则进一步将我国法定赔偿偏低水平与大量民事专利案件集中在传统快速消费品和传统耐用消费品领域相关联，我国非常注重高端产业的知识产权保护，现有法定赔偿原则与我国当前的经济发展水平相适应。❷

针对我国专利侵权法定赔偿运行存在的问题，学界建议多集中在制定法定赔偿数额的量化标准。然而对该问题的研究多属于原则性的政策建言，鲜有科学的、具有可操作性的体系建构。王晓丹在分析专利侵权法定赔偿各影响因素的基础上，提出了新的法定赔偿计算公式，该公式协调了专利侵权损害赔偿的各种因素，依据其影响作用大小集中因素进行可行性计算，具有一定的借鉴意义。然而其中的许多系数实际取证较为困难，如专利在专利产品中的作用系数。❸ 朱启莉主要依据权利类型、侵权人主观状态和侵权客观程度将知识产权法定赔偿分为几个等级，由法官根据案件的情节在相应等级之内参考法定的因素合理确定赔偿数额。❹ 广州市中级人民法院对该院 2009~2011 年的知识产权案件判决结果进行了统计分析，并据此建立法定赔偿的规范化量赔流程：首先对法定赔偿的酌定因素进行分类，确定每一类因素对赔偿数额所起的作用比例，其次确立各类案件法定赔偿的基准数额，在此基础上形成法定赔偿的量化适用。虽然该标准规定的基准金额偏低，且对基准金额的调整仍然存在一定的不可预测性，但不可否认的是该研究仍是迄今为止最为科学、具有可操作性的法定赔偿规范化量赔标准。❺ 黄学里、李建星基于 310 份知识产权判决书，就法官确

---

❶ 贺宁馨，袁晓东. 我国专利侵权损害赔偿制度有效性的实证研究 [J]. 科研管理，2012（4）：124-130.

❷ 李黎明. 专利侵权法定赔偿中的主体特征和产业属性研究——基于 2002—2010 年专利侵权案件的实证分析 [J]. 现代法学，2015（4）：170-183.

❸ 王晓丹. 专利侵权损害法定赔偿的计算因素研究 [D]. 长沙：湖南大学，2007：17-25.

❹ 朱启莉. 我国知识产权法定赔偿制度研究 [D]. 长春：吉林大学，2010：85-177.

❺ 广州市中级人民法院知识产权审判庭课题组，夏强. 模糊的边界：知识产权赔偿问题的实务困境与对策 [J]. 法治论坛，2014（3）：157-176.

定法定赔偿时考量因素单项值对赔偿额进行相关性分析，创新性地提出实际确定侵权品数量＝预先确定的侵权品数量＋考量主观过错确定的数量＋考量侵权期间确定数量，并据此提出赔偿额的基本公式＝（已查清的侵权品数量＋实际确定侵权品数量）×权利人产品价格，同时提出了经济合理性检验的一系列标准，包括赔偿概率、诉求金额、合理费用三项。❶ 该研究将经济合理性的标准引入专利侵权赔偿计算相当具有新意，然而在该权利人未就专利进行商品化时，该公式将因缺乏权利人产品价格而无法适用，同时预先确定的侵权品数量可能导致赔偿不足或赔偿过度，并不适合我国的经济社会发展情况。北京市第二中级人民法院的周晓冰法官同样对知识产权法定赔偿的量化确定进行了有益的探索。其创新性地设计了厘定知识产权赔偿数额的"最大程度确定"规则：总结了确定知识产权侵权赔偿数额所需要参考的 105 个具体因素，将其拆分为三大类；随后总结了 10 个基本的因素量化原则，包括现有证据原则、均等原则、侵权内容比例原则、权重原则、侵权作用系数原则、预留份额原则、同素替代原则、差异参照原则、客观推演原则、审判经验原则，就抽象的原则举出了具体应用实例并针对现有审判方式进行对接。❷ 这一系列原则有助于更科学、合理、确定、透明地确定侵权赔偿金额，但不可否认的是该体系过于复杂抽象，在实际适用过程中恐有操作性难度。

专利侵权法定赔偿在国际上并非主流，因此英文文献中关于专利法定赔偿（patent statutory damage）的研究较为罕见。依据现有研究，仅有《日本专利法》规定了类似的专利侵权法定赔偿，根据 2015 年实施的《日本专利法》第 105 条第 3 款规定："在专利权或专用实施权的诉讼中，认

❶ 黄学里，李建星．理性的量化：知识产权法定赔偿之恪守与超越——基于 310 份案例之 SPSS 统计分析 [A]．最高人民法院．建设公平正义社会与刑事法律适用问题研究–全国法院第 24 届学术讨论会获奖论文集（上册）[C]．最高人民法院：国家法官学院科研部，2012：13.

❷ 周晓冰．建立知识产权损害赔偿的"最大程度确定"规则（待续）[J]．电子知识产权，2008（9）：35–38．周晓冰．建立知识产权损害赔偿的"最大程度确定"规则（续前）[J]．电子知识产权，2008（10）：41–45.

定损害确有发生的情况下，若证明损害金额的必要事实，因该事实性质而举证极为困难，法院可基于口头辩论的全部要旨及证据的调查结果，认定相当的损害金额。"该制度系在一系列限制条件下法官得以自由裁量权的规定，也被称为"裁定赔偿"（discretionary damages）。然而该制度并未规定赔偿金额的法定上限与下限区间，且《日本专利法》仅将其定位为各类计算方式的补充，而非单独的计算方式，严格意义上与我国的法定赔偿制度存在较大差异。❶

第二节　我国专利侵权法定赔偿适用现状

依据法定赔偿的立法原意，该计算方式是为了解决实践中出现的举证难问题而出台的兜底选择，既不是优先选择，也不是平行选择，然而在司法实践中法定赔偿被大规模滥用（见表3-1）。

表3-1　2009~2015年中国侵害发明专利一审案件法定赔偿适用统计情况

文书分类要素　　　　同类型文书统计要素	案件样本数量/个	法官适用法定赔偿案件数量/个	在此类型案件中法官适用法定赔偿的比率
发明专利侵权成立且判处赔偿金	318	302	95%
侵权成立且原告未选择赔偿金计算方式	236	234	99%
侵权成立且原告主动选择法定赔偿计算方式	29	29	100%
侵权成立且原告主动选择法定赔偿金以外的方式	53	41	77.3%

资料来源：北大法宝，中国自2009年1月1日至2015年9月4日审结之侵害发明专利一审案件。

在笔者统计的、北大法宝司法案例库公布的、自2009年1月1日至2015年9月4日共计318个发明专利侵权成立且判处赔偿金的一审案例

---

❶　和育东. 专利侵权损害赔偿计算制度：变迁、比较与借鉴［J］. 知识产权，2009（5）：7-18.

中，有 302 个案件法官最终采用了法定赔偿方式，法定赔偿适用率高达 95%；在 236 个侵权成立且原告未选择赔偿金计算方式的案例中，234 个案件法官主动采纳了法定赔偿计算方式，法官主动采用法定赔偿的比率则高达 99%；在 29 个原告主动选择法定赔偿计算方式的案件中，100% 的法官根据原告的要求适用法定赔偿；在 53 个侵权成立且原告主动选择法定赔偿金以外的方式，仍有 41 个案件中的法官未支持原告主张而主动适用法定赔偿，法官主动采纳法定赔偿的比例也高达 77.3%。

从以上数据可以得出，在我国专利侵权司法实践中，法定赔偿已经完全超越权利人因侵权所受损失、侵权人因侵权行为之获利及合理许可使用费倍数三种计算方式，成为发明专利侵权案件中绝对优先适用的计算方式：在原告主动要求适用法定赔偿时，法院完全适用法定赔偿；在原告未就赔偿金计算方式做出明确选择时，法院基本适用法定赔偿方式而绝少适用其他方式；即使原告主动选择适用其他计算方式，法官也极有可能不支持其他计算方式而主动适用法定赔偿。这一司法现状与法定赔偿的兜底定位相悖，是该计算方式被滥用和泛化的表现，侵蚀了权利人对赔偿金计算方式的选择权，不利于专利权人的利益保护。

第三节　我国专利侵权法定赔偿计算方式之成本

一、对权利人严重补偿不足

我国专利法将"保护专利权人合法利益"列为首要立法目标，侵权损害法定赔偿作为专利法的重要制度，试图通过补偿性赔偿使受害人恢复到未遭侵权以前的效用水平，意在"使受害人完好无损"，然而我国现有法定赔偿水平在保护权利人合法利益方面的运行效果差强人意。我国专利法虽已确立了四种确定补偿性赔偿金的计算方式，但在笔者统计的 318 个发明专利侵权成立的有效样本中，有 302 个案件的法官最终采用了法定赔偿方式，法定赔偿适用率高达 95%；虽然现有法定赔偿的判罚范围为 1 万~100 万元，样本统计中的发明专利侵权的法定赔偿平均值仅为 199 749 元，实际获赔额与起诉人索赔额的比例仅为 35.4%。假设发生在我国的发明专利侵权中，权利人因侵权所受损失平均为人民币 100 万元（假设此金额可以精确计算及举证），国内只有 10% 的权利人提出专利维权诉讼，❶ 同时必须考虑国内法官相对保守的法定赔偿水平造成的折价指数（体现在实际获赔额与起诉人索赔额的比例仅为 35.4%），据此：

权利人维权预期赔偿 = 因侵权所受损失 100 万元×权利人起诉概率 10%×法定赔偿折价指数 35.4% = 3.54 万元

预期赔偿仅仅是权利人实际损失微乎其微的部分。不仅如此，依据我国现有举证规则，权利人的举证成本与难度居高不下，我国专利争端法律服务市场又欠发达，导致我国发明专利诉讼的成本并不低。❷ 虽然我国现行专利法规定，赔偿数额应当包括权利人为制止侵权行为所支付的合理开支，但依据笔者的调研，我国法院对于该部分费用多采取保守立场：在本样本统计的发明专利侵权成立、适用法定赔偿的 302 个一审案件中，一共有 109 个案件的原告明确提出合理开支请求，原告合理开支的平均值为人民币 42 358 元，而法官最终支持合理费用的仅有 49 个案例，占原告提出请求的 45%，且法官支持的合理费用平均值为人民币 15 991 元，仅占原告合理开支诉请金额的 37.8%。因此，在权利人预期赔偿仅为 3.54 万元，诉讼成本居高不下且法院对合理开支采纳保守立场的背景下，权利人提起诉讼绝无可能实现"使受害人完好无损"的局面。以上诸多要素决定了我国专利法定赔偿制度在"使受害人完好无损"方面的运行效率低下，进而导致即使专利侵权情况普遍存在，权利人提起维权诉讼的比例并不高；即

---

❶ 依据学者最新的实证数据，国内只有 10% 的权利人提出专利维权诉讼。参见：张维．知识产权侵权获赔额整体偏低 [N]．法制日报，2013-04-18.

❷ 以专利案件中常见的技术鉴定为例，笔者在 2013 年对厦门致公党进行《厦门市知识产权保护现状及对策建议》调研过程中发现，整个福建省，以及科技研发重镇深圳，截至 2013 年年底，都尚未成立权威的、鉴定结论能为法院所广泛接受的专利技术鉴定机构。由于技术问题与法律问题的难以剥离性，专利诉讼中需要专业技术鉴定具有一定的普遍性。（如取样中涉及技术鉴定的比例）一旦专利争议需要进行技术鉴定，必须要聘请北上广一线城市的鉴定机构，鉴定费动辄八九万元人民币起步。这对于我国中小企业而言，实属不可承受之重。

使提起维权之诉，单论维权成本与收益之比，往往是得不偿失的"赔本买卖"，因此维权人的目的也不在于获得赔偿金，而在于驱逐竞争者。在法经济学意义上，此类情形属于典型的履行差错比例低。"履行差错"是衡量一国知识产权实施保护效果的重要指标，指的是已经得到补偿的（专利侵权的）受害人在全部受害人中的比例。❶ 履行差错越低，意味着专利司法保护的实施效果越差。因此，履行差错低将造成以下局面：由于预期无法获得完全赔偿，相当部分权利人将选择放弃诉讼，相当于默许侵权人侵权，或者权利人因维权而受损。这种"越维权，越受损"的局面将极大地制约权利人对专利的价值实现，减损权利人进行研发投资及技术披露的动机，进而对我国科技创新活动的效率造成严重的负面影响。

二、无法实现有效震慑

侵权法必须要实现两种功能，一是赔偿受害人，即填补功能；二是震慑侵权人，即预防功能。❷ 损害赔偿意义上的震慑指不得不支付损害赔偿的预期将对未来类似情况的当事人行为产生的影响。依据法经济学的理论：当被告可能从其所造成的损害中逃脱责任时，损害赔偿的适当数量，即实现适当震慑的损害赔偿幅度应是被告已经造成的损害，乘以反映其逃脱责任概率的乘数。❸ 然而我国现行低水平的法定赔偿额完全无法实现适当的震慑。从权利人看来，赔偿额是其权利的价格，从侵权人看来，赔偿额是其为自身行为自由所支付的成本。❹ 如前所述，假设发生在我国的发明专利侵权中，侵权人因侵权获利为人民币 100 万元（假设此金额可以精

---

❶ ［美］罗伯特·考特，托马斯·尤伦. 法和经济学 ［M］. 史晋川，董雪兵，等译. 上海：格致出版社，2012：243.

❷ ［美］大卫·D. 弗里德曼. 经济学语境下的法律规则 ［M］. 杨欣，译. 北京：法律出版社，2004：114.

❸ POLINSKY A M, SHAVELL S. Punitive Damages: An Economic Analysis ［J］. Harv. L. Rev., 1997, 111（4）：869.

❹ ［美］罗伯特·考特，托马斯·尤伦. 法和经济学 ［M］. 史晋川，董雪兵，等译. 上海：格致出版社，2012：364.

确计算及举证），而最终只有不到 10% 的侵权人被判赔侵权责任（如前所述，国内大概只有 10% 的权利人提出起诉），同时必须考虑国内法官相对保守的法定赔偿水平造成的折价指数（体现在实际获赔额与起诉人索赔额的比例仅为 35.4%），据此：

侵权人预期赔偿 = 因侵权获利 100 万元 × 侵权人承担侵权责任概率 10% 法定赔偿折价指数 35.4% = 3.54 万元

侵权预期赔偿仅仅是其侵权所获利益微乎其微的部分。只要侵权人自主研发/获取许可/转而利用次优的、不侵权的技术的成本大于预期赔偿，侵权人就不会有足够的动机放弃侵权，因为放弃侵权的成本将远超侵权赔偿预期。不仅如此，因为侵权人只需为 100 万元的损害平均支付 3.54 万元的赔偿，且侵权人无须承担分毫研发成本，侵权人即使将反映预期赔偿的这一小部分成本体现在价格上，其价格仍极具优势，会吸引消费者购买更多侵权产品，这一恶性循环导致侵权人放弃侵权的动机不足，而未来再次侵权的动机过多，因此重复侵权、群体侵权、恶意侵权屡禁不止，不仅无法实现完全震慑，甚至将激励侵权人的侵权行为，将阻滞我国产业进行产业升级与累积创新，与专利法激励创新的目的相悖。

三、缺乏说理削弱司法权威与公正

判决书是司法公正与权威理念的最终载体，但判决书本身并不构成权威，一份判决书要真正具有权威性，还必须能够正确解释法律、充分宣示正义理念、合法合理判定冲突；[1] 裁判理由的解说是确保司法公正的重要制度保障，"它不仅要求法官必须得出正确的判决，而且意味着法官必须能够做出具有说服力的推理，从而支持其所做出的判决"。[2] 然而在我国适用法定赔偿的发明专利侵权成立的一审案件中，判决书普遍存在"重侵权认定，轻赔偿金计算"的现象，与判决书常花极大篇幅论证侵权认定的情

---

[1] 王申. 法官的理性与说理的判决 [J]. 政治与法律，2011（12）：88-89.

[2] [澳] 约翰·巴斯滕. 法官行为：与政府的关系 [C] //怀效锋. 法官行为与职业伦理. 北京：法律出版社，2006：52.

况迥异，对于适用法定赔偿方式计算侵权赔偿金部分，9.9%的判决属于
"一句话说理"的情况，即全文仅将 2008 年《专利法》第 65 条规定的
"根据专利权的类型、侵权行为的性质和情节等因素"简单复制、粘贴而
不结合具体案件情节进行论证；47%的案件仅列举了确定法定赔偿的个案
要素，但未结合个案情节展开分析；明确指出各个因素对个案赔偿金额影
响作用的细致论证更是凤毛麟角。缺乏说理首先将增加司法的纠错成本。
"每一个错误的判决都会导致资源的无效率利益，因而会支出不适当的费
用，这种不适当的费用就是错误成本。"为此，经济分析大师波斯纳指出，
诉讼制度目的就是要最小化直接成本和错误成本之和。❶ 法定赔偿缺乏说
理使法官的论证过程处于不透明的黑箱状态，原、被告无法得知法院究竟
是由于专利权难以估值及取证而基于趋利避害被动地忽略说理，抑或判决
是由于不懂法、不公正甚至是司法腐败的主动忽略说理，这可能导致诸多
不必要的上诉和申诉，大幅增加司法的纠错成本。依据笔者实证统计，运
用法定赔偿计算方式的发明专利侵权案件的一审上诉率为 35.8%，10.8%
的二审案件被改判，其中 15.3%的被改判案件是由于法定赔偿过低而被改
判，这正是缺乏说理导致纠错成本上升的体现。其次，即使法官不存在司
法腐败或渎职的情形，法官缺乏说理或说理不清，实则将赔偿金的确定完
全依赖于法官的经验及自由裁量，容易导致法律实施尺度的不统一，造成
"同案不同判"。例如吴某甲系专利号为 ZL20081006××××.0，名称为"动
感式和平走式行走的童车"的发明专利的唯一专利权人，其于 2013 年开
始了涵盖多省的系列维权，在原告起诉依据和诉请几乎完全一致的情况
下，不同法院对于确定法定赔偿额的考量因素不同、对于原告诉请额的支
持度不同（在 15%~20%波动，偏差不算太大）、对于是否单列维权合理
开支的立场不同、说理与案情结合程度不同，唯一相同的是均未量化或细
致论证各个因素对赔偿金额的具体影响（见表 3-2）。这一系列维权案是
我国发明专利侵权法定赔偿适用尺度不一的典型案例，法定赔偿的确定

---

❶ ［美］理查德·波斯纳. 法律的经济分析 ［M］. 蒋兆康，译. 北京：中国大百
科全书出版社，1997：550.

缺乏可预测性和一致性，一方面无法为权利人就损害赔偿金额的举证提供清晰、透明、可操作的指引参考；另一方面也为法院的随意专断留下空间，加剧了当事人的被剥夺感和不公正感，将极大地损害司法判决的权威性和公正性。

表 3-2　各地法院在同一系列维权案中法定赔偿适用情况

案件情况统计因素＼管辖法院	河南省郑州市中级人民法院	湖北省武汉市中级人民法院	浙江省台州市中级人民法院	山东省济南市中级人民法院	河北省石家庄市中级人民法院
被告性质	个体工商户	个体工商户	个体工商户	个体工商户	个体工商户
侵权行为性质	销售	销售	销售	销售	销售
法官采纳赔偿金计算方式	法定赔偿	法定赔偿	法定赔偿	法定赔偿	法定赔偿
法官说理	本案中，吴某甲没有提交其因吴某乙侵权所受到的损失数额或吴某乙因侵权所获得利益的证据。原审法院参考吴某乙侵权行为的性质、生产规模、吴某甲为制止侵权行为支付的合理费用等，酌定赔偿数额	由于本案双方当事人均未提交证据证明原告因侵权所受损失，以及被告因侵权获利的情况，本院依法适用法定赔偿，结合 1. 涉案专利系发明专利 2. 被告系销售侵权等情节，酌定赔偿数额	由于原告没有提供证据证明其因侵权所受到的实际损失或被告因侵权所获得的利益，专利实施许可费无法参照，本院综合考虑被告侵权的范围、时间、性质、原告专利权的类别为发明专利、维权的合理费用等因素，酌情确定赔偿数额	由于原告缺乏因被侵权所受损失或被告因侵权获利的直接证据，本院将根据被告的过错程度、经营规模侵权行为的性质、原告为制止侵权所支付的费用等，酌定本案的赔偿数额	1. 从被告经营地域、经营规模、销售等情况看，被告是个体销售的自然人，经营范围小，2. 本院根据涉案专利权的类型，3. 侵权行为的性质和情节等因素，酌情确定被告赔偿
起诉金额	8 万元（含调查、制止侵权行为所支付的合理费用 2 万元）	5 万元＋8 000 元维权合理费用	20 万元（包括为制止侵权行为所支付的合理开支 36 318 元）	经济损失及维权费用共计 8 万元	5 万元（含调查、制止侵权行为所支付的合理费用 2 万元）
判赔金额	1.5 万元（含原告为制止侵权而支出的合理费用）	1 万元＋4 340 元维权合理支出	3 万元（含原告为制止侵权而支出的合理费用）	1.5 万元（含原告为制止侵权而支出的合理费用）	1 万元（包括为制止侵权行为所支付的合理开支）
判赔金额与起诉金额之比	18.75%	17.98%	15%	18.75%	20%

续表

管辖法院 案件情况统计因素	河南省郑州市 中级人民法院	湖北省武汉市 中级人民法院	浙江省台州市 中级人民法院	山东省济南市 中级人民法院	河北省石家庄 市中级人民法院
案件字号	（2014）郑知 民初字 第 814 号	（2014）鄂武汉 中知初字 第 00606 号	（2013）浙台 知民初字 第 183 号	（2014）济民 三初字 第 622 号	（2014）石民 五初字 第 00053 号
判决时间	2015. 2. 26	2014. 7. 21	2014. 1. 26	2014. 9. 10	2014. 12. 15

资料来源：北大法宝，中国自 2009 年 1 月 1 日至 2015 年 9 月 4 日审结之侵害发明专利一审案件。

第四节　我国专利侵权法定赔偿计算方式之收益

一、降低累积创新技术运用成本

依据法经济学的观点，损害赔偿仿佛是硬币的两面，对权利人而言，赔偿金是其权利的价格，对侵权人而言，赔偿金则是其为自身行为自由所支付的成本。❶ 必须正视的是，在中短期内，我国企业主流的创新模式属于累积创新，而低水平的法定赔偿额对于我国企业来说意味着较低的累积创新技术运用成本。累积创新（cumulative innovation）指后续发明人使用由一项有效专利覆盖的在先发明以进行研发的情形。❷ 基于宏观角度，依据世界银行统计的各国知识产权许可费国际收支最新数据，❸ 2005～2013年，我国始终处于典型的"知识产权净进口国"地位且知识产权许可费逆

---

❶ ［美］罗伯特·考特，托马斯·尤伦. 法和经济学 ［M］. 史晋川，董雪兵，等译. 上海：格致出版社，2012：364.

❷ Ofer Tur‐Sinai. Cumulative Innovation in Patent Law：Making Sense of Incentives ［J］. IDEA：The Intellectual Property Law Review，2010（4）：731.

❸ 世界银行. 知识产权使用费，接受 ［DB/OL］. http：//data. worldbank. org. cn/indicator/BX. GSR. ROYL. CD/countries？page＝1，2015 -06-15；世界银行. 知识产权使用费，支付 ［DB/OL］. http：//data. worldbank. org. cn/indicator/BM. GSR. ROYL. CD，2015-06-15.

差呈现不断扩大趋势；基于微观角度，依据国家知识产权局关于我国有效专利的最新统计数据，● 我国企业拥有的发明专利与国外企业拥有的发明专利相比呈现"双低"特征：我国企业有效发明专利数占我国有效专利总数的比重较低，同时我国企业长年限有效发明专利维持率较低。宏观与微观的双重数据体现：虽然我国某些行业的领军企业已经初步具备创新能力，但大部分企业仍处于跟随与模仿阶段，目前我国企业主流的创新模式属于累积创新；同时在我国市场上具备较高商业价值的核心专利、基础专利多被国外企业掌握，累积创新严重依赖国外专利，因此引进和运用国外专利的能力和成本对于我国企业的累积创新至关重要。与此同时，西方技术发达国家不论是出于维护技术优势及相应的垄断利益考量，还是出于意识形态方面的防范与偏见，都不愿将真正的核心技术转移给中国，这也决定了中国不可能也不应该走上技术依赖的发展路径。我国学者吴汉东曾指出："是否保护专利权，给予何种水平的专利权保护，是一国根据其现实发展状况及未来发展需要而做出的公共政策选择与安排。"● 基于我国企业累积创新的现实语境，低水平的法定赔偿额对于我国企业来说确实意味着较低的累积创新技术运用成本。然而随着我国经济发展方式加快转变，创新引领发展的趋势越发明显，累积创新过程中使用人和专利权人的身份可能存在动态转换及身份糅杂，专利的使用人可能同时是从事累积创新、自主研发的权利人，甚至将专利成功商业化而成为专利的许可方，例如华为近年来每年需支付 3 亿美元的专利费，但华为截至 2014 年年底的累积专利授权已达 38 825 件，且华为在 2014 年已经成为美国专利授权第 48 名。●因此如果仅将中国企业定位为单一维度的专利使用人而刻意压低法定赔偿

● 国家知识产权局规划发展局 . 2013 年中国有效专利年度报告（一）［EB/OL］. http：//www. sipo. gov. cn/ghfzs/zltjjb/201503/P020150325527033534175. pdf，2013 – 12 – 05/2015 – 08 – 05.

● 吴汉东 . 利弊之间：知识产权制度的政策科学分析 ［J］. 法商研究，2006（5）：6.

● 国家知识产权局研究中心 . 2015 年美国专利授权排行榜，华为再次进入 50 强 ［EB/OL］. http：//www. ccipa. org/html/cxzx/xwsm/20160120/5462. html，2016 – 01 – 20/2016 – 05 – 25.

水平将越来越可能"杀敌一千，自损八百"。不仅如此，依据 2009~2015 年中国侵害发明专利一审案件侵权行为性质统计情况（见表 3-3），我国现有发明专利侵权案件中有 14.5% 的案件侵权人仅从事销售侵权产品的行为，这部分侵权人多为规模较小的工商个体户或从事流通贸易的小微企业，基本不具备进行累积创新的能力。同时还有相当的案件存在重复侵权、恶意侵权的情况，如（2014）鄂武汉中知初字第 00567、00568 号中被告系曾因销售侵犯涉案专利产品被原告起诉，经调解结案后再次销售侵权产品；（2012）浙甬知初字第 483 号中被告之前已因为同一侵权提起诉讼，在签订调解协议后仍存在许诺销售侵权产品的行为。这部分侵权人在主观方面表现为明知或应知侵犯他人有效专利而仍然从事侵权行为，唯一的动机为牟利；客观方面表现为单一的销售行为或重复侵权行为；在外部性上体现为低效率的侵权产品流转。虽然这部分侵权人可以通过侵权提升自身收益，但这种收益是以损害权利人为基础的，给权利人和社会带来了外部成本和负效用，因此就社会整体而言，对这一部分侵权人适用低水平的法定赔偿会刺激侵权，带来效率和财富的损失，不符合效率原则。综上所述，低水平的法定赔偿能够降低我国企业从事累积创新的成本，然而随着我国产业发展已经实现"从创新式模仿向模仿式创新的跃迁"，❶ 越来越多的中国企业将同时兼具专利使用人与权利人的身份，且对仅从事销售及重复侵权的行为适用低水平的法定赔偿会带来社会整体的效率与财富的损失，这部分收益的空间正日益消减。

表 3-3　2009~2015 年中国侵害发明专利一审案件侵权行为性质统计情况

统计要素 侵权行为的性质	案例数/个	行为性质占比（%）
制造	238	68.8
使用	50	14.5
许诺销售	107	30.9

❶ 高锡荣，罗琳. 中国创新转型的启动证据——基于专利实施许可的分析［J］. 科学学研究，2014（7）：1001.

统计要素 侵权行为的性质	案例数/个	行为性质占比（%）
销售	298	86.1
进口	1	0.3
使用专利方法以及使用、许诺销售、 销售、进口依照该方法直接获得的产品	4	1.2
仅认定销售侵权行为的案件	50	14.5

资料来源：北大法宝，中国自 2009 年 1 月 1 日至 2015 年 9 月 4 日审结之侵害发明专利一审案件。

二、大幅提高专利侵权案件的诉讼效率

诉讼效率指诉讼进行过程的快慢程度，解决纠纷数量的多寡，以及诉讼资源的投入、利用、节省之间的比率关系。[1] 法经济学分析学派主张以效率为取向来评价一项法律制度，在这一趋势影响下，效率已经成为衡量一个国家司法文明与公正程度的重要标尺。在知识产权法领域同样贯彻着对效率的孜孜以求，"植根于经济生活中的知识产权制度，不仅要实现正义目标，还应担负起实现智力资源有效配置、促进社会非物质财富增加的使命"。[2] 从设计之初，诉讼效率就是专利侵权法定赔偿制度的重要价值基础。2008 年《专利法》条法释义中明确指出，增加法定赔偿额可以解决实践中出现的举证难问题，提高对专利权司法保护的效率。[3] 国内学术界也普遍认可法定赔偿"提高了知识产权侵权诉讼的效率，实现了司法公正与司法效率的合理平衡"，[4] 更有法官从司法实务角度做出背书，"法定赔偿方法的适用比较简便，可以省去有关的举证、质证、查找的烦琐程序，

---

[1] 朱启莉 . 我国知识产权法定赔偿制度研究 [D]. 长春：吉林大学，2010：69.

[2] 吴汉东 . 知识产权本质的多维度解读 [J]. 中国法学，2006（5）：101.

[3] 安建，主编，全国人大常委会法制工作委员会，编 . 中华人民共和国专利法释义 [M]. 北京：法律出版社，2009：241.

[4] 袁秀挺，凌宗亮 . 我国知识产权法定赔偿适用之问题及破解 [J]. 同济大学学报（社会科学版），2014（6）：117.

节省人力、财力和时间，从而大大提高审判效率。"❶ 笔者通过实证数据统计，试图验证法定赔偿计算方式的效率优势。通过比较适用不同损害赔偿计算方式的一审案件审判周期可以得出（见表3-4），适用法定赔偿的审判周期除了明显短于因侵权获利计算方式，与因侵权所受损失和专利合理许可使用费倍数计算方式的诉讼周期均值相差不大，因此法定赔偿能够大幅度提升专利审判诉讼效率这一制度收益的运行实效并不明显。

表3-4 2009~2015 年中国侵害发明专利一审案件之诉讼周期均值统计情况

损害赔偿计算方式	一审案件诉讼周期均值（个）
法定赔偿	340
因侵权获利	460
因侵权受损	327
专利合理许可使用费倍数	348

资料来源：北大法宝，中国自 2009 年 1 月 1 日至 2015 年 9 月 4 日审结之侵害发明专利一审案件。

三、有效降低专利侵权的诉讼成本

《专利法》第 65 条释义中明确指出：增加法定赔偿可以解决权利人举证实践中出现的问题，提高对专利权司法保护的效率。依据我国现有专利侵权举证规则，权利人的举证成本与难度居高不下，我国专利争端法律服务市场又欠发达，导致我国发明专利诉讼的成本并不低，在本样本统计的发明专利侵权成立、适用法定赔偿的 302 个一审案件中，一共有 109 个案件的原告明确提出合理开支请求，原告合理开支的平均值为人民币 42 358 元。法定赔偿本身就是为了解决专利侵权举证难，诉讼成本高而做出的替代性策略选择。专利权的非物质性、非排他性和非竞争性决定了专利侵权具有隐蔽性、长期性、广泛性等特质，这些特质造成

---

❶ 上海市高级人民法院民三庭. 上海法院确定侵犯知识产权赔偿数额的司法实践[J]. 人民司法，2006（1）：15.

的信息不对称使专利侵权的权利人损失和侵权所获利益的举证成为世界性的难题。以因侵权获利计算方式的举证为例，权利人需要举证该侵权产品在市场上销售的总数及每件侵权产品的利润，这要求侵权人提供真实的会计账簿及销售记录。出于趋利避害的经济人本能，侵权人不可能主动提供此类材料，而在我国现阶段"明里暗里两本账"潜规则大行其道的商业生态下，权利人获得此类证据几乎是"不可能的任务"。法定赔偿计算方式与其他两种计算方式相比，是否能真正减少诉讼成本，本书探索通过量化诉讼成本指标的方式进行评估。诉讼成本分为物质诉讼成本以及非物质诉讼成本。非物质诉讼成本通常指当事人与法院为进行诉讼活动而耗费的时间、精力，这部分成本在诉讼效率方面已有分析，此不赘述。物质维权成本在专利侵权案件中通常表现为：案件受理费、权利人聘请律师提供法律服务和/或收集证据所产生的费用、权利人聘请证据收集机构（如公证处、调查公司等）收集证据所产生的费用、权利人聘请专业机构解释专门问题所产生的费用（如评估公司、会计师事务所）、权利人申请诉讼保全、现场勘验产生的费用，等等。本书考察了样本中可以量化的维权成本指标，对适用不同损害赔偿计算方式权利人的维权合理开支进行比较（见表3-5），比较结论显示：权利人运用法定赔偿计算方式的维权合理开支在四种计算方式中属于较低水平，仅略高于专利合理许可使用费计算方式，然而在扣除法院对合理开支费用支持部分之后，运用法定赔偿案件的权利人需自行承担的维权合理费用却属于较高水平，在四种计算方式中排名第二，远高于因侵权获利和专利合理许可使用费倍数计算方式。基于实证结果，法定赔偿能够有效降低诉讼成本这一制度收益的运行实效并不明显。

表3-5　2009~2015年中国侵害发明专利一审案件之权利人

维权合理开支均值统计情况

损害赔偿计算方式	权利人主张的维权合理开支费用均值（元）	法院最终支持的维权合理开支费用均值（元）	法院对维权合理开支费用的支持率均值	权利人需自行承担的维权合理费用均值（元）
法定赔偿	42 358	15 991	37.8%	26 367

损害赔偿计算方式	权利人主张的维权合理开支费用均值（元）	法院最终支持的维权合理开支费用均值（元）	法院对维权合理开支费用的支持率均值	权利人需自行承担的维权合理费用均值（元）
因侵权获利	77 413	58 626	75.7%	18 787
因侵权受损	69 140	20 000	28.9%	49 140
专利合理许可使用费倍数	41 333	34 666	83.8%	6 667

资料来源：北大法宝，中国自 2009 年 1 月 1 日至 2015 年 9 月 4 日审结之侵害发明专利一审案件。

第五节　构建以效率与效益原则为导向的专利侵权法定赔偿制度

由于适用法定赔偿的制度成本与收益无法精确量化，关于该制度的利弊之比并不存在确定的结论。但通过上述分析可以明确得出，法定赔偿制度存在其固有的消极作用，在适用过程中可能滋生巨大的社会成本，补偿不足抑或过分补偿的法定赔偿都将对社会造成不可承受之重。法经济学分析学派主张以效率为取向来评价一项法律制度，效率作为一项与效益在价值内涵上紧密相关的概念，无法单纯地剥离效益标尺对一项制度进行效率评价。效益指行为所产生的有效结果，诉讼效益指在诉讼过程中所取得的符合立法目的和社会福利的有益效果。❶ 诉讼效率侧重于诉讼活动的过程价值，而诉讼效益侧重于强调诉讼活动的结果价值。如果诉讼呈现出良好的结果：判决论证科学明晰，双方当事人信服且得到良好的执行，而产生这种结果的诉讼过程是不科学或不合理的（比如诉讼时间过长，投入的物质成本过高，如举证、鉴定成本超过诉讼标的额），此类诉讼就是缺乏效益的；同样，如果一项诉讼活动只是过程快捷、经济，但诉讼结果无法实

---

❶ 李晓明，辛军. 诉讼效益：公正与效率的最佳平衡点 ［J］. 中国刑事法杂志，2004（1）：9.

现制度的目标价值，此类诉讼同样是缺乏效率的。[1] 从设计之初，诉讼效率就是专利侵权法定赔偿制度重要的价值基础，然而诉讼效益确是这一制度得以有效实施的正当性保障。效益与效率的双重内生价值基础要求法定赔偿应最小化制度运行的直接成本与错误成本之和，提升法定赔偿的适用确定性、可操作性与权威性。应针对我国现有专利侵权法定赔偿的赔偿不足、适用泛化、说理不清等问题，以提高该制度司法保护的效率为原则，从以下几个角度构建我国专利侵权法定赔偿制度。

一、确立法定赔偿的例外适用原则

在我国专利侵权司法实践中，法定赔偿已经完全超越权利人因侵权所受损坏、侵权人因侵权行为之获利及合理许可使用费三种计算方式，成为发明专利侵权案件中绝对优先适用的计算方式，这一司法现状与法定赔偿的兜底定位相悖，是该计算方式被滥用和泛化的表现，侵蚀了权利人对赔偿金计算方式的选择权，不利于专利权人的利益保护。目前法定赔偿的泛化与滥用，最重要的原因在于其他三种计算方式举证及适用难度明显高于现有法定赔偿的自由心证；其次在于专利法对于其他三种计算方式选择性的适用模式，即法院"可以选择"其他三种计算方式，而不是"应该"适用；再次法官"说多错多"的趋利避害心理亦加剧了法定赔偿的优先适用。针对以上原因，笔者建议摒弃现有立法中"可以选择"的立法模式，确立法定赔偿的例外适用原则，通过法律修改或司法解释明晰排除三种基本计算方式适用的例外情况，除非属于例外适用的情形，否则专利侵权赔偿额计算应默认适用基本计算方式，以限制法定赔偿的泛化与滥用，使其回归兜底适用的立法原意。

（一）排除适用因侵权受损计算方式的例外情况

2015 年实施的《最高人民法院关于修改〈最高人民法院关于审理专

---

[1] 李文健. 刑事诉讼效率论——基于效益价值的法经济学分析（上）[J]. 政法论坛：中国政法大学学报，1997（5）：41-42.

利纠纷案件适用法律问题的若干规定〉的决定》第 20 条第 1 款明确规定：
"权利人因被侵权所受到的实际损失可以根据专利权人的专利产品因侵权
所造成销售量减少的总数乘以每件专利产品的合理利润所得之积计算。权
利人销售量减少的总数难以确定的，侵权产品在市场上销售的总数乘以每
件专利产品的合理利润所得之积可以视为权利人因被侵权所受到的实际损
失。"如果商品经过权利人商业化，权利人应能举证专利产品的合理利润，
一旦侵权销售产品总数可确定，应自然适用权利人因侵权受损计算方式。
依据法理依据及商业实践，排除该计算方式的例外情况应指商品未商业化
而无法提出专利产品合理利润的情况。

（二）排除适用因侵权获利计算方式的例外情况

2015 年实施的《最高人民法院关于修改〈最高人民法院关于审理专
利纠纷案件适用法律问题的若干规定〉的决定》第 20 条第 2 款明确规定：
"专利法第六十五条规定的侵权人因侵权所获得的利益可以根据该侵权产
品在市场上销售的总数乘以每件侵权产品的合理利润所得之积计算。侵权
人因侵权所获得的利益一般按照侵权人的营业利润计算，对于完全以侵权
为业的侵权人，可以按照销售利润计算。"据此，如果侵权销售总数可确
定，原告可通过自主调查或是申请法院证据保全要求被告提出财务账簿以
确认侵权人的营业利润或销售利润。依据法理依据及商业实践，排除该计
算方式的例外情况应指：

（1）被告因为合理情况无法提供财务账目时，如个体工商户无建立财
务制度之义务的情况。

（2）被告提供真实账簿但经过审计确实无法得出侵权人的营业利润或
销售利润。

（3）被告提供之真实账簿显示被告未获得营业利润或营业利润显著不
合理的情况。

当法院已向被告释明不配合举证的后果而被告没有合理理由仍然拒绝
配合提供必要证据时，可以合理推定侵权人因侵权所获得利益大于权利人
主张的赔偿金，因此此时法院应全额支持权利人的赔偿诉求。在此情况

下，一样不存在法院依据法定赔偿自由心证的空间。

（三）　排除适用合理许可使用费倍数计算方式的例外情况

2015 年实施的《最高人民法院关于修改〈最高人民法院关于审理专利纠纷案件适用法律问题的若干规定〉的决定》第 21 条明确规定："有专利许可使用费可以参照的，人民法院可以根据专利权的类型、侵权行为的性质和情节、专利许可的性质、范围、时间等因素，参照该专利许可使用费的倍数合理确定赔偿数额。"因此，笔者主张只要在先许可交易满足真实性审查就应默认适用合理许可费倍数计算方式，排除该计算方式的例外情况应指（关于该部分的详细分析请见本书第四章第五节第一、第二目的建议分析，此不赘述）：

（1）　在先专利许可使用费对于后案不具备可参考性。

（2）　该许可使用费明显不具备经济合理性。

（四）　权利人自主要求适用法定赔偿的情况

选择赔偿金计算方式应是权利人行使诉讼处分权的题中之义，同时必须承认某些计算方式，如通过审计得出侵权人的营业利润，确实会增加当事人的诉讼经济成本与时间成本。因此，在法院向当事人充分释明各项计算方式的举证要求及适用后果的前提下，权利人仍要求适用法定赔偿的应许可当事人的自主选择。

除了以上所列举的例外情况，法定赔偿适用最常见的情况应属侵权产品数量不可得的情形。因此，除非属于以上例外情况或侵权产品数量不可得的情形，法院应该排除法定赔偿的适用，而运用恰当的、属于三种基本计算方式之一的方法来得出侵权赔偿额。如果法院违反限制规定而擅自运用法定赔偿，当事人应得以基于此理由提出上诉或再审。

二、围绕效率与效益双重价值目标建立规范化量赔标准

依据本书实证统计得出，在司法实施的过程中，法定赔偿能够大幅度提升专利审判诉讼效率这一制度收益的运行实效并不明显；与此同时，法定赔偿司法实践中广受诟病的是法官裁量尺度不一，说理欠缺，

法定赔偿的确定缺乏可预测性和一致性，一方面无法为权利人就损害赔偿金额的举证提供清晰、透明、可操作的指引参考；另一方面也为法院的随意专断留下空间，加剧了当事人的被剥夺感和不公正感，将极大地损害司法判决的权威性和公正性。从设计之初，诉讼效率就是专利侵权法定赔偿制度重要的价值基础，然而诉讼效益确是这一制度得以有效实施的正当性保障。效益与效率的双重内生价值基础要求法定赔偿应最小化制度运行的直接成本与错误成本之和，提升法定赔偿的适用确定性、可操作性与权威性。有鉴于此，笔者主张应围绕效率与效益双重价值目标建立规范化量赔标准。

（一）确立同类专利侵权案件法定赔偿的基准参考案例

规范统一量赔标准的第一步即为确立发明专利侵权法定赔偿的基准参考案例。所谓基准参考案例，是指法院为某一类侵权行为确定法定赔偿时作为平均赔偿基准的案例。法院通过比较基准参考案例与待审查案例的情节差异，基于基准参考案例的赔偿水平进行适当调整。基准参考案例应满足以下三大要求。

1. 基础性

基础性要求基准参考案例应反映某一侵权行为性质最常见的法定赔偿适用条件，例如原告无法提供侵权产品在市场上销售的总数或专利权人的专利产品因侵权所造成销售量减少的总数，亦无专利许可使用费予以参照。

2. 普适性

普适性要求不涉及某些可能会对法院判决尺度及维权合理费用产生显著影响的、特殊适用的情况，例如原告通过财产保全或行政扣押可以举证侵权数量，进行技术司法鉴定、法院保全会计账簿、被告属于重复侵权等情况。

3. 中位数代表性

中位数代表性要求选取的基准参考案例应反映我国法院对某一类侵权行为所判处损害赔偿的中位数水平，而中位数水平一般由两大指标决定：

法院最终支持金额均值及法院对原告诉请支持率均值。鉴于有限的人力、资金与时间成本，笔者将以上海市第一中级人民法院（以下简称上海一中院）在2008年《专利法》实施后，法院最终认定被告侵权销售与生产发明专利的一审案件作为实证统计的样本，探索该法院审理销售与生产发明专利侵权的基准参考案例。

首先基于中位数代表性原则确定基准参考案例的大致区间。笔者统计上海一中院在2008年《专利法》实施后最终认定被告侵权销售与生产发明专利的一审案件共计18件（销售与生产是该院发明专利侵权成立一审案件中比例最高的侵权行为性质，占所有侵权成立一审案件的40%）。随后运用SPSS 21软件计算法院对原告诉请支持率的均值（见表3-6），可以得出法院对原告诉请支持率均值为22.72%。之后运用SPSS 21软件计算法院最终支持金额的均值（见表3-7），可以得出法院最终支持金额的均值为135 369元。根据法院对原告诉请支持率频率分布统计表及法院支持金额频率分布统计表可归纳出，在该法院认定被告侵权销售与生产发明专利的一审案件中，法院一般在对原告诉请支持率为20%～30%，且法院支持金额为10万元到20万元的区间确定法定赔偿数额（见表3-8、表3-9），据此筛选出满足条件的案例共6个。

表3-6　上海一中院侵害发明专利之生产与销售权一审案件之
法院对原告诉请支持率均值统计情况

均值	N	极小值	极大值	全距	中值
0.2272	18	0.05	0.80	0.75	0.2000

资料来源：北大法宝，2009年1月1日至2015年9月4日上海一中院审结之侵害发明专利一审案件。

表3-7　上海一中院侵害发明专利之生产与销售权一审案件之法院判赔金额统计情况

均值	N	极小值	极大值	全距	中值
135 368.8889	18	40000.00	400000.00	360000.00	100000.0000

资料来源：北大法宝，2009年1月1日至2015年9月4日上海一中院审结之侵害发明专利一审案件。

表3-8 上海一中院支持率频率分布统计

支持频率统计要素 支持比率区间	频率	比例（%）	有效比例（%）	累积比例（%）
0.05	1	5.6	5.6	5.6
0.07	1	5.6	5.6	11.1
0.09	1	5.6	5.6	16.7
0.10	1	5.6	5.6	22.2
0.13	1	5.6	5.6	27.8
0.13	1	5.6	5.6	33.3
0.16	1	5.6	5.6	38.9
有效 0.20	6	33.3	33.3	72.2
0.30	1	5.6	5.6	77.8
0.33	1	5.6	5.6	83.3
0.35	1	5.6	5.6	88.9
0.39	1	5.6	5.6	94.4
0.80	1	5.6	5.6	100.0
合计	18	100.0	100.0	

资料来源：北大法宝，2009年1月1日至2015年9月4日上海一中院审结之侵害发明专利一审案件。

表3-9 上海一中院支持金额频率分布统计

支持频率统计要素 支持全额范围区间	频率	比例（%）	有效比例（%）	累积比例（%）
40 000.00	1	5.6	5.6	5.6
50 000.00	2	11.1	11.1	16.7
70 000.00	1	5.6	5.6	22.2
80 000.00	1	5.6	5.6	27.8
81 640.00	1	5.6	5.6	33.3
85 000.00	1	5.6	5.6	38.9
有效 100 000.00	5	27.8	27.8	66.7
150 000.00	1	5.6	5.6	72.2
180 000.00	1	5.6	5.6	77.8
200 000.00	2	11.1	11.1	88.9
350 000.00	1	5.6	5.6	94.4
400 000.00	1	5.6	5.6	100.0
合计	18	100.0	100.0	

资料来源：北大法宝，2009年1月1日至2015年9月4日上海一中院审结之侵害发明专利一审案件。

其次依据基础性和普适性原则排除部分案例，确定最终基准参考案例。根据中位数代表性原则筛选出满足条件的案例共 6 个，随后依据普适性和基础性原则排除 4 个案例，最终得出两个基准参考案例（见表 3-10）。

表 3-10　满足中位数代表性原则案例分析

中位数代表性要素 涉及司法案例号	普适性	基础性	法院支持金额	法院对原告支持率
（2010）沪一中民五（知）初字第 21 号	满足	因原告未能提供有效证据证明其因侵权所造成的损失以及被告因侵权获得的利益，亦无专利许可使用费予以参照-满足	15 万元（原告主张合理开支 9 000 余元）	30%
（2011）沪一中民五（知）初字第 225 号	上海海关向原告发出《扣留侵权嫌疑货物通知书》，且原告向法院提起诉讼及财产保全申请，法院作出裁定，查封了被告在上海海关仓库的 6 个集装箱中的 4 956 箱/ 9 912 个侵权产品-不满足	鉴于原告未能提供证据证实其因被侵权所遭受的实际损失数额、被告因侵权所获得的利益以及原告专利许可使用费-满足	20 万元	20%
（2011）沪一中民五（知）初字第 183 号	涉及技术鉴定，鉴定费 7 万元-不满足	但其没有提供因被告公司侵权而遭受的损失，也没有提供被告公司因侵权获利的具体数额-满足	10 万元	20%
（2007）沪一中民五（知）初字第 114 号	涉及技术鉴定-不满足	鉴于本案并未查明原告因侵权所遭受的实际损失，也未能查明被告因侵权所获利益-满足	10 万元	20%
（2007）沪一中民五（知）初字第 116 号	涉及技术鉴定-不满足	鉴于本案并未查明原告因侵权所遭受的实际损失，也未能查明被告因侵权所获利益-满足	10 万元	20%
（2010）沪一中民五（知）初字第 158 号	满足	鉴于原告因被告侵权所受到的损失以及被告因侵权所获得的利益均难以确定，且本案又无专利许可使用费可以参照-满足	10 万元（原告举证公证费与律师费总额为 87 297 元）	20%

资料来源：北大法宝，2009 年 1 月 1 日至 2015 年 9 月 4 日上海一中院审结之侵害发明专利一审案件。

通过对两个基准参考案例进行详细梳理分析，可以总结出基准参考案例具备的基本特征：

（1）被告为商主体而非个人；

（2）由公证处进行证据保全并出具公证书；

（3）专利已实现成功的商业化。

综上分析，在上海一中院管辖区域，涉及侵权销售与生产发明专利行为法定赔偿的基准参考案例对应的基准判罚区间在 10 万 ~ 15 万元，法院支持率在 20% ~ 30%。鉴于 2013 年公布的《最高人民法院关于人民法院在互联网公布裁判文书的规定》已经为全国裁判文书的公开提供了法理依据，中国知识产权裁判文书网、北大法宝等数据库为确定基准参考案例提供了可靠的数据来源，大数据技术及统计软件亦为确定基准参考案例提供了有力的技术支持，笔者据此认为，依据各地司法案例数据统计，参考各地的社会经济发展水平，并考虑被告侵权能力及偿付能力限制，在一定区域，甚至在全国范围内确定专利侵权案件法定赔偿的基准参考案例是具有合理性与可操作性的。

然而值得引起重视的是，我国现有发明专利法定赔偿水平偏低，具体体现在对于已经投入了巨大研究及商业推广成本的、成功实现商业化的发明专利，且在上海这一市场规则较为完善的区域，20% ~ 30% 的法院对原告诉请支持率无法实现对权利人的填平保护，甚至无法覆盖权利人聘请高水平律师和公证服务的基本费用。例如，在（2010）沪一中民五（知）初字第 158 号案件中，原告提交公证费发票与律师费发票举证维权合理开支总额为人民币 87 297 元，其中公证处发票造假诈骗可能性极小，原告聘请的金杜律师事务所系国内的一流律所，与当事人合谋伪造发票诈骗的可能性亦基本可以排除，而最终法院在确认被告侵权销售及生产已经商业化的发明专利的基础上，只支持了人民币 10 万元的赔偿金额，扣除维权费用，权利人只获得人民币 12 703 元的赔偿，在"使受害人完好无损"的效果方面实在差强人意。随着我国经济发展方式加快转变，创新引领发展的趋势越发明显，国家大力倡导通过加大专利侵权行为惩治力度、规制专利滥用行为以实现专利制度激励创新的基本保障作用；司法政策也强调在法律存在裁量空间时，行使司法裁量权应以有利于加强保护作为出发点，加大司法惩治力度和降低维权成本。虽然个别权利人在司法实践中存在原告虚报维权金额或提出畸高赔偿的情况，但总体而言，法院对与原告诉请支持率能够较为客观地反映出专利司法保护的力度，法院支持金额能够一定程度上反映专利的价值，虽然目前尚不存在普遍接受的最优法院支持率，本书主张为了实现法定赔偿的理想效果，对于侵权生产及销售已经商业化的发明专利案件，其基准参考案例的原告支持率应在严格审查维权成本真实性的基础上，将比率提升到40%～50%；在扣除真实的维权成本后，参考各地的社会经济发展水平，并考虑被告侵权能力及偿付能力限制，法院最终支持金额应大致处在我国专利法法定赔偿额区间中位数的水平——50万元人民币左右。

（二）适用量化赔偿公式确定个案赔偿额

在确认某类型侵权性质的参考基准案例后，应通过比较个案与基准参考案例在若干情节要素上的区别，并适用量化赔偿公式来确定个案最终赔偿额。鉴于笔者主张法律制度应追求社会经济效率，专利法最重要目的应基于功利角度，即为了保护专利权人合法权益、鼓励发明创造、推动发明创造的运用、提高创新能力以及促进科学技术进步和经济社会发展，法定赔偿作为专利法的重要制度无疑也应贯彻这一效率原则，笔者尝试基于专利法的立法目的提出以下可量化的法定赔偿额确定要素。

1. 专利商业化程度

笔者主张，只有通过合法商业化实现从技术到运用跨越的专利才能真正实现专利法追求的资源有效配置，不仅如此，一项已实质进行商业开发的发明专利基本可以排除其被专利流氓投机利用的可能。据此笔者主张一项已经成功商业化的发明专利比未经商业化的发明专利更有价值，多种商业化模式比单一商业化模式更能够促进发明运用和技术推广，也值得更大力度的保护。具体落实到法定赔偿计算方式中，在其他要素相同的前提下，应确保法定赔偿额与发明专利的商业化程度成正相关关系。在司法实践中给予商业化的专利倾斜保护需要界定何为"专利的商业化"。虽然各类学术及商业文献中频频提及"商业化"，这一词汇其实缺乏一个广泛认可的精准定义，国内学者将其定义为"由专利研发和产品应用组成的价值实现过程"，● 国外学者将其定义为"企业将新科技整合进用以市场销售或使用的产品、流程和服务而从创新中获利的尝试"。● 定义虽各有不同，却始终强调"价值实现"。在确定法定赔偿的司法审查中，权利人自身的商业化活动或在先被许可人的商业化活动都应视为专利商业化的证据。在商业实践中，一项产品的商业化流程大致包含三部分：●

制造前阶段→市场投放阶段→大规模制造阶段

其中制造前阶段包含收集市场情报、确认商业化机会以及实验生产流程。在市场投放阶段和大规模制造阶段，专利必须从单纯的技术方案转化为某种程度上可加以市场化的具体应用方案，必须购买或租赁能够大规模生产的设备，搭建市场销售渠道，最终消费者才可能知悉这一新产品的存在从而进行购买，而每一个阶段的推进都要求巨大的资本及人力投入。● 这也正是被称为死亡之谷的困难阶段，对进行这部分巨大投入的企业应对其商业化成本加以补偿。由于制造前阶段的收集市场情报、确认商业化机会本身需要的资本与人力投入不高，且专利非实施体较容易规避甚至伪造此类证据，因此，笔者主张当权利人能够举证某项专利已经进入实验生产阶段即应认定为该专利已经合法商业化。当一项专利越接近实现盈利的商业化，通常代表该专利具备较高的技术先进性且能够有效满足社会消费需求，这也意味着该专利能更大程度地实现对权利人研发投资的回报与激励，能够实现有效的商业与智力资源配置，因此从法定赔偿计算方式中就应获得越大的保护，即法定赔偿额应与专利商业化的阶段成正相关；同时专利权人如果既投入自

● 陈朝晖，谢薇. 专利商业化激励：理论，模式与政策分析［J］. 科研管理，2012，33（12）：110.

● UNITED STATESCONGRESS, OFFICE OF TECHNOLOGY ASSESSMENT. Innovation and Commercialization of Emerging Technologies［M］. Office of Technology Assessment, 1995：22.

● WEBSTER E, JENSEN P H. Do Patents Matter for Commercialization?［J］. Journal of Law and Economics, 2011, 54（2）：431-453.

● OSENGA K. Formerly Manufacturing Entities：Piercing the Patent Troll Rhetoric［J］. Conn. L. Rev., 2014, 47（2）：445-446.

有资源进行研发商业化，又通过专利许可促进了发明的推广和转移，无疑最大程度实现了专利法的立法目的，促进了技术的流转，最大程度提升了社会福利，因此应受到最高程度的保护。当然在存在专利许可的情况下适用法定赔偿必须满足特定的条件，即法院无法基于该专利许可费运用专利合理许可使用费的方式计算赔偿，例如该专利曾与其他专利被一揽子打包许可且价格无法单独剥离，而后案只涉及单个发明专利的实施。据此笔者建议发明专利的商业化程度在法定赔偿额的法院支持率确定中应占据最高 30% 的比例，且依据发明专利商业化的程度划分不同区间（见表 3-11）。

表 3-11　专利商业化程度与法定赔偿支持比率对应

评价指标 支持比率	是否商业化	盈利	专利许可
30%	✓	✓	✓
25%	✓	✓	N/A
20%	✓	N/A	N/A
5%	N/A	N/A	N/A

2. 侵权情节

如果依据专利价值确定法定赔偿是实现专利法激励创新与有效配置资源功能的制度保障，依据侵权情节限制与调整法定赔偿则是专利法适度保护的具体体现。专利法是社会公共政策的一部分，其预期效果的实现取决且受限于诸多社会条件的成就，法定侵权赔偿额的确定必然也受到若干客观条件的调整与限制。

（1）侵权能力。

侵权能力是判定侵权客观危害的最重要证据。侵权能力一般由注册资本、人员、是否处于商业旺地、经营场地大小、制造仪器设备所决定，司法实践中一般由注册资本的大小体现。❶ 在确定法定赔偿额时，依据注册资本规模、财务公开透明度及主体性质可以分为：个体工商户、100 万元以下注

---

❶　广州市中级人民法院知识产权审判庭课题组，夏强. 模糊的边界：知识产权赔偿问题的实务困境与对策［J］. 法治论坛，2014（3）：157-176.

册资本有限责任公司、100 万元以上注册资本有限责任公司或股份有限公司、侵权时净资产大于 100 万元的上市公司。一般而言，个体工商户的经营规模与侵权能力小于有限责任公司，一般有限责任公司及股份有限公司的经营规模与侵权能力小于上市公司。笔者建议侵权人的侵权能力及经营规模在法定赔偿额的法院支持率确定中应占据最高 30% 的比例，注册资本金额与法定赔偿金额一般呈正相关（见表 3–12）。对于负有财务披露义务的上市公司，其侵权能力与经营规模应由侵权持续期间公司的净资产所决定，而非注册资本。

表 3–12　侵权人的侵权能力与法定赔偿支持比率对应表

支持比率＼主体性质	个体工商户	100 万元以下注册资本有限责任公司	100 万元以上注册资本有限责任公司或股份有限公司	侵权年度净资产大于 100 万元人民币的上市公司
5% 且总额一般不得超过当地户均经营资产的 20%	✓			
10% 且总额一般不得超过注册资本的 20%		✓		
20%			✓	
30%				✓

虽然基于专利法的立法目的及填平原则，法定赔偿额的确定无须考虑侵权人的偿付能力，但法定赔偿额客观受限于侵权人的偿付能力，如侵权销售专利的常见主体个体工商户多为城市无业、下岗再就业工人、农村务工人员，经营规模普遍较小，盈利能力显著不强，且多背负沉重经济负担，其经营资产几乎就是家庭收入主要来源。据国家工商总局 2015 年 4 月的统计报告，全国个体工商户户均经营资金为人民币 62 257 元，❶ 要求这一资产及偿付能力级别的被告超越其自有资产进行赔付显然不符合商业理性，也不利于社会稳定，因此确定法定赔偿总额的最后一步应依据侵权

---

❶ 国家工商总局 . 2015 年 4 月全国市场主体发展报告 ［EB/OL］. http：// www. saic. gov. cn/zwgk/tjzl/zhtj/xxzx/201505/P020150520619283729167. pdf. 2015 － 05 － 20/2016－01－29.

人的客观偿付能力进行调整与限制，笔者据此建议对于个体工商户个案最终判定的法定赔偿额一般不得超过法院辖区户均经营资产的 20%，对于注册资本在 100 万元以下的有限责任公司最终判定的法定赔偿额一般不得超过其注册资本的 20%。

（2）侵权所涉金额。

毫无疑问，侵权所涉金额是权利人损失的重要依据，直接反映出专利的商业价值及侵权危害。侵权金额一般由侵权产品数量乘以单位侵权产品利润所决定，但在司法实践中该数据一般较难取证，这也是专利侵权案件举证难的关键节点。鉴于 2015 年实施的《最高人民法院关于修改〈最高人民法院关于审理专利纠纷案件适用法律问题的若干规定〉的决定》大幅减轻了权利人因侵权所受损失和侵权人因侵权所获利润的举证负担，且依据笔者主张的法定赔偿例外适用原则，在侵权产品销售数量可以确定时，赔偿金额一般可以依据权利人因侵权所受损失或侵权人因侵权所获利润计算方式确定。因此，侵权所涉金额虽然是重要的金额考量因素，但基本只在满足以下特定情况时才得以参考：

①权利人无法举证产品合理利润而不能适用权利人因侵权所受损失计算方式时，一般指非实施体（non-practicing entity）尚未就产品商业化的情况，且

②被告因为合理情况无法提供财务账目时，如个体工商户无建立财务制度之义务的情况，或

③被告提供真实账簿但经过审计确实无法得出侵权人的营业利润或销售利润，或

④被告提供之真实账簿显示被告未获得营业利润或营业利润显著不合理的情况。

在案件无法采取其他计算方式而权利人得以举证侵权所涉金额时，笔者建议侵权所涉金额在法定赔偿额的法院支持率确定中应占据最高 10% 的比例，一般侵权所涉金额与法定赔偿额呈正相关。

（3）地域范围。

专利是由法律设定的、在一国区域内的合法垄断权，专利侵权涉及的

地域范围越广，对权利人排他权的侵害程度越大。在司法实践中常见的情况是侵权人属于某一产品的地区总经销、发生在传播范围极广的场合如广交会等国际展会等。一旦权利人得以举证相关证据，笔者建议侵权地域范围在法定赔偿额的法院支持率确定中应占据最高 10% 的比例，一般侵权涉及地域范围与法定赔偿额呈正相关。

（4）侵权持续时间。

专利是由法律设定的、有限时间的合法垄断权，专利侵权持续的时间越长，对权利人排他权的侵害程度越大；侵权持续的时间越长，权利人就不得不挤占更多原本可用于研发及产业化的投入，因此一旦权利人得以证明侵权持续时间，笔者建议侵权持续时间在法定赔偿额的法院支持率确定中应占据最高 10% 的比例，且侵权持续时间应与法定赔偿额呈正相关。

（5）故意侵权。

专利侵权的成立无须考量行为人的主观心态，然而行为人的主观恶性却是证明侵权人侵权能力与危害性的重要证据，将实质性影响法定赔偿额的确定。在司法实践中权利人可收集以下证据证明侵权人构成故意侵权：包括但不限于侵权人实施《专利法实施细则》（2010 年修订）第 84 条规定的假冒专利行为、侵权人曾因侵犯专利权被法院认定侵权成立或被行政机关处以行政处罚的重复侵权情况（不限于侵犯同一专利）、侵权人以侵权为业等情况。一旦权利人得以举证侵权人存在故意侵权的确切证据，笔者建议故意侵权在法定赔偿额的法院支持率确定中应占据最高 10% 的比例。

综上所述，确定法定赔偿数额的公式如下：

法院对原告法定赔偿额的支持程度＝专利商业化程度 30%＋侵权能力 30%＋侵权所涉金额 10%＋地域范围 10%＋侵权持续时间 10%＋故意侵权 10%

如果侵权人认为依据该公式得出的法定赔偿额太高，由于侵权产品单价可确定，大可以自行举证其出售的产品数量，通过侵权所获利益或权利人所受损失计算赔偿额，证明赔偿额应小于法定赔偿额。如果侵权人拒不提交关于售出产品数量之证据，可以合理推定其因侵权获利应大于法定赔偿额。这是倒逼侵权人配合举证的有效、具有可操作性的方法。以下试假设三种情况进行公式的运用。

基于（2010）沪一中民五（知）初字第 21 号判决书（基准参考案例）的事实情况进行运用（见表 3-13）：

表 3-13　基准参考案例之公式适用

公式适用情况　　公式要素	案件实际情况	法院对原告诉请支持比率
专利商业化程度	已实现成功商业化，众多厂家生产、销售侵权产品	25%
侵权能力	侵权年度净资产大于 100 万元人民币的有限责任公司	20%
侵权所涉金额	N/A	0
地域范围	N/A	0
侵权持续时间	N/A	0
故意侵权	N/A	0
法院最终支持比率		45%

基于所有可能同时举证的考量要素都达到最严重程度的情况进行运用（见表 3-14）。

表 3-14　最严重情节案例之公式适用

公式适用情况　　公式要素	案件实际情况	法院对原告诉请支持比率
专利商业化程度	已实现成功商业化，众多厂家生产、销售侵权产品，且已进行真实的专利许可交易	30%
侵权能力	侵权年度净资产大于 100 万元人民币的上市公司	30%
侵权所涉金额	N/A	0
地域范围	全国总代理	10%
侵权持续时间	超过两年	10%
故意侵权	假冒，实质进行生产	10%
法院最终支持比率		90%

基于所有可能同时举证的考量要素都达到最轻微程度的情况进行运用（见表3-15）。

表3-15 最轻微情节案例之公式适用

公式适用情况 \ 公式要素	案件实际情况	法院对原告诉请支持比率
专利商业化程度	未经商业化	5%
侵权能力	个体工商户	5%
侵权所涉金额	N/A	0
地域范围	N/A	0
侵权持续时间	N/A	0
故意侵权	N/A	0
法院最终支持比率		10%且总额不得超过当地户均经营资产的20%

三、重塑法定赔偿维权合理开支机制

我国法院对专利侵权合理开支的保守立场一直备受诟病，对此笔者提出从以下若干角度重塑我国专利侵权维权合理费用的计算。

（一）明确维权合理开支"应该"单列计算

在我国专利侵权法定赔偿的司法实践中，对于维权合理开支的计算存在两种做法：一种是将维权合理开支作为法定赔偿的酌情考虑因素之一，包含在法定赔偿额中一并计算，另一种则是在法定赔偿额之外根据原告提供的证据酌情支持。依据笔者统计，全国法院发明专利侵权成立且适用法定赔偿的一审案件中，只有14.6%的案件采取了单列维权开支的做法，其余大部分案件均采用一并计算的做法。虽然《最高人民法院关于审理专利纠纷案件适用法律问题的若干规定》（2015年2月1日施行）第22条规定："权利人主张其为制止侵权行为所支付合理开支的，人民法院可以在专利法第六十五条确定的赔偿数额之外另行计算。"但这一选择性的规定未能解决司法实践中的不一致问题。广州市中级人民法院对此的解释是司法解释规定"赔偿额应包含权利人为维权支持的合理费用"，因此合理开支应包含在整个赔偿范围内而无须单列。❶ 对此观点，笔者认为有待商榷，首先，我国的专利侵权赔偿的确定基于使"权利人完好无损"的填平原则，而一旦权利人提出诉讼维权，侵权对权利人带来的损失就分为两部分：因侵权行为侵害权利人排他权而造成的商业利益损失以及权利人为履行举证义务而支付的维权成本，第一部分的损失确定的考量因素包含专利权类型、侵权性质与情节等，而维权成本确定的考量因素在于费用产生真实性、必要性及关联性的审查，两部分考量因素明显不可等同。其次，一并计算合理开支的做法将严重挤压对权利人的实际赔付，加剧赔偿不足。例如在（2010）沪一中民五（知）初字第 158 号案件中，原告提交公证费发票与律师费发票举证维权合理开支总额为 87 297元，其中公证处发票造假诈骗可能性极小，原告聘请的金杜律师事务所系国内的一流律所，与当事人合谋伪造发票诈骗的可能性亦基本可以排除，而最终法院在确认被告侵权销售及生产已经商业化的发明专利的基础上，只支持了 10 万元的赔偿金额，扣除维权费用，权利人只获得 12 703元的赔偿，属于赔偿金额与维权成本严重倒挂，权利人"赢了官司输了钱"的典型案例。最后，依据文意解释，现行《专利法》第 65 条明确规定"赔偿数额还应当包括权利人为制止侵权行为所支付的合理开支"。这个"还"字即已体现合理开支应包含在赔偿总范围内，依据法定赔偿计算方式得出的赔偿额之外，而不是指合理开支应包含在依据法定赔偿得出的赔偿额之内。因此笔者主张，法院应该，而不仅是可以按照本书建议的规范化量赔计算流程得出法定赔偿额，然后再单列维权合理开支，最终得出赔偿总额。

（二）在进行真实性与经济合理性审查基础上应破除对律师费的造假推定

如前所述，我国法院对于专利侵权诉讼中的维权合理开支多采取保守

---

❶ 广州市中级人民法院知识产权审判庭课题组，夏强. 模糊的边界：知识产权赔偿问题的实务困境与对策［J］. 法治论坛，2014（3）：175.

立场，且根据学者研究统计，对于部分支持律师费的案件，少数是因为原告举证不足，更多的情形是即使原告提交了律师费用的充足证据，也很难得到法院的全额支持。● 广州法院对此的解释是"信用缺失，权利人虚列开支尤其是律师费的情况很普遍。双方虽然签订了委托合同，但根本不按照约定执行，即使开具了发票，也可以在开完庭后进行作废处理。所以如果完全根据表面证据去认定合理开支，脱离社会实际，也会助长权利人的弄虚作假行为"。● 对此解释，笔者认为有待商榷。首先，权利人与律师都是遵循经济规律的理性人，对于需要付出巨大时间与精力的维权过程，必然会产生相应的维权成本，这是不言而喻的客观事实。其次，鉴于专利范围的模糊性与不确定性，提出侵权之诉的权利人在承担必然发生的诉讼成本之外还需要承担败诉的风险，同时我国目前低水平的法定赔偿水平基本排除了权利人利用专利诉讼获利的可能性，符合经济理性的权利人一般会遵循收益成本分析而将维权成本控制在合理范围之内，权利人的维权合理费用一般不会超过起诉金额的合理比例。从以下法定赔偿原告支出合理开支/原告起诉金额比率统计表（见表3-16）可得出，我国发明专利侵权成立且适用法定赔偿一审案件诉讼权利人的合理开支费用占原告起诉金额比例的均值为9.6%，将近70%的原告的合理开支与起诉金额比例在10%以下，仅有6.3%的原告合理开支与起诉金额比例超过30%，而真正虚报造假的比例应远小于6.3%。基于以上实证分析，因为极少部分的权利人虚报造假而对所有权利人的维权开支证据进行造假预设与推定实质损害了权利人的合理利益，侵蚀了法定赔偿的填平功能。据此笔者提出，在对维权合理费用进行真实性与经济合理性审查基础上，应当完全支持权利人的维权合理开支要求。

● 詹映，张弘. 我国知识产权侵权司法判例实证研究——以维权成本和侵权代价为中心 [J]. 科研管理，2015（7）：151.

● 广州市中级人民法院知识产权审判庭课题组，夏强. 模糊的边界：知识产权赔偿问题的实务困境与对策 [J]. 法治论坛，2014（3）：175.

表 3-16 适用法定赔偿案件中原告支出合理开支/原告起诉金额比率统计

均值	中值	集中系数		
		百分比介于 0 和 0.10 之间（包含 0 和 0.10）	百分比介于 0.10 和 0.30 之间（包含 0.10 和 0.30）	百分比介于 0.30 和 1 之间（包含 0.30 和 1）
0.096	0.057	69.4%	31.5%	6.3%

资料来源：北大法宝，中国自 2009 年 1 月 1 日至 2015 年 9 月 4 日审结之侵害发明专利一审案件。

1. 维权合理费用的真实性审查

维权合理费用一般包括公证费、律师费、购买侵权物品费用、查询咨询费、为诉讼花费的交通食宿费、诉讼材料印刷费等。法院应对相应证据的表面真实性、关联性与合法性进行审慎审查。对于权利人提出系列维权的，要尤为关注维权费用是否属于多案共用的情况。对于不存在收费标准的费用，如交通住宿费等，法官应依据费用发生地经济社会发展情况酌情确定。

2. 维权合理费用的合理比例审查

专利侵权的维权成本高是世界性的顽疾，然而如前所述，符合经济理性的权利人一般会遵循收益成本分析而将维权成本控制在合理范围之内，我国权利人的维权合理费用一般不会超过起诉金额的 30%。对于维权合理费用超过起诉金额 30%，甚至畸高的情况，可以推测权利人提出侵权之诉的动机往往不在获得赔偿，而主要在于驱逐竞争者。❶ 此类维权的目的与客观效果不利于推动发明创造的运用、提高我国企业累积创新能力以及促进科学技术进步和经济社会发展。不仅如此，如果大部分侵权赔偿都用以支付律师费，相当于原本用于激励创新的赔偿被律师所"劫持"，无助于

---

❶ 国际知名律所 Freshfields 在其最新中国专利诉讼指南中指出在中国仅仅为了获得损害赔偿而进行诉讼往往得不偿失，更有价值的目标是获得最终禁令。参见：FRESHFIELDS BRUNKHAUS DERINGER. A Guide to Patent Litigation［EB/OL］. http：//www. freshfields. com/uploadedFiles/SiteWide/Knowledge/A% 20Guide% 20to% 20Patent% 20Litigation% 20in% 20the% 20PRC. PDF. 2013-06/2015-08-05.

专利法立法目的的实现。因此，笔者建议对于律师费用应按照各地律协公布的收费标准进行合理性审查，按照案件复杂程度最高不得超过律协公布标准的20%，同时对于维权合理费用主张一般不得超过起诉金额的30%。由于笔者主张的法定赔偿确定方式与权利人的举证能力成正比，而律师费水平又直接由律师的专业素养与举证水平所决定，因此这一比例限制一方面将督促权利人对维权费用进行勤勉的预算控制，另一方面也不会影响权利人聘请高水平律师维护自己的权利。需要强调的是，对于满足证据真实性及合理比例审查的维权合理费用，法院应当全额支持。

3. 鉴定费用的确定

对于专利侵权涉及的鉴定费用，由于鉴定涉及复杂的技术问题，我国现有的专利鉴定费用一般在 5 万～10 万元人民币不等，一旦案件涉及鉴定，维权费用必然大幅度上升。鉴定费属于为了查清案件侵权事实而必须支出的费用，且鉴定机构属于具有特定资质的、法院指定的权威机构，一般不存在串通诈骗的情况，因此必要的鉴定费用应包含在维权合理费用中并由败诉方承担。在鉴定费用的确定过程中，法院首先应严格审查鉴定的技术必要性，并向当事人释明鉴定所涉及的费用标准；其次鉴定费用应受到维权合理费用不超过起诉金额30%的比例限制；最后对于特定被告，如个体工商户以及注册资本不超过 100 万元的有限责任公司，还需要受到法定赔偿额不超过特定比例且不得超过户均经营资产/注册资本 20%的限制，这也就是意味着对于这部分被告群体，其鉴定费用基本无法得到支持。

四、强化法定赔偿额确定的论证环节

如前所述，我国现有专利侵权诉讼实践中的法定赔偿适用缺乏说理，将严重削弱司法权威与公正。对此笔者提出应在审判的若干环节强化对法定赔偿额确定的说理与论证。

（一）法院应对规范化量赔标准进行释明并组织专项辩论

为了实现与本书建议的规范化量赔标准的程序配套与衔接，笔者主张法院首先应向当事人释明本院同类专利侵权案件法定赔偿的基准参考案例，并具体解释本院规范化量赔标准的各要素构成及比例，给予当事人具有预测性及一致性的法定赔偿举证指引；随后法院应在法庭辩论环节组织当事人就量赔标准进行详细的逐项辩论，对于经双方辩论仍无法证明或存在较大分歧之事项，应由法院依职权进行调查。通过"法院释明指引－当事人举证－当事人辩论－法院调查"的过程，一方面确保当事人的诉讼权利的行使以及意见的充分表达，另一方面也有助于当事人对法定赔偿额形成合理、稳定的预期，即权利人对规范化量赔标准中的要素证明得越多，证明要素归属的区间越高/越严重，法定赔偿额就越高，反之则越低/越轻微。这一环节将有效防止法院的随意专断，增加法定赔偿额的合理性、确定性与可接受性，有利于后续的调解及执行工作。

（二）在裁判文书中强化对法定赔偿确定的说理论证

针对现行司法实践中说理不足甚至格式化说理的现象，笔者主张法院应辟出专门段落对法定赔偿额的确定进行说理。说明应具体包括以下两点。

1. 例外适用法定赔偿额的原因

法院应在裁判文书中明确原告是否主动选择法定赔偿，抑或属于排除一般计算方式的例外情况而适用法定赔偿。对于不适用其他三种赔偿计算方式的原因，法院应一一详细说明本案属于哪一种例外情况，尤其是对于原告主张其他计算方式，法院审查后决定采用赔偿的情况，更应详细阐述为何不适用原告选择之原因。

2. 规范化量赔标准之具体适用

法院应在庭审辩论记录的基础上，逐条分析每一量赔标准当事人的证明情况及法院最终的采信情况，并详细说明具体采信的证据对于法定赔偿额确定所占据的比例。对于法院依职权查明的事实，如法院所在地侵权发生年度个体工商户户均资产的数据等，法院应列明数据来源。对于适用规范化量赔标准而得出的高于法定赔偿最高限额或低于法定赔偿最低限额的情况，法院应详细阐明该赔偿额的酌定因素及论证过程。

（三）就法定赔偿说理建立后续督查机制

正如安守廉教授指出的，中国在知识产权立法时，既宣布权利，但又不受制于权利兑现，这直接造成了权利空置。❶ 任何一项用心良苦的制度，如果缺乏后续督查机制，将难以实现权利兑现。对此，笔者建议知识产权法院将裁判文书说理，尤其是法定赔偿额的适用与数额确定之说理列为法院内部绩效考核的重要指标，甚至是晋升裁判员序列及职务晋升的评价基础指标。同时也可以通过常态化的优秀裁判文书评比等内部评选活动提升法官说理的水平、质量与社会效果。

第六节　本章小结

如上文所分析，我国现有专利侵权损害法定赔偿水平对权利人严重补偿不足，对侵权无法实现有效震慑，法定赔偿额的确定普遍缺乏说理将严重地削弱司法权威与公正。与此同时，法定赔偿在提高案件效率及降低诉讼成本上的优势相较于其他计算方式并不明显，虽然低水平的法定赔偿能够降低我国企业从事累积创新的成本，然而随着我国产业发展已经实现"从创新式模仿向模仿式创新的跃迁"，越来越多的中国企业将同时兼具专利使用人与权利人的身份，且对仅从事销售及重复侵权的行为适用低水平的法定赔偿会带来社会整体的效率与财富的损失，这部分收益的空间正日益消减。法定赔偿最终能否在我国实现社会福利最优的实施效果，有赖于基于效率与效益原则构建科学的、具备可操作性及预测性的法定赔偿量化标准，提升对原告诉请金额的支持率，强化法定赔偿额确定的论证环节，并通过确立法定赔偿的例外适用原则使法定赔偿恢复其兜底适用的初始定位，最大程度地减少该制度的实施成本，使其与专利产业的发展相适应。

---

❶ ［美］安守廉.窃书为雅罪［M］.李琛，译.北京：法律出版社，2010：103.

第四章 我国专利侵权合理许可使用费倍数赔偿的法经济学研究

专利合理许可费（Reasonable Royalty）是现行世界各国适用最为普遍的专利侵权损害赔偿金计算方式之一。我国早在 2000 年修正的《专利法》即已正式引入合理许可使用费倍数侵权损害赔偿金计算方式（以下简称"合理许可使用费倍数计算方式"），该计算方式指在权利人的损失及侵权人获得的利益均难以确定的情况下，由人民法院根据专利权的类型、侵权行为的性质和情节、专利许可的性质、范围、时间等因素，参照该专利业已存在的、不属于明显不合理水平的许可使用费倍数确定侵权损害赔偿金的方式。然而这一在理论上最接近商业环境下平等主体自愿谈判的结果的计算方式确立近 20 年来，在我国司法实践中始终处于"乏人问津、适用惨淡"的状态，根源在于合理许可使用费倍数计算方式在各国、尤其是发达国家的广泛适用不仅仅是因为"制度设计"，也在于运行的背景。笔者拟根植于我国现阶段累积创新的特征及需求，从成本和效益的角度分析合理积极适用合理许可使用费倍数计算方式的利弊，指出该计算方式能够有效矫正专利侵权法定赔偿占绝对主导造成的严重"补偿不足"，引导侵权人采取合乎社会总体效率的非侵权决策，推动我国许可服务市场的发展；对部分权利人投机利用该计算方式可能造成的"实施异化"成本的质疑，不可混同为对该计算方式的否定。笔者尝试破解该制度在我国得以有效实施的要素障碍，构建以"有效促进专利转化"为战略目标的合理许可使用费倍数计算方式，以期更多的立法者、执法者和产业界人士能够从成本与效益的角度更全面地评估和衡量合理许可使用费倍数计算方式，制定出符合纳什均衡的法律，使合理许可使用费倍数计算方式与专利产业的发展相适应。

第一节　引言

我国虽然在 2000 年的《专利法》即已正式引入专利合理许可使用费倍数计算方式，但国内学界对合理许可使用费倍数计算方式的研究角度多集中于比较研究，和育东详细比较了我国与德国、英国、美国、日本四国在许可费赔偿计算方法上的差异，指出了国际上提高许可费的发展趋势；❶还有许多学者对国外专利合理许可使用费涉及的具体计算规则进行了介绍，如雷刚介绍了美国专利侵权损害赔偿计算中的市场占有率法，❷阮开欣具体介绍了美国专利侵权合理许可费计算中的相关方法和标准，包括分析法则、Georgia-Pacific 因素、既成许可费法、整体价值规则及拇指规则等，❸郭德忠对美国对专利合理许可费赔偿的宽松立场及近年来对过分赔偿的规制趋势进行介绍。❹与此同时，我国对该领域的研究多限于定性研究，仅有祝建辉对专利侵权适用专利许可使用费赔偿的条件、经济依据和赔偿倍数进行了经济分析，指出我国现有规定过于笼统，限定 3 倍的上限缺乏经济合理性，应根据诉讼成本和侵权发生的概率对侵权额的弹性来确定赔偿倍数。❺

---

❶　和育东. 专利侵权损害赔偿计算制度：变迁、比较与借鉴 [J]. 知识产权，2009（5）：7-15.

❷　雷刚. 美国专利侵权损害赔偿计算中的市场占有率法 [J]. 科技管理研究，2014（12）：142-145.

❸　阮开欣. 解读美国专利侵权损害赔偿计算中的合理许可费方法 [J]. 中国发明与专利，2012（7）：64-68.

❹　郭德忠. 美国判例对专利许可使用费的规制 [J]. 电子知识产权，2008（4）：56-60.

❺　祝建辉. 基于经济分析的专利使用费赔偿制度研究 [J]. 科技管理研究，2010（11）：226-228.

与我国专利法对合理许可使用费倍数计算方式采取了"既成许可费"（established royalty）的立场不同，❶ 美国在 1915 年最高法院 Dowagiac Mfg. Co. v. Minn. Moline Plow Co. 一案中即已确认如果无法获得既成许可费，法院可以根据专利权人提供的有关专利价值的证据确定"假象许可谈判中的合理许可费"。❷ 随后在 1922 年的专利法案中正式确定合理许可费计算方式并基于 1952 年的专利法案沿用至今。❸ 美国决定合理许可费最常见的方法是在 Georgia-Pafic Corp. v. United States P/ywood Corp. 一案中确定的十五原则，❹ 即：

（1）权利人过去收取的诉争案件专利的许可费，证明或倾向证明即成的许可费。

（2）被许可人支付的、为了使用与诉争案件类似的其他专利的费率。

（3）许可的性质与范围，排他或非排他；许可区域是否受限，许可对象是否受限。

（4）许可人现有的、保持其专利垄断的政策和营销项目，例如不许可给他人使用其发明或只在特殊条件下授予许可以保证其垄断。

（5）许可人和被许可人之间的商业关系，例如其在商业的同一区域、同一行业内是否是竞争者，或是否其是发明人或推广人。

（6）销售特定特征以提升被许可人其他产品销售的效果；发明对于许可人销售其他非专利产品的价值，以及这种衍生或护航销售的范围。

（7）许可的条款及专利的期限。

（8）专利覆盖的产品的现有利润率；其商业成功概率以及其现有的销量。

（9）专利产权就旧有模式或产品的效用和优势；已经被用以产生相同结果。

---

❶ 既成许可费指参照已经完成谈判并真实履行许可义务（如支付许可费等）的涉案专利许可交易以确定赔偿金。

❷ Dowagiac Mfg. Co. v. Minn. Moline Plow Co. , 235 U. S. 641, 648（1915）.

❸ 35 U. S. C § 284（2012）.

❹ 18 F. Supp. 1116（S. D. N. Y. 1970）.

（10）专利发明的性质；许可人对之商业化的程度；以及对使用该发明的人的效益。

（11）侵权人使用该发明的程度，以及对该使用价值的证据。

（12）在特殊的商业或类似商业中使用该发明或类似发明的利润部分或售价。

（13）排除侵权人的非专利因素、制造流程、商业风险或特征后，应归功于该发明的利润部分。

（14）适格专家的意见证言。

（15）在双方已经合理并自愿尝试达成协议的情况下，许可人（例如专利权人）和被许可人（例如侵权人）本应同意（在侵权开始之时）的数字；换言之，一个审慎的被许可人（会希望获得许可制造并销售特定物件包含专利发明），会愿意付出多少授权费且仍能得到合理利润，以及审慎的权利人当初在多少金额下才愿意许可。

上述十五大要素被称为"Georgia-Pacific"要素以确定合理许可费，并提出了合理许可费的"假设谈判"体系。这一体系通过假定专利权人和侵权人在侵权发生时进行了假设谈判，双方彼此不存在信息不对称，专利有效且侵权成立，判断侵权人愿意为使用涉案专利支付多少费用。同时这一做法还实质假定被许可人能够通过使用专利而获得合理利润。

作为美国适用最频繁的专利侵权赔偿计算方式，美国学界对合理许可费制度进行了多维度的深入研究。目前对于合理许可费最强烈的批评在于许可费叠加（royalty stacking）。莱姆利和夏皮罗（Lemley & Shapiro）提出许可费叠加指一件包含多个部件的产品侵犯了多个专利并随之需要支付多重许可费的情况。❶ 潜在的过度赔偿叠加效应对制造商来说意味着巨额成本并将阻滞创新。许可费本身的总成本可能就超过了产品的价值，进而将侵权人完全驱逐出市场。同时也有许多学者批评 Geogia-Pacific 的十五要

---

❶ LEMLEY M A, SHAPIRO C. Patent Holdup and Royalty Stacking [J]. Texas Law Review, 2006, 85 (7): 1991.

素弹性心证的空间太大，可能为专家所操纵。❶ 法院也批评合理许可费的计算太过复杂，"更多地需要魔术师来解决而不是由法官决定"。❷ 围绕这一系列问题，美国学界提出了重塑 Geogia-Pacific 要素的诸多理论。

怀亚特（Wyatt）论证纳什的博弈理论能够充分依据具体个案的实际情况进行分析，考虑了诉讼双方的博弈地位，能够中立地计算及调整合理许可使用费损害赔偿，因此应作为 George Pacific 要素的替代计算方式。❸ 道格（Dodge）提议法院应在适用合理许可费计算方式时首先运用真实商业环境中的"最可比较许可"（most comparable license）作为许可费的下限，其次法院应对证据与 George Pacific 要素进行逐一对应的审查以增强确定性与可审查性。❹ 锡曼（Seaman）基于经济学上的可替代性原则和谈判理论，提出合理许可费不应超出被诉被侵权人采用可接受的非侵权替代方案的预期成本。❺

制度经济学强调，制度是决定经济增长的关键性要素，❻ 只有良好的制度才能激励人们进行投资和交易，社会资源才能配置到最有效率的用途上。❼ 合理许可使用费倍数是我国专利侵权赔偿的重要计算方式之一，应与我国专利法的总体立法目标相一致，即"保护专利权人合法权益、鼓励

---

❶ COTTER T F. Four Principles for Calculating Reasonable Royalties in Patent Infringement Litigation［J］. Santa Clara Computer & High Tech. LJ, 2010, 27（4）: 725.

❷ Fromson v. Western Litho Plate & Supply Co. , 853 F. 2d 1568（1988）.

❸ WYATT L. Keeping Up with the Game: The Use of the Nash Bargaining Solution in Patent Infringement Cases［J］. Santa Clara High Technology Law Journal, 2014, 31（3）: 427.

❹ DODGER E. Reasonable Royalty Patent Infringement Damages: A Proposal for More Predictable, Reliable, and Reviewable Standards of Admissibility and Proof for Determining a Reasonable Royalty［J］. Ind. L. Rev. , 2014, 48（3）: 1023.

❺ SEAMAN C B. Reconsidering the Georgia–Pacific Standard for Reasonable Royalty Patent Damages［J］. BYU Law Review, 2011, 2010（5）: 1661.

❻ NORTH, DOUGLASS, C. , ROBERT P. THOMAS. The Rise of the Western World: a New Economic History［M］. Cambridge University Press, 1973.

❼ 马光荣. 制度、企业生产率与资源配置效率——基于中国市场化转型的研究［J］. 财贸经济, 2014（8）: 105.

发明创造、推动发明创造的运用、提高创新能力以及促进科学技术进步和经济社会发展"。❶ 如果我国合理许可使用费倍数计算方式的立法规定完备且司法实施运行良好，将主要表现为该制度能够确保专利权人获得足够赔偿，鼓励人们对发明创造进行投资（包括原始创新与累积创新）、促进专利的许可交易与技术转移，并最终引导专利技术的商业化以实质性地推动社会发展。

首先，关于我国合理许可使用费倍数计算方式能否确保专利权人获得足够赔偿，不同的学者存在不同的看法。曾有学者认为三倍许可费突破了补偿性赔偿的填平原则，"即使是在应当赔偿的情形，他们（指德国、日本等国的侵权人）也只负担许可使用费的合理数额。而我国则应判令他们至少负担翻一番的许可使用费，比国际规则明显是重了"。❷ 但更多的学者认为该计算方式并未突破补偿性原则，将许可费乘以一定的倍数只是接近"非法获利赔偿的一个变形"。❸ 不仅如此，有研究指出我国合理许可使用费的适用门槛极高，且法院对许可倍数法的适用采取谨慎态度，导致司法实践中按照许可费进行赔偿的案件非常少，因此建议将许可费赔偿纳入法定赔偿的框架中，❹ 甚至有学者质疑权利人无法运用现有合理许可使用费获得足够赔偿，建议中国法院应放松对"既成许可"的要求，引入美国法的"假定谈判"方式，采纳美国法的 Geogia-Pacific 要素以确保权利人获得足够赔偿。❺

其次，关于我国合理许可使用费倍数计算方式能否促进我国专利的许可交易与技术发展，据世界知识产权组织 2018 年最新统计报告显示，中

---

❶ 我国 2008 年修订的《专利法》第 1 条阐明的专利法立法目的。

❷ 汤宗舜. 专利法教程 [M]. 北京：法律出版社，2003：245.

❸ 和育东，石红艳，林声烨. 知识产权侵权引入惩罚性赔偿之辩 [J]. 知识产权，2013（3）：56.

❹ 纪璐. 美国专利侵权损害赔偿制度及其借鉴 [D]. 天津：南开大学，2012：55-56.

❺ YIEYIE YANG. Patent Problem：Can Chinese Courts Compare with the U. S. in Providing Patent Holders with Adequate Monetary Damages [J]. J. Pat. & Trademark Off. Soc'y，2014，96（2）：140.

国在 2017 年的专利申请量约为 138 万件，位居世界第一，超过排名第二位和第三位的美国和日本的总和。但大而不强、多而不优特征明显，保护不够严格、侵权易发多发、转化率低等问题仍然突出。尤其在转化率方面，远远低于发达国家水平。据国家发改委提供的数据，我国总体的科技成果转化率仅为 10% 左右。大量的知识产权得到授权后因各种因素闲置而无法转化为真正的生产力，严重影响创新积极性，不利于持续提升大众创新万众创业的社会氛围。❶ 有学者认为我国目前专利运用的效果不佳，专利价值未充分体现，很大程度在于专利司法执行强度不高，使得侵权代价低、维权成本高的现象一直存在，知识产权保护效果大打折扣，严重削减了专利的强度，降低了专利的市场价值，阻碍了专利技术从创造到运用的良性循环。❷ 廖忠安则进一步指出，专利侵权损害赔偿制度的不完善，可能导致部分企业遭遇不公正的侵权判决，也可能导致部分被侵权企业无法获得合理的损害赔偿，其专利转化面临较大的法律风险，影响其专利转化的积极性。❸

第二节　我国合理许可费倍数计算方式的实施现状

法律经济学"着眼于未来"的特征强调："法律的价值最终必须按照它在实现其目标方面的成功来评价，而不纯粹以它的形式的法律结构来判断。"❹ 我国的合理许可使用费倍数计算方式无论是从其形式的法律结构，抑或按照其在实现其目标方面的实效来评估，在我国都未能完全实现其应有的目标价值。按照其法律结构形式进行评估，我国专利法对合理许可使用费倍数计算方式采取了"既成许可费"（established royalty）的立场，即

---

❶　国务院关于新形势下加快知识产权强国建设的若干意见［Z］. 2015-12-22.

❷　刘洋. 专利制度的产权经济学解释及其政策取向［J］. 知识产权，2009（3）：34.

❸　廖忠安. 专利转化率的相对性实证分析［D］. 广州：华南理工大学，2014：18.

❹　PAUL BURROWS, CENTO G. VELJANOVSKI. Introduction：The Economic Approach to Law［C］//PAUL BURROWS, CENTO G. VELJANOVSKI. The Economic Approach to Law. London：Butterworths, 1981：8.

参照已经完成谈判并真实履行许可义务（如支付许可费等）的涉案专利许可交易以确定赔偿金，同时法官还必须判断该许可费是否"明显不合理"。这一规定存在相当吊诡的局面：一方面适用"既成许可费"的法理基础决定了该计算方式的隐含举证门槛应非常严格及复杂，例如为了论证适用"既成许可费"的合理性，美国在一系列案例法中规定了严格的举证标准，包括该许可费必须（1）在侵权前支付，（2）由相当数量的被许可人支付以显示其费率的合理性，（3）一致，（4）不是在诉讼或调解威胁下所确定的，且（5）涵盖与讼争所涉同类权利种类或用途。❶ 对于确保许可价格的真实性和合理性，防止该计算方式被投机滥用，这些条件应是不言而喻的，无论中外。另一方面我国专利法对于合理许可使用费倍数计算方式的规定又过于原则抽象，缺乏指导性与可操作性。我国无论是 2000 年修正的《专利法》、2008 年修正的《专利法》，还是 2015 年 12 月发布的《中华人民共和国专利法修订草案（送审稿）》，对合理许可使用费倍数计算方式仅有高度概括的原则性规定："权利人的损失或者侵权人获得的利益难以确定的，参照该专利许可使用费的倍数合理确定。"虽然《最高人民法院关于审理专利纠纷案件适用法律问题的若干规定法释》（〔2015〕4 号）第 21 条对许可费的倍数规定了若干参考因素，包括"专利权的类型、侵权行为的性质和情节、专利许可的性质、范围、时间等因素"，但专利权的类型、侵权行为的性质和情节是所有赔偿计算方式的通用因素，专门适用于合理许可使用费倍数计算方式的因素仅有许可性质、范围和时间三个要素。而在司法实践中，在先许可与诉争中的专利使用在性质、范围、时间之外可能还存在许多差异，例如在先许可是一揽子许可，后案只涉及单个专利，例如在先许可是按入门费加抽成方式付费，而后案只涉及一次性收费等，要求法院参照不同许可交易条件下达成的在先许可价格确定赔偿基数实属挑战。除此以外，为了实现填平效果，使侵权人将侵权造成的外部成本内化，还需要确定许可使用费的倍数。新制度经济学派的鼻

---

❶ Mobil Oil Corp. v. Amoco Chems. Corp. , 915 F. Supp. 1333, 1342（D. Del. 1994）; Rude v. Westcott, 130 U. S. 152, 164-165（1889）.

祖诺斯认为制度的目的在于通过为人们提供日常生活的规则来减少不确定性，因此如果一项制度没有减少不确定性，那么它就是不健全的，甚至不能称为制度。❶现有法律原则的规定过于简单抽象，对解决以上问题没能提供清晰的思路，无法为司法实践中专利侵权损害赔偿金的认定减少不确定性，直接导致该计算方式在司法实践中的冷遇。

从其实施实效加以评估，在笔者统计的、北大法宝司法案例库公布的、自2009年1月1日至2015年9月4日共计318个发明专利侵权成立的一审案例中，共有13个原告主动要求适用此计算方式，最终只有4个案件的法官支持了这一计算方式，即该计算方式最终仅有1.3%的法官采纳率，在我国司法实践中长期处于"乏人问津、适用惨淡"的状态。与之形成强烈对比的是美国在2005~2014年，高达81%的专利侵权案件均采用合理许可费计算方式。❷

与合理许可使用费倍数计算方式司法适用现状相对应的是我国发明专利乏善可陈的转化率和低水平的专利商业价值：制度经济学强调，制度是决定经济增长的关键性要素，只有良好的制度才能激励人们进行投资和交易，社会资源才能配置到最有效率的用途上，❸然而2015年全国技术市场年度报告数据显示，2014年我国新增专利实施许可合同共计1 961件，❹而2014年我国有效专利总数相较于2013年仅增量就有447 367件，❺考虑到新增的实施许可合同有相当部分可能是基于2014年以前公布的专利，

❶　王磊，赖石成．中国经济改革过程中的制度分析——以诺斯的制度理论透视当下中国经济改革［J］．现代管理科学，2015（3）：42．

❷　PWC. 2015 PWC Patent Litigation Study［EB/OL］. https：//www. pwc. com/us/en/forensic-services/publications/assets/2015-pwc-patent-litigation-study. pdf. 2015-05/2016-03-30.

❸　马光荣．制度、企业生产率与资源配置效率——基于中国市场化转型的研究［J］．财贸经济，2014（8）：105．

❹　中国技术市场管理促进中心．2015年全国技术市场统计年度报告［EB/OL］. http：//www. chinatorch. gov. cn/jssc/tjnb/201508/933936c53a524c4ea2bca7e54b32b7f1. shtml，2015-08-04/2019-07-10.

❺　国家知识产权局．2014年专利统计年报——国内专利申请授权年度状况［EB/OL］. http：//www. sipo. gov. cn/tjxx/jianbao/year2014/b/b2. html，2016-03-20.

我国有效专利最终实施许可的比例应小于 4.38%。与此同时，由于专利侵权损害赔偿对讼争专利的潜在价值和许可具有"强烈的公示作用"，❶ 侵权赔偿水平对专利的商业价值也会产生重大影响。我国近年来已经成为专利申请第一大国，然而不可回避的是我国专利的商业价值尚处于较低的区间，只有 6.7% 的中国专利维持年限超过 10 年，❷ 借助简单的收益成本分析，这意味着我国绝大多数专利的商业价值在申请后的 10 年内甚至还不到人民币 16 300 元。❸ 基于以上数据，可以得出，我国现有专利合理许可使用费倍数计算方式未能在促进专利许可交易、提升专利商业价值方面发挥出理想的作用，其根源在于专利合理许可使用费计算方式在各国、尤其是发达国家的广泛适用不仅是因为"制度设计"，也在于运行的背景。一项用心良好的制度，如何避免"播下的是龙种，却收获了跳蚤"的局面，需要立法者和执法者从成本与效益的角度更全面地评估和衡量合理许可使用费倍数计算方式，充分考虑该制度得以有效执行的各要素，来确保法律运行的效果。

第三节　我国合理许可使用费倍数计算方式之成本

一、可能增加中短期内我国企业进行累积创新的成本

依据实证数据统计显示：在法院最终采纳许可费方式的 4 起案件中，法院支持金额与原告诉请金额之比为 79.4%，远远高于四种方式同类平均

---

❶ SCHMITT－NILSON A. The Unpredictability of Patent Litigation Damage Awards：Causes and Comparative Notes ［J］. Intellectual Property Brief，2012，3（3）：53.

❷ 国家知识产权局规划发展局 . 2013 年中国有效专利年度报告（一）［EB/OL］. http：//www. sipo. gov. cn/ghfzs/zltjjb/201503/P020150325527033534175. pdf，2013－12－05/2015－08－05.

❸ 按照 2008 年国家知识产权局发布的专利缴费指南可以得出专利年费 10 年内的维持成本在人民币 2445~16300 元，专利维持年费分为一般年费、减免 70% 年费标准和减免 85% 年费标准三档。http：//www. sipo. gov. cn/zlsqzn/sqq/zlfy/200804/t20080422_390241.html.

值或其他三类的同类平均值，合理专利许可费计算方式大幅度提升了原告所获得的赔偿，实质性增强了专利权的保护水平。然而基于我国的创新现状，司法政策的转向可能直接增加我国企业累积创新的成本。本书提及的累积创新（cumulative innovation）指后续发明人使用由一项有效专利覆盖的在先发明以进行研发的情形。❶ 基于宏观角度，依据世界银行统计的各国知识产权许可费国际收支最新数据，❷ 2005～2013 年，我国始终处于典型的"知识产权净进口国"地位且知识产权许可费逆差呈现不断扩大趋势；基于微观角度，依据国家知识产权局关于我国有效专利的统计数据，❸ 我国企业拥有的发明专利与国外企业拥有的发明专利相比呈现"双低"特征：我国企业有效发明专利数占我国有效专利总数的比重较低，同时我国企业长年限有效发明专利维持率较低。宏观与微观的双重数据体现：虽然我国某些行业的领军企业已经初步具备创新能力，但大部分企业仍处于跟随与模仿阶段，目前我国企业主流的创新模式属于累积创新；同时在我国市场上具备较高商业价值的核心专利、基础专利多被国外企业掌握，累积创新严重依赖国外专利，因此引进和运用国外专利的能力和成本对于我国企业的累积创新至关重要。许可费倍数计算方式的普遍适用可能推高许可费的水平，直接增加我国企业的累积创新成本。在通过许可交易合法运用专利的情况下，更强的专利权保护水平将减小许可人面临的来自被许可人的纵向竞争，同时将减小被许可人面临的横向竞争，从而可能进一步推高

---

　❶　OFER TUR-SINAI. Cumulative Innovation in Patent Law：Making Sense of Incentives [J]. IDEA：The Intellectual Property Law Review，2010（4）：731.

　❷　世界银行. 知识产权使用费，接受［DB/OL］. http：//data. worldbank. org. cn/indicator/BX. GSR. ROYL. CD/countries？page=1，2015-06-15. 世界银行. 知识产权使用费，支付［DB/OL］. http：//data. worldbank. org. cn/indicator/BM. GSR. ROYL. CD，2015-06-15.

　❸　国家知识产权局规划发展局. 2013 年中国有效专利年度报告（一）［EB/OL］. http：//www. sipo. gov. cn/ghfzs/zltjjb/201503/P020150325527033534175. pdf，2013-12-5/2015-08-05.

许可费成本。❶ 推广适用合理许可适用费倍数计算方式实质性增强了我国专利权的保护水平，进而可能推高专利许可费。鉴于在中短期内，我国都将是国际知识产权许可交易的净进口国，提升专利许可费水平最直接的受益人将是国外专利权人，而我国企业进行累积创新的许可费成本将实质性增加，这将减少我国企业从事累积创新获得的利润预期，因此可能减少我国企业的累积创新。

二、可能催生从事专利套利和投机的专利流氓

根据我国现有实证案例统计得出的结论，在采纳该方式计算损害赔偿的案件中，法院支持金额与原告诉请金额之比为 79.4%，法官均只给予权利人相当于专利许可费的赔偿，❷ 而并未真正支持三倍许可费。随着专利司法保护力度的增强，如果法官切实将三倍许可费的最高限额落地，权利人的诉讼赔偿预期将大幅度提升。与此同时，跨国企业在我国已经提前做好了缜密的专利布局，我国企业在高新技术领域专利布局处于劣势。在部分领域，国外拥有的发明专利数量占绝对优势。例如，在光学领域，国外拥有的发明专利数量达到国内的 2.1 倍，音像技术领域为 2.0 倍，运输领域为 1.9 倍；甚至在个别领域中，某一发达国家在我国的有效发明专利的数量就已超过国内所有专利数的总和，如光学领域日本企业拥有有效发明专利数量达到了我国企业的 1.4 倍。从维持 10 年以上的有效发明专利分布看，几乎所有领域，国外在华拥有量都是国内的数倍，甚至十几倍。❸ 在这一背景下，积极运用三倍许可费计算方

---

❶ NAGAOKA S. Determinants of High-Royalty Contracts and the Impact of Stronger Protection of Intellectual Property Rights in Japan [J]. Journal of the Japanese and International Economies, 2005, 19 (2): 233-254.

❷ 罗莉. 论惩罚性赔偿在知识产权法中的引进及实施 [J]. 法学, 2014 (4): 22-32.

❸ 国家知识产权局规划发展局. 2013 年中国有效专利年度报告（一）[EB/OL]. http: //www. sipo. gov. cn/ghfzs/zltjjb/201503/P020150325527033534175. pdf, 2013-12-05/2015-08-05.

式的预期将刺激更多的权利人积极维权，甚至可能改变权利人维权的策略与动机，正如美国一项调查体现的，美国的企业家反复提及柯达与宝利来一案的天价专利赔偿对其专利战略的重塑和影响。❶ 例如，近年来出现的专利流氓（patent troll），又被称为专利主张非实施体（Patent Assertion Entities），是近年来新出现的商业模式，它通常指某些并不实施其专利，而是通过其专利所有权收集许可费或基于侵权提起诉讼的非实施体（Non-Practicing Entities，NPE）。❷ 专利流氓可能给社会创新生态造成巨大的成本。首先，专利流氓造成的讼累将不合理地增加使用专利的争议成本（Dispute Cost）。在专利流氓的发源地美国，其提起的诉讼在2006~2010年每年平均造成800亿美元的损失，这些案件的被告均为在研发方面投入巨资的科技企业。❸ 一份分析报告指出，NPE构成了2012年美国立案的专利诉讼的大多数原告，❹ 而普华永道会计师事务所在其发布的《2013专利诉讼研究》中指出，2012年只有16%的最终判决涉及NPE；而在过去的10年里，NPE获得的专利赔偿的中位数（8 885 947美元）将近一般实施体（5 354 968美元）的2倍。❺ 此类数据反映出NPE的几大特征：NPE是造成讼累的重要原因，大部分NPE倾向于通过庭外程序解决争议，且NPE获得专利损害赔偿金的能力显著

❶ HALL B H, ZIEDONIS R H. The Effects of Strengthening Patent Rights on Firms Engaged in Cumulative Innovation: Insights from the Semiconductor Industry [J]. Entrepreneurial Inputs and Outcomes: New Studies of Entrepreneurship in the United States, 2001, 13 (3): 133-171.

❷ FORSBERGH. Diminishing the Attractiveness of Trolling: the Impacts of Recent Judicial Activity on Non-Practicing Entities [J]. Pittsburgh Journal of Technology Law and Policy, 2012, 12 (1): 158.

❸ BESSEN J E, MEURER M J, FORD J L. The Private and Social Costs of Patent Trolls [J]. Regulation, 2012, 34 (4): 26.

❹ JERUSS S, FELDMAN R, EWING T. The AIA 500 Expanded: The Effects of Patent Monetization Entities [J]. UCLA J. L. & Tech., 2013 (1): 21-22.

❺ PWC. 2013 Patent Litigation Study [EB/OL]. http://www.pwc.com/en_ US/us/forensic-services/publications/assets/2013-patent-litigation-study.pdf. 2015-08-06/2015-12-30.

强于一般实施体。对于 NPE 中专门以侵权诉讼为主要盈利模式的专利流氓而言，此类特征就更为明显。同时相当部分被告，即使最终在实体法上并不构成侵权，与进行结果不确定且耗时耗财的法院诉讼相比，出于性价比的考虑，往往选择接受调解，支付不必要的许可费。专利流氓提起的诉讼/许可费要求对科技开发者及专利实施体而言意味着不可避免的商业成本，减损了这些企业从科技投资、实施及商业化中获得回报的利润，进而实质性地降低了其研发动机。其次，对专利流氓的巨额赔偿无法反哺创新。据统计，在美国，被告和被许可人在 2011 年支付给专利流氓 290 亿美元的许可费，估计只有少于 2% 的费用回流至创新活动中，专利流氓从诉讼中获得的收益只有极小的一部分转移给了真正的发明人，这意味着被告企业所付出的专利使用成本（最终支付的专利赔偿金或许可费）大部分被专利流氓劫持，真正的发明人无法获得与其专利经济价值相匹配的、对研发动机的经济激励。这一资源分配结果无疑偏离了专利惩罚性损害赔偿制度的设置目的。不仅如此，专利流氓将间接损害社会的科技转移及专利商业化活动。例如，2000~2010 年，14 家在美国公开上市的专利流氓拥有总收入 76 亿美元，与这 14 家主体相关的专利诉讼却造成被告公司股票价值同期 876 亿美元的损失，股价的损失远超直接支付给专利流氓的损害赔偿金，意味着获胜专利流氓获得的经济回报只占被告企业损失收益的 10% 不到。巨额的股价损失必然导致对企业进行科技转移及专利商业化活动投入资源的挤占，对社会创新生态则意味着企业放弃科技转移及专利科技商业化可能带来的可观价值，并进一步导致消费者无法购买创新产品的价值损失，工人无法生产更具有生产力的产品而产生的工资损失等。此类局面将造成经济上的"无谓损失"（deadweight loss）并将极大损害社会的创新活动。❶ 鉴于跨国企业在我国已经提前做好专利布局，三倍许可使用费能够大幅提升诉讼预期

---

❶ EXECUTIVE OFFICE OF THE PRESIDENT. Patent Assertion and U. S. Innovation [EB/OL]. http://www. whitehouse. gov/sites/default/files/docs/patentreport. pdf. 2013 - 06/2015 - 06 - 17.

收益，在某些细分市场，对于某些"战略价值"很高的专利，诉讼预期收益加上排除竞争的收益将远大于许可合作机制下的收益，呈现出一种"赢者通吃"的状态。❶ 原始权利人最初可能仅出于防御目的集中专利组合，在产业成熟，我国加大损害赔偿执法力度后，可能为了追求市场的支配地位，把盾转换成矛以排除竞争；而在规则运用能力、举证能力、专利实施能力和专利诉讼技巧方面明显强于一般国内企业的专利流氓在国内也极有可能利用这一制度获利。这一局面将可能阻碍我国企业进行累积创新，不利于市场竞争并影响消费者福利。

三、可能导致心证的滥用

运用专利合理许可使用费倍数计算侵权损害赔偿金，必然需要对所涉专利的商业价值进行大致的评估。然而目前国内外尚未发展出一套公认且被广泛接受的专利价值评估标准，国内专利评估机构普遍缺乏权威性，其专利估值往往偏离专利真正的商业价值，甚至沦为权利人进行专利套现的作弊工具。据《科技日报》报道，天津滨海国际知识产权交易所作为我国首家知识产权交易所，在其知识产权质押融资过程中发现，由于专利估值是评估融资额的重要指标，融资额度通常是专利估值的50%以下甚至是10%，不少专利评估机构估值为迎合市场需要，存在虚高。有业内人士称，目睹过一款烤鸭炉的专利评估价值高达数亿元，明显超过其应有价值，"套现"目的明显。❷ 由于专利侵权损害赔偿对讼争专利的潜在价值和许可具有"强烈的公示作用"，❸ 侵权赔偿水平对专利的商业价值也会产生重大影响，在专利融资过程中出现的专利价值评估的技术难度及滥用倾向同样可能向司法区域蔓延。现行立法仅规定了基本原则而缺乏明确详细的确定指引，而发明专利基于其高速发展的科技

---

❶　PAIK Y, ZHUF. The impact of patent wars on firm strategy: Evidence from the Global Smartphone Industry [J]. Organization Science, 2016, 27 (6): 1397-1416.

❷　毛振华. "专利大国"遭遇"专利之痛" [N]. 科技日报, 2015-07-22.

❸　SCHMITT-NILSON A. The Unpredictability of Patent Litigation Damage Awards: Causes and Comparative Notes [J]. Intellectual Property Brief, 2012, 3 (3): 53.

特质也决定了专利价值的评估是一个动态、复杂的过程，需要法官了解技术背景、行业动态、基本的会计、金融与经济学知识。虽然我国知识产权庭的法官已经是法官序列里综合素质较高且年纪较轻的群体，但我国的法官遴选机制决定了现有法官的专业素质难以驾驭复杂的专利价值评估。不仅如此，即使美国对专利许可使用费的评估已经建立较为完善的 Geogia-Pacifc 评估要素体系，始终存在对该方式适用结果不一致、偏离专利实际价值的巨大争议，可以预计如果在我国广泛适用这一主要取决于法官专业素质和职业操守、具有极大心证弹性的方式，可能导致心证的滥用、选择性执法及判罚结果的缺乏一致性，甚至可能成为知识产权司法寻租的重灾区。

第四节　我国合理许可使用费倍数计算方式之收益

一、有效矫正法定赔偿占绝对主导造成的严重"补偿不足"

我国现有专利侵权责任体系属于补偿性质，这一性质试图通过赔偿使受害人恢复到未遭侵权以前的效用水平，意在"使受害人完好无损"。我国专利法虽已确立了四种确定补偿性赔偿金的计算方式，但在笔者统计的 318 个发明专利侵权成立的有效样本中，法定赔偿适用率高达 95%；虽然现有法定赔偿的判罚范围为 1 万~100 万元，样本统计中的发明专利侵权的法定赔偿平均值仅为 199 749 元，实际获赔额与起诉人索赔额的比例仅为 35.4%。假设发生在我国的发明专利侵权中，权利人因侵权所受损失平均为人民币 100 万元（假设此金额可以精确计算及举证），国内只有 10% 的权利人提出专利维权诉讼，❶ 同时必须考虑国内法官相对保守的法定赔偿水平造成的折价指数（体现在实际获赔额与起诉人索赔额的比例仅为 35.4%），据此：权利人维权预期赔偿=因侵权所

---

❶ 依据学者最新的实证数据，国内只有 10% 的权利人提出专利维权诉讼。参见：张维. 知识产权侵权获赔额整体偏低［N］. 法制日报，2013-04-18.

受损失 100 万元×权利人起诉概率 10%×法定赔偿折价指数 35.4% = 3.54
万元，预期赔偿仅仅是权利人实际损失微乎其微的部分。不仅如此，依
据我国现有举证规则，权利人的举证成本与难度高居不下，我国专利争
端法律服务市场又欠发达，导致我国专利诉讼的成本并不低，❶ 同时虽
然我国现行专利法规定：赔偿数额应当包括权利人为制止侵权行为所支
付的合理开支，但依据笔者的调研，我国法院对于该部分费用多采取保
守立场，如依据 2013 年厦门致公党《厦门市知识产权保护现状及对策
建议》的实地调研，作为我国知识产权示范城市厦门的专利案件管辖法
院，厦门市中级人民法院从未支持过专利侵权诉讼中胜诉原告的律师
费。因此，一旦案件涉及技术鉴定，扣除技术鉴定费用平均为 8 万~9 万
元/起案件，再扣除最基本的律师费用，权利人提起诉讼绝无可能实现
"使受害人完好无损"的局面。以上诸多要素决定了我国专利法定赔偿
制度在"使受害人完好无损"方面的运行效果差强人意，进而导致即使
专利侵权情况普遍存在，权利人提起维权诉讼的比例并不高；即便提起
维权之诉，单论维权成本与收益之比，往往是得不偿失的"赔本买卖"，
因此维权人的目的也不在于获得赔偿金，而在于驱逐竞争者。在法经济
学意义上，此类情形属于典型的履行差错比例低。"履行差错"是衡量
一国知识产权实施保护效果的重要指标，指的是已经得到补偿的（专利
侵权的）受害人在全部受害人中的比例。❷ 履行差错越低，意味着专利
司法保护的实施效果越差。因此，履行差错低将造成以下局面：由于预
期无法获得完全赔偿，相当部分权利人将选择放弃诉讼，相当于默许侵

---

❶　以专利案件中常见的技术鉴定为例，笔者在 2013 年厦门致公党《厦门市知
识产权保护现状及对策建议》调研过程中发现，整个福建省以及科技研发重镇深圳，
截至 2013 年年底，都尚未成立权威的、鉴定结论能为法院所广泛接受的专利技术鉴
定机构。由于技术问题与法律问题的难以剥离性，专利诉讼中需要专业技术鉴定具
有一定的普遍性。（如取样中涉及技术鉴定的比例）一旦专利争议需要进行技术鉴
定，必须要聘请北上广一线城市的鉴定机构，鉴定费动辄八九万元人民币起步。这
对于我国中小企业而言，实属不可承受之重。

❷　［美］罗伯特·考特，托马斯·尤伦. 法和经济学［M］. 史晋川，董雪兵，等
译. 上海：格致出版社，2012：243.

权人侵权，或者权利人因维权而受损。这种"越维权，越受损"的局面将极大地制约权利人对专利的价值实现，减损权利人进行研发投资及技术披露的动机，进而对我国科技创新活动的效率造成严重的负面影响。依据笔者实证统计，法官运用专利合理许可使用费倍数方式支持的赔偿平均值为人民币 2 257 000 元，实际获赔额与起诉人索赔额的比例为 79.4%，远超法定赔偿的保护水平；同时该计算方式能够突破法定赔偿 100 万元的上限，因此积极合理运用专利合理许可费用费倍数计算方式可以有效改善现有专利侵权严重补偿不足的现状，提升权利人对维权所获赔偿的预期，实质性加强专利权的保护水平，矫正 10% 的履行差错造成的效率损失。

二、积极引导侵权人采取合乎效率的非侵权决策

理想的损害赔偿金能促使侵权人将侵权行为导致的外在损害内部化，这就给侵权人采取合乎效率标准的决策提供了动力。合理许可使用费倍数计算方式将显著提升权利人的损害赔偿预期，间接提升权利人的维权动机，进而提升侵权成本，减少侵权预期收益，将引导侵权人采取合乎效率的非侵权决策。假设在时间 T 时，用户 U 有兴趣就某一特定发明专利 I 进行商业化，同时权利人 P 对该发明专利的许可持开放态度，且已与他人发生了真实的许可交易。因此 U 有三个选择：

（1）与 P 进行许可谈判，通过支付许可费等方式合法使用专利；

（2）基于该发明进行规避设计；

（3）未经许可使用该发明并承担侵权风险。

在我国现行震慑明显不足的法定赔偿制度下，选项（1）与选项（2）的成本极有可能远高于选项（3），因此用户具有极强的动机采取机会主义行为，绕过市场，通过承担低水平的法定赔偿金，未经许可使用发明，类似于某种意义上的"强制许可"。另外，权利人无法获得合理的赔偿，将严重影响其进行研发及商业转化的积极性，低水平的法定赔偿将造成国内创新生态整体的低效率。专利交易能否顺利发生取决于以

下三方面：执行的强度、权利的稳定性和信息披露的程度。❶ 合理许可使用费倍数计算方式能够显著提升权利人对损害赔偿的预期，实质性增强专利权的保护水平，提升司法执行强度；合理许可费倍数的计算基于业已发生的专利许可交易，该方法对已获得真实交易的专利商业价值给予司法的再次界定、确认与巩固，将增强权利的稳定性；除非涉及不公开审理的情况，规范意义上的合理许可使用费倍数计算方式需要权利人对专利许可交易的真实性、专利许可估值相关信息进行举证，法官需要对专利许可费是否"明显不合理"进行评估，被告也有权就许可费的"不合理"提出反证，例如举证行业平均利润率、许可率、被告自身的侵权所得或侵权行为利润率等，运用合理许可使用费计算的判决书将极大地充实我国专利许可交易的实证数据，提升信息的透明度。因此，合理许可使用费计算方式在三大维度上均能实质性地推动专利许可交易。可以预见，合理许可使用费倍数计算方式将大幅度减少由法官通过法定赔偿确定的事后"强制许可"，引导相关人更多地运用市场化的许可交易；鉴于合理许可使用费倍数基于真实的许可交易，最接近商业环境下平等主体自愿谈判的结果，许可费基数的确定最符合经济效率；同时倍数的裁量权目的在于使赔偿在最大程度上实现填平，确保其不因机会主义行为获利，引导使用人将侵权行为造成的损害内部化，转而选择许可或进行规避设计。一方面市场化的许可方式可以在确保权利人利益的同时促进技术的流动转移；另一方面规避设计能够促进使用人研发能力的提升。基于此，合理许可使用费倍数计算方式可能引导的两条路径更加符合专利法的立法目的，进而提升社会的整体收益。

三、间接促进我国许可服务市场的发展

专利实施许可是专利权实现其自身财产性价值的最主要途径，绝大部分获得推广的专利都是通过专利实施许可来实现的，权利人能够最大限度

---

❶　刘洋. 专利制度的产权经济学解释及其政策取向［J］. 知识产权，2009（3）：30.

地实现自身利益的手段就是进行专利实施许可。❶ 我国目前的专利实施水平却不尽如人意，据 2015 年全国技术市场年度报告数据显示，2014 年我国新增专利实施许可合同共计 1 961 件，而 2014 年我国有效专利总数相较于 2013 年增量为 447 367 件，实施许可的比例仅为 4.38%。我国专利许可率低下固然与我国专利质量较低、许可市场发展滞后、权利人拒绝许可的运用战略有关，侵权损害赔偿制度也将影响相关人进行专利许可的决策。基于下列利益相关人对适用合理许可使用费倍数计算方式的预期反应及社会福利变动分析表（见表 4-1）可以看出，与低水平的法定赔偿相比，经过真实许可交易的专利能够通过合理许可使用费倍数计算方式显著提升专利侵权赔偿预期，在一定程度上增强了专利权利人进行许可并进一步商业化的动机；运用这一方法需要许可人提供必要的证据证明在先许可交易的真实性以及许可定价磋商的细节，增强了许可人（权利人）优化、规范现有许可交易管理流程的动机；对于被许可人（潜在的侵权人）来说，一旦该专利已经发生真实的许可交易，意味着将适用远高于法定赔偿保护水平的合理许可使用费倍数计算方式，其损害赔偿预期将等于甚至大于合法进行许可交易的成本，潜在侵权人进行许可的动机也将大幅度提升，同时如果自身规避设计或独立研发的成本小于许可交易的成本，也将引导潜在侵权人进行独立研发；为了实现许可的利益最大化，许可人（权利人）和被许可人都将竭尽所能降低专利交易成本，❷ 催生减少许可市场信息不对称、增强专利流动性、为专利价值提供评估与咨询的各类专利许可中介机构，间接推动了国内专利许可市场的发展。

---

❶ 徐红菊. 专利许可法律问题研究［M］. 北京：法律出版社，2007：62.

❷ 此处的交易成本，是科斯的狭义交易成本理论意义上的交易成本，指的是进行一项市场交易所需的努力成本。交易有三个步骤。首先，需要寻找交易合作者。其次，交易必须是在交易双方之间进行的。最后，交易完成后它还必须执行。所以，交易成本包括：（1）搜索成本（search cost）；（2）谈判成本（bargaining cost）；（3）实施成本（enforcement cost）。R. H. COASE. The Problem of Social Cost［J］. Journal of Law and Economics，1960，3（1）：15. Cooter R，Ulen T. Law and Economics［M］. Upper Saddle River：Prentice Hall，2011：88-90.

表 4-1　利益相关人对适用合理许可使用费倍数计算方式的

预期反应及社会福利变动分析

主体 赔偿计算方式	许可人（专利权人）	被许可人（潜在侵权人）	专利许可中介机构
合理许可使用费倍数	提升专利价值↑ 增强专利许可动机↑ 增强专利商业化动机↑ 增强减少专利交易成本动机↑ 增强优化、规范现有许可交易管理流程动机↑	增强获得专利许可动机↑ 增强自身研发动机（如果自身研发成本小于专利许可成本）↑ 增强减少专利交易成本动机↑	市场需求增加↑

第五节　构建符合我国累积创新需求的合理许可使用费损害赔偿制度

在我国积极适用合理许可使用费倍数计算方式的利弊兼有，难分高下。如学者吴汉东所指出："是否保护专利权，给予何种水平的专利权保护，是一国根据其现实发展状况及未来发展需要而做出的公共政策选择与安排。"[1] 随着我国经济改革从需求侧向供给侧转变，国家大力倡导提高创新产品的转化率以更好地服务"大众创业、万众创新"，实证数据也表明自 2008 年以来，我国的专利实施许可已经实现从"低层次许可向中层次许可、从创新式模仿向模仿式创新的跃迁"，[2] 宏观政策与微观数据均迫切要求法官改变对法定赔偿的司法偏好，矫正司法保护中严重的赔偿不足，通过积极合理适用合理许可使用费倍数计算方式给予专利许可人充分保护，通过司法政策引导专利使用人更多地借助事先许可或自主研发的方式合法利用专利，并间接推动国内许可服务市场的发展。与此同时，考虑到

---

[1]　吴汉东. 利弊之间：知识产权制度的政策科学分析 [J]. 法商研究，2006（5）：6.

[2]　高锡荣，罗琳. 中国创新转型的启动证据——基于专利实施许可的分析 [J]. 科学学研究，2014（7）：996-1002.

我国法律实施过程中经常出现的"异化"特质，以及近年来出现的专利流氓商业模式可能对我国企业的累积创新造成不可预的社会成本，在运用合理许可费计算方式时应基于对我国战略利益和本土累积创新语境的清醒认识，以最小化该制度可能对我国社会福利产生的潜在成本为原则，从以下三个角度确立符合专利法目的、符合经济效率的专利合理许可费计算方式。

一、在先许可交易满足真实性审查时应默认适用合理许可费倍数计算方式

一项专利获得许可实施是体现其商业价值的重要途径。一项真实的、在权利人提起侵权诉讼前已经完成的专利许可交易（以下简称"在先许可交易"），其许可使用费水平由平等市场主体遵循意思自治达成，一方面最符合权利人对专利研发投资的预期回报，另一方面也能确保被许可人运用专利能够取得合理利润，基于这一基数的合理许可使用费倍数计算方式最符合真实市场条件下的谈判结果。我国专利司法保护现状反映出法院对适用合理许可适用费倍数计算方式持明显的保守立场，这部分归因于该计算方式运用的技术难度，更多地源于偏好法定赔偿的司法惯性及低赔偿水平的司法政策导向。随着我国经济发展方式加快转变，创新引领发展的趋势越发明显，国家大力倡导通过加大专利侵权行为惩治力度、规制专利滥用行为以实现专利制度激励创新的基本保障作用，迫切要求法官改变对法定赔偿的司法偏好及实施中严重的赔偿不足，通过积极适用合理许可使用费计算方式给予专利权人充分保护，通过司法政策引导专利使用人更多地借助事先许可或自主研发的方式合法利用专利，并间接推动国内许可服务市场的发展。因此，笔者主张只要在先许可交易满足真实性审查就应将合理许可费作为确定后案赔偿金额的默认基准，除非存在"明显不合理"的情况（详见本节第二目），否则不得适用法定赔偿计算方式。

与此同时，考虑到我国法律实施过程中经常出现的"异化"特质：法律被投机运用导致其实施效果偏离了立法者的原意，体现在合理许可使用费倍数的实证案例统计中，在9起原告主张适用合理许可使用费倍数计算

方式，而法官最终采用法定赔偿的案例中，有 5 起案件在许可交易真实性上存在瑕疵，真实性存疑的案件比例高达 56%，其中 4 起是许可合同未真实履行，1 起是交易双方存在关联关系。立法者原本希望通过参考在先许可交易的使用费标准简化赔偿基数的确定，使赔偿金额更符合双方谈判达成的真实交易水平，然而部分原告通过虚构许可交易、关联交易、夸大许可金额等方式投机取巧，基于此在适用合理许可使用费倍数计算方式时法官确应对在先许可交易进行审慎的真实性审查，具体应包含以下三点。

（一）对在先许可交易人关联关系的审查

如果交易相对人间存在关联关系，其确定的合同价款及合同履行条款将丧失意思自治、平等协商的基础，无法反映真实市场谈判中的许可价格，无法排除通过利益输送转移进行造假的可能性，从而失去了对后续案件侵权损害赔偿标准的参考价值。因此，法官应审查在先许可合同方之间的关联关系，具体可参考我国《公司法》第 216 条第 4 款关于关联关系的解释认定，即"公司控股股东、实际控制人、董事、监事、高级管理人员与其直接或者间接控制的企业之间的关系，以及可能导致公司利益转移的其他关系。但是，国家控股的企业之间不仅因为同受国家控股而具有关联关系"，同时应由案件被告对在先许可交易方之间存在关联关系承担举证责任。

（二）对在先许可费实际支付的审查

对于被许可人而言，支付许可费是最重要的合同义务。依据笔者实证统计，在 10 起原告主张适用合理许可使用费倍数计算方式，而法官最终采用法定赔偿的案例中，有 4 起案件原告未能提供许可费支付凭证而无法证明合同的实际履行，因此法官应着重审查在先许可费实际支付的证据，尤其是被许可方银行转账凭证，不能仅凭许可方单方开具的财务收款收据作为实际支付凭证；对于许可费率按照入门费加后续提升方式支付的，需要审查分次支付的证据。但需要强调的是，对于按照提成方式支付的许可费，其赔偿金计算方式也应按照相同方式确定，而不能将许可费简单地等同于已经支付的部分。

（三） 对在先许可合同备案的审查

虽然许可合同备案仅是合同对外公示效力的证据，不影响合同有效性，然而出于趋利避害的理性经济人考虑，为了更好地维护获得的被许可权利，被许可人具备极强的动机进行合同备案公示以防止第三人侵权，许可备案程序是证明许可人已经履行许可义务的重要证据，且许可合同备案无须额外费用并不会增加当事人的经济负担，因此许可合同是否备案也应当作为真实性审查的重要参考因素加以考虑。

二、构建确定"明显不合理"许可使用费上限的举证路径

我国专利法运用合理许可费计算方式的前提是存在"可参照的该专利许可使用费"，同时需要该专利许可使用费不得"明显不合理"，这要求法官对许可使用费的经济合理性进行实质性判定。确保经济合理性的第一步应排除"不可参照"的在先专利许可使用费情况，在商业实践中一般指在先许可为一揽子许可（license package），且未对后案被侵权专利进行单独定价的情况。另外，基于意思自治原则，既然权利人与第三人已达成真实的在先专利许可协议，这意味着该许可费对权利人来说必然是可以接受且合理的，因此专利法规定的"明显不合理"显然系针对后案被诉侵权人而言。此时法官实质上需要在一个假设的条件下：在被诉侵权人实施该专利前（甚至是在为实施该专利而投入任何沉没成本前）的正常的商业环境下，判定理性的被诉侵权人与权利人双方能够接受的许可价格，即假设谈判许可价格。鉴于许可使用费的形成应基于意思自治原则，且专利法仅对"明显不合理"的在先许可费排除适用，笔者主张司法应对许可定价心怀谦益之心，法官只需要对假设谈判许可价格的上限和下限做出一个粗略的判断即可。由于权利人与第三方的在先许可使用费一般属于商业秘密（除非上市公司具有强制的信息披露义务），一般只有权利人才能主张合理许可费计算方式并举证，基于趋利避害的经济理性，权利人主张的合理许可费必然不可能属于"明显不合理的低价"，否则其提出诉讼将会是明显的赔本买卖，因此权利人主动主张合理许可费并举证实质上已经替法官排除

了存在"明显不合理低价"的可能，法官只需确定"明显不合理高价"即可。许可费计价一般由两种方式确定：一次性支付（lump sum）及按件计算许可费。一次性支付多用于方法专利的许可，产品专利许可基本适用按件许可费的方式。一次性支付的许可费金额较为直观，在按件收取许可费的情况下，许可费由计价基数（一般系产品整体售价）乘以每件专利许可费率得出。基于理性经济人趋利避害的天性，被诉侵权人愿意为专利支付的许可费（率）必然小于其实施涉及专利之商业活动的实际利润（率）（需要强调的是该指标系被诉侵权人投入该专利及其他有形与无形财产、人力而获得的利润/利润率，被许可专利仅贡献了部分而非全部利润）。权利人有权要求法院对被诉侵权人进行"证据突袭"，即由法院对被诉侵权人进行账簿、财务账册、生产、制造、销售记录的证据保全，并指定独立第三方机构进行审计以确定被诉侵权人实施涉及专利之商业活动的实际利润（率）。如果被诉侵权人拒绝配合证据保全，或者无法就现有材料计算出实际利润（率），且被诉侵权人拒绝提供进一步资料，则由被诉侵权人承担不利后果，推定在先专利许可不存在使用费"明显不合理"的情况而直接适用在先许可使用确定的许可费（率）计算赔偿金。如果经审计得出在先许可使用费（率）高于被诉侵权人实施涉及专利之商业活动的实际利润（率），则该价格属于"明显不合理"而无法适用，仅能作为法定赔偿的参考要素之一。

三、对已经合法商业化的专利给予三倍许可费的保护

首先，只有通过合法商业化实现从技术到运用跨越的专利才能真正实现专利法保护的经济效能。本书运用的法经济学研究方法主张法律制度应追求社会经济效率，即专利法最重要目的应基于多个功利角度，包括保护专利权人合法权益、鼓励发明创造、推动发明创造的运用、提高创新能力以及促进科学技术进步和经济社会发展。专利法保护仅是推动创新的手段而非目的。基于这一宗旨，实现社会福利最优的专利法制度的目的应着眼于推动创新，即引导、保护、催化将有价值的新产品（包括产品和服务）引入市场的过程，包括从创意/概念构成阶段到在市场中成功地推出一项

全新或改进的产品，或是能够满足现有或潜在消费者明确或隐含需求的过程的成果，❶ 从而提升生产/服务效能，实质性地增加社会福利。如果一项专利被发明后始终束之高阁，或者仅作为防御性的技术被用以排除他人利用或单纯地收取许可费而不进行任何商业实施，无法真正实现专利法的社会经济效能。

其次，从专利价值评估角度，已经合法商业化的在先专利许可使用费对后案的参考价值更大。目前许可实践中最常见的专利价值评估方法为现金流折现法，即为未来的技术计算现有价值。一项专利越接近成为最终产品，对未来现金流的预估越现实合理。❷ 因此，当一项专利已经实质性地进行商业开发，其许可使用费更能够反映其合理价值，对后续案件的参考价值也越大。不仅如此，鉴于近年来兴起的专利流氓商业模式，如果一项专利仅经过许可而从未进行任何商业开发，应审慎对其进行三倍许可费保护。专利流氓具有极强的规则运用能力、举证能力、专利实施能力和专利诉讼技巧，其可能通过许可交易人为设置偏离专利价值的畸高许可费，并以此作为损害赔偿计算依据提出诉讼，据此将引发讼累、劫持本应归属于发明人的经济回报，并将间接损害我国企业的累积创新、科技转移及专利商业化活动，极大地损害社会的创新活动。因为一项专利的商业开发需要付出巨大的资本与人力投入，专利流氓基于成本核算的考虑不可能真正实施商业开发，一项已实质进行商业开发的发明专利基本可以排除其被专利流氓投机利用的可能。基于以上原因，笔者主张一项已经合法商业化的发明专利比未经商业化的发明专利更有价值，也值得更大力度的保护，具体落实到合理许可使用费倍数损害赔偿计算方式中，应对已经合法商业化并完成真实许可交易的发明专利给予三倍许可费的倾斜保护。

---

❶ KALANJE C M. Role of Intellectual Property in Innovation and New Product Development [EB/OL]. http://www.wipo.int/sme/en/documents/ip_ innovation_ development_ fulltext. html#inv, 2015-12-31.

❷ POTTER R H, KRATTIGER A, MAHONEY R T, ET AL. Technology Valuation: An Introduction [J]. Intellectual Property Management in Health and Agricultural Innovation: a Handbook of Best Practices, 2007 (1-2): 805-811.

最后，三倍许可费并未突破填平原则，只是对我国严重赔偿不足的矫正。有学者认为三倍许可费突破了补偿性赔偿的填平原则，"比国际规则明显是重了"。● 然而国家知识产权局在官方的《新专利法详解》中澄清："从人大常委会立法过程中的考虑因素看，规定参照许可使用费的倍数来确定赔偿额，其本意并非要突破我国民事侵权理论中有关损失赔偿的'填平'原则，转而对侵权人实行'惩罚性'赔偿原则，而是在于如果仅仅按照许可使用费的一倍来确定赔偿额，则还不足以达到'填平'专利权人所受损失的程度"。● 同时在专利许可实践中，理性的经济人不可能将从事一项商业开发的全部利润都用以支付许可费，许可使用费必然小于被诉侵权人从事侵权行为所获利润，将许可费乘以一定的倍数只是接近"非法获利赔偿的一个变形"。● 不仅如此，实证数据亦显示我国专利侵权赔偿在"填平"的实施效果方面差强人意，在司法实务中即使许可费乘以三倍也无法完全填平侵权人非法获利，例如，在（2010）南市民三初字第 240 号判决书中，原告专利以普通许可方式许可给第三人的专利使用费为每年100 万元。被告从 2005 年起即开始生产、销售包含所涉专利的产品，至起诉时已经生产了将近五年。原告主张按其普通许可给第三人的专利使用费为每年 100 万元的三倍计算赔偿数额，请求赔偿 300 万元。虽然法院完全支持了原告的诉请金额，但综合考虑本案专利为药品的发明专利，专利许可为普通许可，专利许可使用年费为 100 万元，被告侵权时间将近五年，且被告在本院实施证据保全时拒不提供生产、销售和财务文件，可以合理推断三倍法定许可费小于其侵权获利，不足以完全补偿权利人。理论与实证数据均表明即使将许可费乘以三倍，也仅是对我国司法实施中严重补偿不足的一个矫正，而非矫枉过正，其最终金额仅是接近"因侵权获利"的水平，而不具有惩罚性质。

● 汤宗舜. 专利法教程［M］. 北京：法律出版社，2003：245.

● 国家知识产权局条法司. 新专利法详解［M］. 北京：知识产权出版社，2001：340.

● 和育东，石红艳，林声烨. 知识产权侵权引入惩罚性赔偿之辩［J］. 知识产权，2013（3）：56.

在司法实践中给予合法商业化的专利三倍许可费保护需要判定何谓"专利的商业化"。虽然各类学术及商业文献中频频提及"商业化",这一词汇其实缺乏一个广泛认可的精准定义,国内学者将其定义为"由专利研发和产品应用组成的价值实现过程",❶国外学者将其定义为"企业将新科技整合进用以市场销售或使用的产品、流程和服务而从创新中获利的尝试"。❷定义虽各有不同,但始终强调"价值实现"。在给予三倍许可费司法保护的司法审查中,权利人自身的商业化活动或在先被许可人的商业化活动都应视为专利商业化的证据。在商业实践中,一项产品的商业化流程大致包含三部分:制造前阶段(包含收集市场情报、确认商业化机会以及实验生产流程);市场投放阶段以及大规模制造阶段。❸在这一流程中,专利必须从单纯的技术方案转化为某种程度上可加以市场化的具体应用方案,必须购买或租赁能够大规模生产的设备,搭建市场销售渠道,最终消费者才可能知悉这一新产品的存在从而进行购买,而每一个阶段的推进都要求巨大的资本及人力投入。❹这也正是被称为死亡之谷的困难阶段,对进行这部分巨大投入的企业应对其商业化成本加以补偿。由于制造阶段的收集市场情报、确认商业化机会本身需要的资本与人力投入不高,且专利非实施体较容易规避,甚至伪造此类证据,因此笔者主张当权利人能够举证某项专利已经进入实验生产阶段即应认定为该专利已经合法商业化,当该专利越接近投入市场的最终产品,从专利许可费倍数计算方式中就应获得越大的保护,应该说这一计算方式是对成功实现发明+商业化的权利人的褒奖,是锦上添花而非雪中送炭。

---

❶ 陈朝晖,谢薇. 专利商业化激励:理论,模式与政策分析[J]. 科研管理,2012,33(12):110.

❷ UNITED STATESCONGRESS, OFFICE OF TECHNOLOGY ASSESSMENT. Innovation and Commercialization of Emerging Technologies [M]. Office of Technology Assessment,1995:22.

❸ WEBSTER E, JENSEN P H. Do Patents Matter for Commercialization? [J]. Journal of Law and Economics,2011,54(2):431-453.

❹ OSENGA K. Formerly Manufacturing Entities:Piercing the Patent Troll Rhetoric [J]. Conn. L. Rev. ,2014,47(2):445-446.

第六节 本章小结

如前文所分析，专利合理许可使用费倍数计算方式能够有效矫正我国现行司法实践中专利侵权法定赔偿占绝对主导造成的严重"补偿不足"，引导侵权人采取合乎社会总体效率的非侵权决策，并间接推动我国许可服务市场的发展；对部分权利人投机利用该计算方式可能造成的"实施异化"成本的质疑，不可混同为对该计算方式的否定。然而该计算方式最终能否在我国实现社会福利最优的实施效果，有赖于立法者基于对我国战略利益和本土累积创新语境的清醒认识，在先许可交易满足真实性审查时应默认适用合理许可费倍数计算方式，构建确定"明显不合理"许可使用费上限的举证路径，对已经合法商业化的专利给予三倍许可费的保护，最大程度地减少该制度的实施成本，实质性提升创新产品的转化率以更好地服务"大众创业、万众创新"的国家战略。

第五章　我国专利侵权损害赔偿因侵权获利计算方式的法经济学研究

我国专利法规定的因专利侵权所获得的利益之赔偿计算方式（以下简称"因侵权获利"），指在权利人因侵权所受到的实际损失难以确定时，通过剥夺侵权人因侵犯专利权行为所获得的利益而实现的、第二适用顺位的损害赔偿计算方式。与传统侵权造成的利益零和关系不同，由于专利的实施不以对实物的排他占有为基础，专利侵权的结果可以表现为侵权人因侵权而受益，权利人则既可能因侵权而受损，也可能不受影响，甚至可能因侵权而获益。受益型侵权行为对救济制度提出了新的要求，并据此发展出"因侵权获利"损害赔偿计算方式。若以侵权获利作为侵权赔偿的计算方式，从权利人的角度看属于"利润返还"，从侵权人的角度看属于"利润剥夺"，二者分别对应英美法中的"unjust enrichment/restitution"及"disgorge or strip the gain"。❶ 因侵权获利计算方式在权利人未对专利进行商业化而无法举证因侵权受损时是理想的推定替代计算方式，同时运行良好的因侵权获利计算方式能够有效剥夺侵权获利，进而抑制侵权动机，震慑侵权行为。然而在现行司法实践中，因侵权获利计算方式在增加权利人举证负担的同时对权利人严重补偿不足，因侵权获利计算方式的预期可能引导侵权人选择不符合社会整体效率原则的造假决策，法院对因侵权获利

---

❶　胡晶晶. 知识产权"利润剥夺"损害赔偿请求权基础研究 [J]. 法律科学（西北政法大学学报），2014（6）：113.

必然涉及的技术分摊问题普遍缺乏清晰说理及严谨论证。因侵权获利这一第二适用顺位的损害赔偿计算方式为何在司法实践中备受冷遇？在现阶段我国企业管理不规范、社会诚信度不高的背景下适用因侵权获利计算方式会滋生何种成本？如何解决因侵权获利计算方式中必须直面的利润贡献率问题？如何提高法院证据保全的执行力度以确保因侵权获利审计的准确与科学？我国现有因侵权获利计算方式是否实现了专利法预期的立法目的，换言之，该计算方式的司法运行现状是否有效？学界对上述关键问题的探讨大多止于理论分析而鲜有实证研究。笔者拟以 2009 年 1 月 1 日至 2015 年 9 月 4 日期间审结的、法院一审认定侵犯发明专利权成立、适用因侵权获利计算方式的案例为统计对象，基于案例实证分析对我国专利因侵权获利计算方式的运行实效进行收益成本分析，以构建"最小化事故成本、最大化社会福利"为原则的因侵权获利适用体系作为建言重点，以期为我国专利公共政策的制定和当前正在进行的最新一轮专利法修订提供理论依据及政策指引。

第一节　引言

我国虽然在 2000 年修订的《专利法》中确认了因侵权获利计算方式，但国内学界鲜有专门以这一计算方式为主题的研究，目前国内尚未出现专门针对这一计算方式的有效性分析及法经济学分析。虽然因侵权获利计算方式起源较早，但在国外这一计算方式长期以来并不为权利人所重视，由于技术分摊认定的技术难度，美国已于 1946 年专利法正式废除了发明专利的因侵权获利计算方式，目前仅对设计专利保留这一计算方式；德国的因侵权获利计算方式虽然历史悠久，但由于侵权人提供的营业利润一般极少甚至根本没有盈利，专利权人又无权核查侵权人的财务资料，这一计算方式无法为权利人提供充分的保护因此并不受重视；日本 1959 年即确立了将侵权人的利益"推定"为权利人请求的因侵权获利计算方式，在 20 世纪 60~90 年代该方式得到广泛运用，但在 1998 年专利法正式引入因侵权所失利润计算方式后，因侵权获利计算方式逐渐式微；英国的因侵权获利计算方式虽然法院发源较早，但在 1919 年被废除，1949 年方重新写入英国专利法，1994 年标志性的 Dart Industries v. Décor Corp 一案中法院表明，即使被告无效率地运用专利导致未能赚取利润，专利权人也必须接受这一不利局面，因此该计算方式在英国同样并不受权利人欢迎。❶ 国内关于因侵权获利计算方式的研究主要集中在以下几个方面。

一、因侵权获利的法理基础

国内目前对侵权获益的法理基础尚存在争议。张晓霞认为在客观权利范围内，侵权损害赔偿与不当得利均是因侵权获利返还的请求权基础，两者形成竞合；对超出客观利益部分的侵权获利，建议明确以惩罚性赔偿为请求权基础而否定无因管理制度的准用。❷ 对此，胡晶晶提出了针锋相对的反对意见：其认为将"因侵权获利"推定为"实际损害"缺乏合理的理论基础，因为利润剥夺的前提是侵权行为成立，但在侵权法框架下无法以不当得利返还作为救济方式，并且从因侵权获利中区分出不当得利在计算上难以实现；无因管理旨在维护公序良俗，与利润剥夺的预防功能无法契合；利润剥夺独立说缺乏充分的必要性以及合理的法理基础。❸

二、比较研究

张晓霞对德国的判例和日本法律进行了比较研究，着重探索因侵权获利返还的理论基础。❹和育东介绍美国废除专利侵权非法获利赔偿计算方法的背景，探讨了专利法上的重要命题：技术分摊的不可能性。❺ 刘劲松介

---

❶ 和育东. 专利侵权损害赔偿计算制度：变迁，比较与借鉴 [J]. 知识产权，2009（5）：7-18.

❷❹ 张晓霞. 侵权获利返还之请求权基础分析——以第三次修订的《专利法》第 65 条为出发点 [J]. 知识产权，2010（2）：52-57.

❸ 胡晶晶. 知识产权"利润剥夺"损害赔偿请求权基础研究 [J]. 法律科学（西北政法大学学报），2014（6）：113-120.

❺ 和育东. 专利侵权赔偿中的技术分摊难题——从美国废除专利侵权"非法获利"赔偿说起 [J]. 法律科学（西北政法大学学报），2009（3）：161-168.

绍了《日本特许法》中关于所得利益的制度并与我国因侵权获利制度进行比较。❶ 赵歆与刘晓海则详细介绍了加拿大计算侵权获利规则的立法背景及发展历程、特征、经典案例及适用条件，指出我国应借鉴加拿大侵权获利制度中的差额利润法与实际利润规则。❷

三、对因侵权获利的制度建议

胡晶晶建议将利润剥夺并入法定赔偿，作为法官确定赔偿额的重要考察因素。❸ 崔志刚、全红霞提出因侵权获利可能造成显失公平的情况，据此建议通过利润分割以平衡权利人、侵权人与社会之间的利益。❹ 和育东则将以引入市场分析法以确定原告经济损失，同时应规范技术分摊原则。❺

总体而言，因侵权获利在我国属于鲜少人关注的小众研究领域，一般仅在专利侵权损害赔偿或者知识产权侵权损害赔偿的综述研究中附带提及，而鲜少专门研究。该领域最大的争议在于该计算方式可能造成的超出客观利益的部分应如何定性，并进而演变出其法理基础的侵权损害赔偿、不当得利与无因管理之争。然而在国内专利领域适用因侵权获利是否会造成"超出客观利益"的过度赔偿，学者仅依赖经验进行预判而缺乏必要的实证数据分析，笔者力图通过实证研究以弥补该部分的研究空白。

---

❶　刘劲松．专利侵权损害赔偿的计算方法研究［D］．广州：华南理工大学，2012：26-27.

❷　赵歆，刘晓海．加拿大专利赔偿案件计算侵权人利润法及启示［J］．科技管理研究，2014（20）：142-147.

❸　胡晶晶．知识产权"利润剥夺"损害赔偿请求权基础研究［J］．法律科学（西北政法大学学报），2014（6）：113-120.

❹　崔志刚，全红霞．知识产权赔偿中"侵权人获利"标准的思考［J］．科技与法律，2007（4）：41-45.

❺　和育东．专利侵权赔偿中的技术分摊难题——从美国废除专利侵权"非法获利"赔偿说起［J］．法律科学（西北政法大学学报），2009（3）：161-168.

第二节　我国专利因侵权获利计算方式的实施现状

补偿性赔偿是大陆法系侵权赔偿的基石，我国专利法对侵权计算方式顺位的规定也明确体现我国专利侵权赔偿遵循的是以"填平"为目的的补偿性赔偿立法意旨。在我国专利法体系中，因侵权获利计算方式是在权利人因侵权所受到的实际损失难以确定时，通过剥夺侵权人因侵犯专利权行为所获得的利益而实现的、第二适用顺位的损害赔偿计算方式。依据因侵权获利计算方式之立法意旨，该计算方式在权利人未对专利进行商业化而无法举证因侵权受损时是理想的推定替代计算方式，同时运行良好的因侵权获利计算方式能够有效剥夺侵权获利，进而抑制侵权动机，震慑侵权行为。法律经济学"着眼于未来"的特征强调："法律的价值最终必须按照它在实现其目标方面的成功来评价，而不纯粹以它的形式的法律结构来判断。"❶ 我国专利损害赔偿因侵权获利计算方式无论是从其形式的法律结构，抑或按照其在实现其目标方面的实效来评估，都未能完全实现其应有的目标价值。

按照其法律结构形式进行评估，我国 2015 年修正的《最高人民法院关于审理专利纠纷案件适用法律问题的若干规定》第 20 条第 2 款规定：侵权人因侵权所获得的利益可以根据该侵权产品在市场上销售的总数乘以每件侵权产品的合理利润所得之积计算。"合理利润"这一要求即隐含对该计算方式运用技术分摊规则的要求。技术分摊规则指按照特定专利对最终产品利润的贡献比率来计算专利侵权损害赔偿数额，该规则是运用因侵权获利计算赔偿金额的合理性基础。《最高人民法院关于审理侵犯专利权纠纷案件应用法律若干问题的解释》第 16 条进一步为技术分摊提供了法律依据："人民法院确定侵权人因侵权所获得的利益，应

---

❶　PAUL BURROWS, CENTO G. VELJANOVSKI. Introduction：The Economic Approach to Law ［C］//PAUL BURROWS AND CENTO G. VELJANOVSKI. The Economic Approach to Law. London：Butterworths，1981：8.

当限于侵权人因侵犯专利权行为所获得的利益；因其他权利所产生的利益，应当合理扣除。"技术分摊涉及的技术分析、价值评估的操作难度及"技术分摊量化不可能"的理论争议正是 1964 年美国专利法废除因侵权获利作为专利侵权赔偿计算方式的主要原因。近年来随着专利池及标准组织的兴起，越来越多的科技产品涉及一揽子专利，这越发加大了在多重专利产品中进行技术分摊的难度。然而作为适用因侵权获利计算方式的重要配套规则，立法对技术分摊原则的规定过于粗放随意，缺乏具有可操作性及指导意义的科学适用指南，无法为司法实践中专利侵权损害赔偿金的认定减少不确定性，直接导致该计算方式在司法实践中的冷遇。

从其实施实效进行评估，在笔者统计的、北大法宝司法案例库公布的、自 2009 年 1 月 1 日至 2015 年 9 月 4 日共计 318 个发明专利侵权成立的一审案例样本中，共有 35 起案件的原告提出应以因侵权获利计算方式计算损害赔偿，即有 11% 的原告主张这一计算方式；而只有 9 个案件的法官最终支持了这一方式，即该计算方式仅有 2.8% 的法官采纳率；样本统计中采纳因侵权获利计算方式的发明专利侵权的赔偿平均值为 1 293 404元，法官对原告主张的支持率均值为 58.4%，远高于法定赔偿 35.4% 的支持率均值（见表 5-1）。从案例统计可以看出，作为法律规定适用顺位第二的计算方式，虽然有相当的原告主张适用因侵权获利计算方式，但法官最终的适用率极低；因侵权获利计算方式在侵权赔偿保护力度方面远远超过法定赔偿。

表 5-1　侵权法定赔偿与因侵权获利计算方式之比较

计算方式 比较参数	法定赔偿	因侵权获利
侵害发明专利赔偿额平均值/元	199 749	1 293 404
侵害发明专利案件中法官对原告主张赔偿的支持度均值	35.4%	58.4%

资料来源：北大法宝，中国自 2009 年 1 月 1 日至 2015 年 9 月 4 日审结之侵害发明专利一审案件。

与因侵权获利计算方式"获利剥夺"立法意旨相对应的是我国专利重复侵权现象的屡禁不止。虽然缺乏实证数据，2015 年 12 月公布的国家知识产权局关于《中华人民共和国专利法修订草案（送审稿）》的说明中明确指出，在开展"打击侵犯知识产权和制售假冒伪劣商品"专项行动过程中，发现专利侵权现象较为普遍，特别是群体侵权、重复侵权较为严重，加之专利权无形性和侵权行为隐蔽性的特点，导致专利维权举证难、周期长、成本高、赔偿低、效果差，使我国一些创新型企业处境艰难。这些企业既难以从创新中获利，也难以在竞争中获得优势地位。专利保护不力严重挫伤了我国企业的创新积极性，甚至导致部分企业丧失了对专利保护的信心。基于以上数据及分析，我国现有因侵权获利计算方式未能在确保权利人"完好无损"，通过非法获利而抑制侵权动机方面发挥出理想的作用。

第三节　我国因侵权获利计算方式之收益

一、在权利人未对专利进行商业化时能够带来更大的社会福利改善

补偿性赔偿是大陆法系侵权赔偿的基石，我国专利法对侵权计算方式顺位的规定也明确体现我国专利侵权赔偿遵循的是以"填平"为目的的补偿性赔偿立法意旨，因此权利人因侵权所受损失应是专利侵权损害赔偿最恰当的计算方式。2015 年 2 月 1 日起施行的《最高人民法院关于审理专利纠纷案件适用法律问题的若干规定》第 20 条规定：权利人因被侵权所受到的实际损失可以根据专利权人的专利产品因侵权所造成销售量减少的总数乘以每件专利产品的合理利润所得之积计算。权利人销售量减少的总数难以确定的，侵权产品在市场上销售的总数乘以每件专利产品的合理利润所得之积可以视为权利人因被侵权所受到的实际损失。这一计算方式的前提是存在"专利权人的专利产品"，然而并非每项专利最终都能实现从技术到运用的跨越，一方面在产品的商业化流程中，每一个阶段的推进都要

求巨大的资本及人力投入，另一方面由于现有评估体现注重专利开发而非专利应用，许多专利并不具备商业价值，导致我国的专利利用率很低，只有5%，而日本为27%。❶ 如果权利人未对专利进行商业化，也就失去了侵权所受损失及合理许可使用费计算方式的适用基础，此时对侵权损害赔偿涉及的相关主体进行收益成本分析可以得出，与适用法定赔偿相比较，因侵权获利方式能够带来更大的社会福利改善（见表5-2）。在权利人未进行专利商业化的情况下，与适用法定赔偿相比较，因侵权获利方式将显著提升权利人的侵权赔偿额预期，矫正法定赔偿造成的严重赔偿不足及低水平履行差错，进而间接地增强对权利人专利技术开发及技术披露的动机；与此同时，侵权人的侵权成本将上升，预期侵权收益下降，虽然侵权人个体非效率行为受损，但能够有效震慑侵权行为，社会整体也将因此受益。然而值得注意的是专利流氓商业模式也将从因侵权获利计算方式中获益，进而可能稀释运用因侵权获利计算方式的社会福利改善。

表5-2　利益相关人对适用因侵权获利计算方式的预期反应及社会福利变动分析

统计指标 / 所涉及主体	对适用因侵权获利计算方式的预期反应及社会福利变动
直接进行研发的非实施体	1. 对专利权的保护、排他性增强，创新预期收益增加→激励研发动机，促进科学进步和创新（+） 2. 许可谈判中的影响力增加，许可费增加→激励研发动机及专利推广应用（+） 3. 诉讼潜在收益增加，维权动机增加→矫正履行差错，激励研发动机（+）
通过收购、许可等方式间接获得专利的专利流氓	1. 对专利权的保护、排他性增强，但该部分收益被专利流氓所劫持（-） 2. 诉讼潜在收益增加，维权动机增加（-）
侵权人	侵权成本上升，预期侵权收益下降→震慑侵权行为，有效矫正履行差错带来的社会效率损失→个体非效率行为受损，社会整体受益（+）

---

❶ OECD. OECD Economic Surveys: China 2015[EB/OL]. http://dx.doi.org.10.1787/eco.surveys-chn-2015-en, 2015-03/2016-02-20.

二、理想的因侵权获利剥夺能够抑制侵权动机

侵权法的经济分析理论认为，最小化事故的总体成本是侵权法最重要的目标，而事故整体成本的降低主要通过震慑以及损失平摊实现，赔偿本身并非目的，而仅是实现成本削减目的的手段。❶ 损害赔偿意义上的震慑指不得不支付损害赔偿的预期将对未来类似情况的当事人行为产生的影响。❷ 经典经济分析理论指出：当被告可能从其所造成的损害中逃脱责任时，损害赔偿的适当数量，即实现适当震慑的损害赔偿幅度应是被告已经造成的损害，乘以反映其逃脱责任概率的乘数。❸ 如果行为人从侵权行为中无利可图，甚至还需付出一定的代价，则能够有效地抑制侵权动机，预防侵权行为产生，因侵权获利计算方式依据的规范性基础正根源于此。依据笔者实证统计，与法定赔偿相比，因侵权获利计算方式对侵权人显然能够实现更加有效的震慑与预防功能：在笔者统计的有效案例样本中，因侵权获利计算方式案件中法官对原告主张的支持度均值为83.3%；鉴于国内只有10%的遭受侵权行为的权利人提出专利维权诉讼，❹ 假设我国专利侵权案件中，侵权人因侵权行为获利平均值为人民币100万元（假设因侵权获利可以精确计算及举证），如前所述我国专利侵权的履行差错约为10%（这意味着侵权人逃脱赔偿责任的概率只可能等于或大于90%），以及司法机关在因侵权获利计算方式适用保护水平造成的折价指数（体现法官对原告主张的支持度均值为58.4%），相当于在履行差错的基础上再次打折，据此：

侵权人预期赔偿＝因侵权获利100万元×履行差错10%×因侵权获利司法折价指数58.4%＝5.84万元

---

❶ CALABRESI G. The Cost of Accidents：A Legal and Economic Analysis ［M］. Yale University Press，2008：24-25.

❷ POLINSKY A M，Shavell S. Punitive Damages：An Economic Analysis ［J］. Harv. L. Rev.，1997，111（4）：869.

❸ Id.，p. 874.

❹ 张维. 知识产权侵权获赔额整体偏低 ［N］. 法制日报，2013-04-18.

虽然因侵权获利计算方式比法定赔偿能够实现更大的震慑和预防效果，但考虑到我国目前严重的履行差错以及因侵权获利极低的适用率，因侵权获利预期赔偿仍是其侵权所获利益微乎其微的部分。只要侵权人自主研发/获取许可/转而利用次优的、不侵权的技术的成本大于预期赔偿，侵权人就不会有足够的动机放弃侵权，因为放弃侵权的成本将远超平均因侵权获利赔偿预期。不仅如此，因为侵权人只需为100万元的损害平均支付5.84万元的赔偿，且侵权人无须承担分毫研发成本，侵权人即使将反映预期赔偿的这一小部分成本体现在价格上，其价格仍极具优势，会吸引消费者购买更多侵权产品，这一恶性循环导致侵权人放弃侵权的动机不足，而未来再次侵权的动机过多，因此重复侵权、群体侵权、恶意侵权屡禁不止。为了弥补震慑不足的问题，理想的因侵权获利损害赔偿应增加到这样的程度：应使侵权人将其造成的损害内部化，震慑潜在的侵权并引导其采取总体社会收益更高的决策，具体而言，理想的损害赔偿应考虑现行司法保护水平的折价指数以及履行差错，使侵权赔偿等同于或至少接近因侵权获利，从而提高被告为其已经造成的损害支付的赔偿平均数并一定程度上接近实现社会理想的预防和参与风险活动的水平，有助于实现对侵权人潜在侵权行为的有效震慑。

第四节　我国因侵权获利计算方式之成本

鉴于现行司法解释已实质性降低因侵权所受损失计算方式的举证负担，因侵权获利作为因侵权所受损失的推定计算方式，其适用空间受到极大挤压。许多制度设立之初的实施收益都已不复存在，相反该计算方式将滋生诸多实施成本。

一、可能引导侵权人选择不符合社会整体效率原则的决策

如学者吴汉东所指出："是否保护专利权，给予何种水平的专利权保

护，是一国根据其现实发展状况及未来发展需要而做出的公共政策选择与安排。"❶ 因侵权获利作为专利侵权损害赔偿的重要计算方式，是否能够实现专利法意图实现的立法目的，必然受制于我国企业的经营规范程度、经营诚信程度以及市场发展业态。已有学者通过实证统计指出，中小企业普遍存在为了偷税、漏税故意造假账导致证据链不完整的现象，从而无法适用侵权人所获利润规则计算赔偿额。❷ 深圳中院也曾经尝试聘请会计师等共同参与对财务账册等的证据保全，但在原告申请启动保全程序后，查封到的账册普遍存在残缺、虚假的情况，不能直接反映侵权产品的销售数量和侵权利润。权利人在此情形下也只能无奈放弃以被告的财务账册作为赔偿损失的依据。❸ 在笔者统计的适用因侵权获利计算方式的（2011）浙绍知初字第 175 号判决书中也体现，在法院向绍兴县工商局调取的被告 2010 年、2011 年年检资料中记载的金额与被告的国税部门增值税专用发票上载明的数额不符，存在年检中隐瞒真实情况、弄虚作假的可能性。在这一大背景下，我国除了对流通股股东持有强制财务披露义务的上市公司，以及重大项目公开投标文件公示中所显示的企业营业利润或销售利润具有相当的客观性与真实性，其他情况下由侵权主体主动展示的财务文件在客观性与真实性上均存在一定疑问。而在上市公司信息披露的实务操作中，其公开的财务报表一般仅涉及成本、费用、现金流等整体性的财务数据，专利权人无法从中获知具体每一项侵权产品的销售

❶ 吴汉东．利弊之间：知识产权制度的政策科学分析 [J]．法商研究，2006（5）：6．

❷ 贺宁馨，袁晓东．我国专利侵权损害赔偿制度有效性的实证研究 [J]．科研管理，2012（4）：127．

❸ 广东省高院课题组．关于探索完善司法证据制度破解知识产权侵权损害赔偿难的调研报告 [EB/OL]．http：//www. gdcourts. gov. cn/ecdomain/framework/gdcourt/lgedih-gbabbebboelkeboekheeldjmod/jldinjpmabbgbboelkeboekheeldjmod. do？isfloat = 1&disp_template = pchlilmiaebdbboeljehjhkjkkgjbjie&fileid = 20141107175330766&moduleIDPage = jldinjpmabbgbboelkeboekheeldjmod&siteIDPage = gdcourt&infoChecked = 0&keyword = &dateFrom=&dateTo=，2014-11-07/2016-02-01．

量和利润。❶ 因此，在因侵权获利计算方式的司法实务中，除非侵权人系具有财务披露义务的上市公司，或者因侵权获利的信息可以通过重大项目公开投标文件公示获得，其余情况下因侵权获利的信息都有赖于法院的证据保全以及侵权人慑于证据不利推定原则而主动提供。在这一情况下，侵权人有若干选择：

（1）提供真实账簿；

（2）提供虚假营业利润信息；

（3）不提供任何信息而由法院适用证据不利推定原则。

基于趋利避害的经济人本能，除非原告的诉求金额小于侵权人的赔偿容忍范围，侵权人一般都会选择提供账簿进行反驳，即排除了选项（3）。在我国现阶段企业经营不规范，市场化程度较低的背景下，提供真实账簿信息一方面将使侵权人面临远高于法定赔偿额的预期，另一方面真实账簿还有可能引发工商对其年检报告隐瞒真实情况、弄虚作假依法查处的行政责任，选项（1）提供真实账簿的成本将远高于选项（2）提供虚假营业利润信息，侵权人将面临"诚实招损，作假受益"的畸形选择，因此侵权人具有极强的动机采取机会主义行为，提供虚假营业利润信息，甚至主动造假以承担低水平的专利侵权赔偿。理想的损害赔偿金能促使侵权人将侵权行为导致的外在损害内部化，这就给侵权人采取合乎效率标准的决策提供了动力。然而因侵权获利原则将引导侵权人提供虚假营业利润信息，甚至采取做假账的方式以大幅调低营业利润，甚至形成亏损的账面结果，获得有利于己的低水平赔偿，该规则一方面无法促成侵权人对侵权行为造成的损害内部化，另一方面做假账本身对市场规则将是极大的破坏，将加剧我国企业经营的不规范及不诚信。基于此，因侵权获利计算方式的预期可能引导的路径不符合专利法的目的，进而将降低社会的整体收益。

---

❶ 庞璐.浅析现有专利侵权赔偿制度的合理性［C］//中华全国专利代理人协会.加强专利代理行业建设、有效服务国家发展大局——2013年中华全国专利代理人协会年会暨第四届知识产权论坛论文选编.北京：知识产权出版社，2013：8.

二、增加权利人举证负担的同时对权利人严重补偿不足

我国专利法将"保护专利权人合法利益"列为首要立法目标，因侵权获利作为权利人因侵权受损的替代推定计算方式，试图通过赔偿金使受害人恢复到未遭侵权以前的效用水平，意在"使受害人完好无损"，然而我国因侵权获利计算方式的赔偿水平在保护权利人合法利益方面的运行效果却不尽如人意。在笔者统计的 318 个发明专利侵权一审成立的有效案例样本中，仅有 2 起案件法院最终采纳了因侵权获利计算方式，即该计算方式仅有 0.6% 的法官采纳率；样本统计中采纳因侵权获利计算方式的发明专利侵权的赔偿平均值为 1 293 404 元，法官对原告主张的支持率均值为 58.4%，假设发生在我国的发明专利侵权中，权利人因侵权所受损失平均为人民币 100 万元（假设此金额可以精确计算及举证），国内只有 10% 的权利人提出专利维权诉讼，[1] 适用因侵权获利计算方式的法官对原告主张支持度均值为 58.4%，据此：

权利人维权预期赔偿＝因侵权所受损失 100 万元×权利人起诉概率 10%×因侵权获利司法折价指数 58.4%＝5.84 万元

预期赔偿仅仅是权利人实际损失微乎其微的部分。不仅如此，与法定赔偿相比，因侵权获利计算方式将实质性地增加权利人的举证成本（见表 5-3）。《关于审理专利纠纷案件适用法律问题的若干规定》第 20 条第 2 款规定："侵权人因侵权所获得的利益可以根据该侵权产品在市场上销售的总数乘以每件侵权产品的合理利润所得之积计算。侵权人因侵权所获得的利益一般按照侵权人的营业利润计算，对于完全以侵权为业的侵权人，可以按照销售利润计算。"无论是侵权产品销售总数以及侵权产品营业利润或销售利润，甚至是证明被告"以侵权为业"的证据，一般都掌握在被告手里而无法获得或者需要原告花费极其高昂的举证成本（如调查公司的长期卧底）方可获得。虽然原告可以申请法院进

---

[1] 依据学者最新的实证数据，国内只有 10% 的权利人提出专利维权诉讼。参见：张维. 知识产权侵权获赔额整体偏低 [N]. 知识产权报，2013-04-18.

行证据保全，但如果被告拒不配合，或者提供虚假的账簿，或者法院保全的账簿资料不完整，证据保全的效果都会受到实质影响。即使原告通过法院证据保全或自行获得了被告真实的会计账簿，营业利润或者销售利润一般需要聘请专业机构进行审计，证据保全也需要提供财产担保，都给原告造成额外的成本。

表 5-3 适用因侵权获利计算方式案例的合理开支统计

统计指标　裁判文书	原告诉请的合理开支	法院支持的合理开支	支持比例
（2012）锡知民初字第 67 号	1. 承担其为制止侵权而支出的律师费 4 万元； 2. 调查取证费 3 750 元，合计 43 750 元	关于律师费，应考虑律师服务收费标准和原告请求赔偿额的支持程度。综上依法确定合理费用为 22 876元	52.3%
（2013）沪一中民五（知）初字第 2 号	1. 支付原告维权支出的合理费用 1.2 万元； 2. 承担本案诉讼发生的鉴定费； 3. 审计费； 4. 调查费	1. 公证费 2 000 元系原告为本案诉讼而支出，本院予以支持。 2. 律师费 1 万元，本院根据案件实际情况及相关律师收费标准，酌定被告应承担 7 000 元。 最后共支持 9 000 元	75%，但审计费、调查费与鉴定费未支持
（2010）一中民初字第 5578 号	诉讼合理支出 6.3 万元	全额支持	100%
（2009）珠中法民三初字第 5 号	因调查、制止侵权行为所支付的费用190 703.70元	未单列	N/A

资料来源：北大法宝，中国自 2009 年 1 月 1 日至 2015 年 9 月 4 日审结之侵害发明专利一审案件。

在本样本统计的 4 个原告明确提出合理开支请求的案例中，原告合理开支的平均值为人民币 77 413元，法院最终支持且单列的合理费用平均值为人民币 58 626 元，占原告合理开支诉请金额的 75.7%，但需要强调是在此类案件中原告实际支出的许多维权合理费用法院并未支持，比如审计费、调查费和鉴定费。因此在权利人预期赔偿仅为 5.84 万元，诉讼成本高居不下且法院对合理开支采纳保守立场的背景下，权利人提起诉讼绝无可能实现"使受害人完好无损"的局面。以上诸多要素决定了我国因侵权获利计算方式在"使受害人完好无损"方面的运行效率低下，进而导致即使专利侵权情况普遍存在，权利人提起维权诉讼的比例也并不高；即使提起维权之诉，单论维权成本与收益之比，也往往是得不偿失的"赔本买卖"，因此维权人的目的并不在于获得赔偿金，而在于驱逐竞争者。在法经济学意义上，此类情形属于典型的履行差错比例低。"履行差错"是衡量一国知识产权实施保护效果的重要指标，指的是已经得到补偿的（专利侵权的）受害人在全部受害人中的比例。❶ 履行差错越低，意味着专利司法保护的实施效果越差。因此，履行差错低将造成以下局面：由于预期无法获得完全赔偿，相当部分权利人将选择放弃诉讼，相当于默许侵权人侵权，或者权利人因维权而受损。这种"越维权，越受损"的局面将极大地制约权利人对专利的价值实现，减损权利人进行研发投资及技术披露的动机，进而对我国科技创新活动的效率造成严重的负面影响。

三、技术分摊普遍缺乏说理削弱司法权威与公正

判决书是司法公正与权威理念的最终载体，但判决书本身并不构成权威，一份判决书要真正具有权威性，还必须能够正确解释法律、充分宣示正义理念、合法合理判定冲突；❷ 裁判理由的解说是确保司法公正的重要制度保障，"它不仅要求法官必须得出正确的判决，而且意味着法官必须能够做出具有说服力的推理，从而支持其所做出的判决"。❸ 技术分摊规则指按照特定专利对最终产品利润的贡献比率来计算专利侵权

---

❶ ［美］罗伯特·考特，托马斯·尤伦. 法和经济学［M］. 史晋川，董雪兵，等译. 上海：格致出版社，2012：243.

❷ 王申. 法官的理性与说理的判决［J］. 政治与法律，2011（12）：88-89.

❸ ［澳］约翰·巴斯滕. 法官行为：与政府的关系［C］//怀效锋. 法官行为与职业伦理. 北京：法律出版社，2006：52.

损害赔偿数额。该规则是运用因侵权获利计算赔偿金额的合理性基础，一方面侵权产品并不必然等同于专利产品，比如侵权发明系另一产品的零部件、最终产品涵盖若干有效专利或者等同侵权的情况，为了使赔偿金更贴近"对专利技术市场的赔偿"这一要求，❶ 需要运用技术分摊规则根据专利本身的价值及其在最终产品利润中的贡献程度合理确定赔偿数额；另一方面即使侵权产品就是专利产品的严格复刻版，不可否认的是一项产品的利润来源于营销、仓储、管理、财务等多重因素的综合作用，如果不加区分而将产品利润完全定性为因侵权获利，明显过分夸大了专利的贡献率，权利人可能因此获得显失公平的过度赔偿。据此《最高人民法院关于审理侵犯专利权纠纷案件应用法律若干问题的解释》第16 条第 1 款明确规定因侵权获利计算方式应考虑技术分摊：人民法院确定侵权人因侵权所获得的利益，应当限于侵权人因侵犯专利权行为所获得的利益；因其他权利所产生的利益，应当合理扣除。因此，运用技术分摊原则对专利利润贡献度进行分析应是运用因侵权获利原则的浓墨重彩之处。然而在我国适用因侵权获利计算方式不多的判决书中基本未提及技术分摊原则，偶有提及技术分摊的通常做法是考虑技术分摊原则，但由法院自行"酌定"一个利润比例，缺乏体系化、具体化的合理论证（见表 5-4）。如在（2011）浙绍知初字第 175 号判决书中，法院仅提及侵权产品"并非仅使用本案专利"，且"被告对侵权产品生产使用的其他权利未提供证据证明等因素"，据此"酌情确定"被告因侵权获利金额，论证基本一笔带过。缺乏说理首先将增加司法的纠错成本。"每一个错误的判决都会导致资源的无效率利益，因而会支出不适当的费用，这种不适当的费用就是错误成本。"为此，经济分析大师波斯纳指出，诉讼制度目的就是要最小化直接成本和错误成本之和。❷ 技术分摊缺乏说理使因侵权获利的论证过程处于不透明的黑箱状态，原告、被告无法

---

❶　张楠．论专利侵权赔偿所失利润计算方式［D］．天津：南开大学，2013：6.

❷　［美］理查德·波斯纳．法律的经济分析［M］．蒋兆康，译．北京：中国大百科全书出版社，1997：550.

得知法院究竟是由于专利贡献度难以量化进而基于趋利避害被动地忽略说理，抑或判决是由于不懂法、不公正甚至是司法腐败的主动忽略说理，这可能导致诸多不必要的上诉和申诉，大幅增加司法的纠错成本。其次，即使法官不存在司法腐败或渎职的情形，法官缺乏说理或说理不清，实则将赔偿金的确定完全依赖于法官的经验及自由裁量，因侵权获利的确定将缺乏可预测性和一致性，一方面无法为权利人就损害赔偿金额的举证提供清晰、透明、可操作的指引参考，另一方面也为法院的随意专断留下空间，加剧了当事人的被剥夺感和不公正感，将极大地损害司法判决的权威性和公正性。

表 5-4　适用因侵权获利计算方式案件中关于技术分摊的统计

统计指标 裁判文书	是否考虑技术分摊原则	技术分摊说理	计算方式是否是上诉理由
（2011）浙绍知初字第 175 号	有	考虑到本案被告的主营业务是三角带圆模的生产和维修；被告生产三角带圆模并非仅使用本案专利，原告就被告三角带圆模生产中的另一道工艺同时向本院提起了诉讼，即（2011）浙绍知初字第 176 号案件；被告对三角带圆模的生产使用的其他权利未提供证据证明等因素，本院酌情确定本案被告因侵犯涉案专利权所获得的利益为 5 万元。原告主张的 100 万元赔偿数额过高，本院仅对其合理部分予以支持	否
（2012）锡知民初字第 67 号	有	1. 申锡机械厂自认侵权产品利润率为 20%～30%。 2. 侵权产品纸芯生产线包括裁切机、皮带输送机、涂胶机、放纸架四部分组成，涉案专利产品仅为其中的裁切机部分。申锡机械厂自认的侵权产品利润率是纸芯生产线的整体利润率，并不能当然将整套产品的利润全部认为是涉案专利裁切机本身的利润。 3. 涉案专利所要解决的技术问题是通过一次性连续裁切避免现有技术两次剪切导致的高损耗，但经专利复审委审查，该一次性连续裁切的主要技术方案被宣告无效，继续维持有效的是原从属权利要求 3，其区别于现有技术的特征部分是"上述弧形的导纸板（12）为金属网状结构，在网面上还设有若干挡纸杆（14）"。该专利部分维持有效的事实，应作为专利对实现整套产品利润中贡献的考虑因素	否

续表

统计指标 裁判文书	是否考虑技术分摊原则	技术分摊说理	计算方式是否是上诉理由
（2010）宁知民初字第 337 号	有	对专利产品的价格，原告提供的证据表明，同一型号的专利产品如 TSC410FX4 型冷却塔的销售价格有 211 150 元/台或 235 000 元/台不等，由于同一型号系列产品处理的冷却水量的不同，可以分摊到处理单位水量上的价格作为参考。如 TSC410FX4 型冷却塔产品处理的单位冷却水量为 410m³/h，分摊到每个单位上的价格则为 515 元/m³/h 或者 573 元/m³/h。被告捷嘉公司销售给被告翔宇公司的侵权产品 TLC340 型冷却塔的单价 15.94 万元，分摊到每个单位上的价格约为 469 元/m³/h。另外，原告提供了计算产品利润的方法和具体参考的因素，计算出每套涉案专利产品的利润率为 17.47%。原告没有提供如合同、发票、纳税凭证、人员工资等证据证明这些计算因素的客观性。但是，从原告提供的专利产品的价格、计算利润的参考因素和计算出来的利润率以及被告捷嘉公司销售涉案侵权产品的价格等方面来衡量每套专利产品的利润率或者不同型号专利产品的平均利润。以处理冷却水量 340m³/h 为例，原告销售专利产品的价格可以推算为 515 元/m³/h×340m³/h＝175100 元或者 573 元/m³/h×340m³/h＝194820 元，该价格与被告捷嘉公司的销售价格相比，两者存在 1.57 万元至 3.542 万元即 9.85%～22.22% 的差值。同时，考虑被告捷嘉公司的合理利润率，可以认定原告主张 17.47% 的利润率是合理的，即每套存在 3 万～3.4 万元的利润亦是合理的。而处理冷却水量高于或者低于 340m³/h，则相应的会有高于或者低于该利润数值的利润额。如在被告捷嘉公司公布的成功案例中，高于 340m³/h 处理冷却水量的型号为 410m³/h 处理冷却水量的 TLC-410 型，在产品说明书中公布的销售数量 29 套，超过了总销售数量的一半。综合考虑不同型号分布、数量和合理的利润，本院确定侵权产品给原告造成的损失为 2 万元/套。故总体的损失超过 100 万元，根据原告的请求，本院确定赔偿损失数额 100 万元	否
（2013）二中民初字第 13945 号	无	N/A	否
（2013）沪一中民五（知）初字第 2 号	无	N/A	否
（2010）一中民初字第 5578 号	无	N/A	否
（2009）珠中法民三初字第 5 号	无	N/A	否
（2009）长中民三初字第 0259 号	无	N/A	否

续表

统计指标 裁判文书	是否考虑技术分摊原则	技术分摊说理	计算方式是否是上诉理由
（2010）穗中法民三初字第 79 号	无	N/A	否

资料来源：北大法宝，中国自 2009 年 1 月 1 日至 2015 年 9 月 4 日审结之侵害发明专利一审案件。

第五节 构建以最小化事故成本、最大化社会福利为原则的因侵权获利损害赔偿制度

鉴于现行司法解释已实质性降低因侵权所受损失计算方式之举证负担，因侵权获利作为因侵权所受损失的推定计算方式，其适用空间必然受到极大挤压。不仅如此，现有因侵权获利计算方式在增加权利人举证负担的同时对权利人严重补偿不足，因侵权获利必然涉及的技术分摊问题因普遍缺乏说理而将潜在地削弱司法权威与公正，因侵权获利计算方式的运行实效不佳。在现阶段我国企业管理不规范、社会诚信度不高的背景下，因侵权获利计算方式的预期可能引导侵权人选择不符合社会整体效率原则的决策，因侵权获利计算方式是少有的实施成本远高于实施收益的侵权赔偿计算方式。法经济学的视角要求因侵权获利计算方式的制度设计应基于对制度相关群体之个体利益决策准确的预测，并据此对因侵权获利相关群体进行合乎社会总体福利的政策引导，基于此，笔者建议从以下几个角度确立以最小化事故成本、最大化社会福利为原则的因侵权获利适用体系，审慎适用专利损害赔偿因侵权获利计算方式。

一、基于最小化事故成本原则审慎适用因侵权获利计算方式

侵权法的经济分析理论认为，最小化事故的总体成本是侵权法最重要的目标，而事故成本可以被区分为主要事故成本，即预防措施的成本

以及仍然发生的损失，次要事故成本，即必须容忍一定程度损失的成本，以及三级事故成本，即处理事故损害的法律体系的管理成本。据此，从经济分析的角度，赔偿本身并非目的，而仅是实现成本削减目的的手段。❶ 在现阶段我国企业管理不规范、社会诚信度不高的背景下，要扭转法院证据保全的执行力不足、威慑与强制程度不高的局面，必须建立税务、公安、法院三方联动的证据妨碍机制加以配合，然而要求每个案件都启动证据妨碍机制将不可避免地增加大量三级事故成本，不符合我国现有司法、执法体系的人力及财政负荷。不仅如此，法院适用因侵权获利计算方式时应着力论证的技术分摊原则在世界范围内都是一个棘手的难题，国内的知识产权庭法官是否具备相应的背景知识与经验来确定专利对产品的利润贡献率还存疑问，而运用技术分摊原则将实质性地增加权利人的举证成本及法官判案的时间则是毫无疑问的。同时专利侵权赔偿的民事赔偿属性决定了因侵权所受损失是最符合"填平"原则的赔偿计算方式，因侵权获利只有在权利人未对专利进行商业化时进行适用才能比法定赔偿带来更大的社会福利改善。基于此，笔者提出应确立以最小化事故成本为原则的因侵权获利适用原则，即仅在权利人未对专利进行商业化而无法适用因侵权所受损失及专利合理许可使用费倍数计算方式，且权利人主动要求适用因侵权获利计算方式时方可适用。

二、建立税务、公安、法院三方联动的证据妨碍机制

如前所述，在我国现行社会环境和执法环境下，侵权人具有极强的动机采取机会主义行为，提供虚假营业利润信息，甚至主动造假以承担低水平的专利侵权赔偿。在社会诚信程度不高、法院保全执法力量有限而侵权又大量存在的背景下，如果没有健全的机制以加强证据保全的执行、强制力度并有效震慑伪造财务文件行为，所谓专利侵权损害赔偿的科学计算与量化只能沦为屠龙之技。据此，本小节提出建立税务、公安与法院三方联

---

❶　CALABRESI G. The Cost of Accidents：A Legal and Economic Analysis ［M］. Yale University Press，2008：24-25.

动的证据妨碍机制，引导被告提交真实的财务文件配合证据保全。

证据妨碍机制，又称证明妨碍、举证妨碍，主要指"不负举证责任之当事人，在具备一定的主观要求（如故意、过失），将证明方法毁灭、隐匿或妨害其利用，使举证责任之当事人因无法利用该证据而尽其举证责任，此时如依原来举证责任分配的原则，式负证明责任之当事人承受败诉之事实主张，将产生不公平之结果，从而在事实之认定上，就负举证责任人之事实主张，作对其有利之调整"。❶ 在我国立法中，最高人民法院《关于民事诉讼证据的若干规定》（2008 年 12 月 16 日发布）（以下简称《证据规定》）第 75 条规定，若一方当事人持有证据无正当理由拒不提供，而对方当事人主张该证据的内容不利于证据持有人的，可以推定该主张成立。然而一方面我国现有民事诉讼证据妨碍的立法位阶低、规定粗陋，另一方面专利侵权损害赔偿相关证据往往牵涉复杂的技术与财务问题，比一般的民事证据保全更加复杂，据此，笔者建议从以下若干角度充实细化专利证据妨碍制度。

（一）主动妨碍或拒不配合情形下的不利推定

在专利侵权诉讼中，如果原告请求法院对侵权人的财务账簿、仓库库存以及纸质或电子的财务数据进行证据保全，侵权人阻扰、抗拒、破坏法院的调查或保全行动，或经法院向其声明拒不配合证据保全可能导致的不利推定后果，其仍拒绝配合提交相关证据的，可以视为被告拥有的证据不利于己，进而推定原告主张的因侵权获利数额成立。

（二）主动提交或配合提交相应证据时的真实性审查

法院应与税务、公安机关建立联动审查机制，即对于被告主动提交或配合提交的证据，从减少审查成本及鼓励诚信行为的角度，法院应默认此类证据具有真实性与完整性，但原告有权提出证据对此类证据的真实性进行质疑。法院经过审查认定此类证据确存在真实性瑕疵，将自动触发税务机关的联动审查，即管辖被告的税务机关将依照法院发出的协助保全请求

---

❶ 骆永家. 证明妨碍 [J]. 月旦法学，2001（69）：88-89.

函对被告进行全面的税收检查，如发现被告未按照规定设置、保管账簿或者保管记账凭证和有关资料的；伪造、变造、隐匿、擅自销毁账簿、记账凭证，或者在账簿上多列支出或者不列、少列收入，或者进行虚假的纳税申报，不缴或者少缴应纳税款的；被告编造虚假计税依据等涉税文件存在真实性瑕疵的情况，由税务机关依法进行行政处罚、强制执行并由税收机关采取税收保全措施，将其通过税收保全获得的材料提交法院进行审计；涉及刑事犯罪的，由公安机关跟进依法追究其刑事责任。

值得强调的是，联动审查机制，尤其是自动触发税收检查是对处于"野蛮生长"阶段企业最有震慑力的保全手段，但该机制的目的并不在于通过专利侵权诉讼对被告查税，而在于通过这一审查预期有效抑制被告提供虚假证据的动机，促成原告、被告通过专利许可或调解解决纠纷，进而抑制被告侵权的动机。因此，在被告主动提交或配合提交相应证据时，法院应向被告详细释明提交虚假证据将触发联动审查机制的法律后果，进而引导被告提交真实的证据配合保全，同时法院也应对原告提交的关于被告造假的证据进行严格的审查，以防止原告滥用该程序达到阻碍被告正常经营的不正当竞争目的。

三、基于我国累积创新的特征及需求选择性适用技术分摊原则与全部市场价值原则

《最高人民法院关于审理侵犯专利权纠纷案件应用法律若干问题的解释》第 16 条为技术分摊提供了法律依据："人民法院确定侵权人因侵权所获得的利益，应当限于侵权人因侵犯专利权行为所获得的利益；因其他权利所产生的利益，应当合理扣除。"但不可否认的是，技术分摊原则无论在我国立法或是司法实践中，都处于粗放随意状态，缺乏具有可操作性及指导意义的科学适用指南。本书提出应根据被告侵权行为对社会整体福利的影响以及我国累积创新的特征及需求选择性适用技术分摊原则。

（一）适用全部市场价值原则的一般情形

基于我国目前因侵权获利计算方式严重补偿不足的司法现状，建议将

全部市场价值作为赔偿计算的默认原则。首先，我国的实证统计显示我国目前尚不存在因为适用全部市场价值原则而造成过度赔偿的情况，相反我国现有因侵权获利计算方式在增加权利人举证负担的同时对权利人严重补偿不足，原告实际获赔额与原告索赔额的比例仅为27.3%，甚至低于法定赔偿下的比例均值，且这一计算方式一般都会涉及专业审计，会实质性增加权利人举证成本，如果适用技术分摊原则，相当于在现有判赔水平上再摊薄赔偿技术，将加剧赔偿不足的水平，降低权利人进行发明与商业化的动机。其次，对于有损社会整体福利的侵权行为，应通过适用全部市场价值原则实现一定程度的震慑。随着我国经济发展方式加快转变，创新引领发展的趋势越发明显，国家大力倡导通过加大专利侵权行为惩治力度、规制专利滥用行为以实现专利制度激励创新的基本保障作用。❶ 恶意侵权、重复侵权、以侵权为业以及单纯的销售侵权产品等行为可以通过侵权提升自身收益，但这种收益是以损害权利人为基础的，且对我国累积创新不会带来任何正效用，给权利人或社会带来了外部成本和负效用，就社会整体而言会带来效率和财富的损失，不符合效率原则，因此，此类情形侵权人通过侵权获得的收益不可计入社会总收益/总福利中。理想的损害赔偿金能促使侵权人将侵权行为导致的外在损害内部化，这就给侵权人采取合乎效率标准的决策提供了动力，对此类行为适用全面市场价值原则，正是迫使侵权人对其侵权行为导致的外在损害的内部化，是对我国现有侵权赔偿补偿验证不足的矫正。最后，由于专利的非物质性、专利价值的市场波动性及主观性，精确量化特定专利对最终产品利润贡献率的举证成本很高，甚至是不可能的命题。著名的汉德法官就曾在审判书中陈述："由于技术分摊并不能根据权利要求的文本加以确定，因而答案在某种程度上只能是任意的。所有的发明都是一种改进，都是站在过去知识的肩膀上做出的，很难说它为现有知识增加了百分之几的新贡献，也许某些发明的创新改进贡献可以被单独剥离出来，使技术分摊的量化成为可能，但这仍难以保证

---

❶ 国务院关于新形势下加快知识产权强国建设的若干意见 ［Z］. 2015-12-22.

利润也按这一比例分摊就是准确的。"❶ 技术分摊原则在世界范围内都是一个棘手的难题，国内的知识产权庭法官是否具备相应的背景知识与经验来确定专利的贡献率还存疑问，而运用技术分摊原则将实质性地增加权利人的举证成本及法官判案的时间则是毫无疑问的。基于以上原因，笔者建议现阶段在适用因侵权获利计算方式时，应默认适用全部市场价值原则。

（二）适用技术分摊原则的例外情形

我国专利法的目的在于"保护专利权人合法权益、鼓励发明创造、推动发明创造的运用、提高创新能力以及促进科学技术进步和经济社会发展"，所保护的对象为创造性、新颖性与实用性兼具的产品或方法。因此，专利价值的体现应是最终产品在扣除资金、原材料、销售、管理、物流等非智力因素以外的利润，现阶段默认适用全部市场价值原则是矫正我国当前专利司法低水平保护的权宜之计。基于技术分摊原则的规范合理性基础及我国累积创新的需求，我国在现阶段必须保留适用技术分摊原则的例外情形。

1. 使用人实施以边际合法行为为形式的改进但构成等同侵权的情况

累积创新常见的路径为通过无效申请挑战可能站不住脚的专利、规避设计或窄化、优化现有专利，从而实现对现有技术的累积创新。❷ 由于专利范围的模糊性以及专利侵权标准的复杂性，这些可能推动累积创新的行为往往处于合法使用与侵权使用的灰色地带而被称为"边际合法行为"。❸ 无论是基于技术分摊原则的合理性基础，抑或基于法律移植过程中适应本国累积创新发展需要的理性与主观能动性，边际合法行为都应适用技术分摊原则而非全部市场价值原则。边际合法行为人的主观方面表现为从事与

---

❶　和育东. 专利侵权赔偿中的技术分摊难题——从美国废除专利侵权"非法获利"赔偿说起［J］. 法律科学（西北政法大学学报），2009（3）：161–168.

❷　BEKKERS, R. N. A., WEST, J. The Effect of Strategic Patenting on Cumulative Innovation In UMTS Standardization［J］. Dime Working Papers on Intellectual Property Rights, 2006, 9（1）：3.

❸　COTTER T F. Economic Analysis of Enhanced Damages and Attorney's Fees for Willful Patent Infringement［J］. Fed. Cir. BJ, 2004, 14（2）：291, 318.

原始创新不同的改进意愿，客观方面表现为实施规避设计、挑战专利有效性或窄化改进现有技术等改进行为。虽然由于专利界限的模糊性以及专利侵权认定的不确定性，边际合法行为可能因为靠近专利边界而存在专利等同侵权的可能性，然而与非效率的相同侵权不同，边际合法行为能够优化现有技术，推动技术的运用，在一定程度上得以促进社会总体福利，因此边际合法行为可能构成的等同侵权在主观方面、客观方面及经济效率方面均不等同于相同侵权。同时考虑在中长期内，我国企业的创新模式主要依托于对原始创新的累积创新，而边际合法行为正是累积创新最重要的实现形式，对边际合法行为的默许、保护甚至鼓励符合我国创新现状及产业利益，因此，如使用人能够举证其系边际合法行为构成等同侵权的情况，则法院应当适用技术分摊规则。

关于边际合法行为情况下技术分摊原则的具体适用，首先，应由被告举证其对涉案专利以边际合法行为的方式进行了改进，主要体现为实施规避设计、窄化改进现有技术等自主改进行为的证据；其次，由被告需提供真实的财务账簿，由法院指定的会计师事务所审计以确认最终产品在扣除资金、原材料、销售、管理、物流等非智力因素以外的利润，以划定技术分摊的基数；最后，如果法院以等同侵权定性了侵权人的使用行为，意味着侵权人的改进对讼争专利价值的增量或是产品成本的削减作用是不显著的，但在被告能够举证其从事边际合法行为的证据时，笔者建议将边际合法行为对最终产品的利润贡献率上限定为技术分摊基数的20%，由原告提交证明讼争专利及原告非经改进的原始产品在技术市场及产品市场的独占程度的证据。如果在被告的侵权产品进入市场前，原告非经改进的原始产品在产品市场的独占程度越高，意味着被告的改进对最终产品的利润率可能的贡献越小，据此依据其独占程度的高低，由法官在技术分摊基数80%~100%酌定，如果原告不提交相关证据，则默认此情形下原告专利的利润贡献率为技术分摊基数的80%。

2. 侵权产品涉及多重专利

技术分摊涉及的技术分析、价值评估的操作难度及"技术分摊量化不可能"的理论争议正是1964年美国专利法废除因侵权获利作为专利侵权赔偿计算方式的主要原因。近年来随着专利池及标准组织的兴起，越来越多的科技产品涉及一揽子专利，这越发加大了在多重专利产品中进行技术分摊的难度。据此笔者建议此情形下技术分摊必须由被告主动要求及适当举证方可适用。在多重专利情形下的技术分摊属于世界性的理论与司法难题，笔者在此试图探索解决此难题的举证思路。

当侵权产品包含多重专利时，应主要由被告加以证明讼争专利对多重专利产品的利润贡献度，原告可以提交相应反驳证据，最终由法院通过对原告、被告提交证据进行效力审查及证明力度比对，在技术分摊基数的基础上酌定讼争专利对多重专利产品的利润贡献度，此类证据包括但不限于：

（1）最终产品包含的专利数量；

（2）讼争专利对应何种功能；

（3）讼争专利对应部件的功能对产品功能的重要性；

（4）该专利部件是否使该产品首次进入一个新市场，如手机上网模块芯片使手机从传统通信领域跨入网络服务领域；

（5）该专利部件是否是吸引消费者购买最终产品的主要卖点，如对三星可卷曲折叠屏幕手机来说，屏幕卷曲折叠面板专利显然是其最大的卖点；

（6）该专利部件是否构成终端产品的主要功能，如对智能手机而言，无论附加功能再强大也无法否认无线通话是其最基础、最重要的功能；

（7）该专利部件是否可以单独拆分出售或使用，如电视遥控板在一般情况下无法单独拆分出售或使用；

（8）是否曾有法院就同一产品的其他专利进行判赔以防止过度赔偿，如（2004）沪二中民五（知）初字第89号判决书中显示，被告在侵权产品摩托车中使用了原告的一项外观设计专利和一项发明专利，原告分别向被告提起诉讼及索赔。法院在发明专利侵权案件中扣除了外观设计一案中的判赔部分。在原告、被告充分就讼争专利对多重专利产品的利润贡献度进行举证后，由法官依据双方证据确定讼争专利对多重产品的利润贡献度。

在此需要特别指出的是，本书所遵循的思路是专利损害赔偿制度应符合我国累积创新的特征及产业发展需求，因此在利润分摊的具体适用尺度上，对于我国产业在有效专利布局（尤其是维持 10 年以上有效专利布局）上明显处于弱势且存在专利许可费堆叠风险的领域，以及我国企业进行边际合法行为的情形，我国法院应倾向于严格适用技术分摊原则；而对于我国产业具有后发优势且在专利布局不具有劣势的领域，以及有损于社会整体福利的行为，如恶意侵权、重复侵权、单纯的销售侵权产品行为，我国法院应倾向于适用全面市场价值原则。

四、以最大化社会福利为原则设立赔偿金分割制度

如前所述，专利流氓商业模式也将从因侵权获利计算方式中获益，进而可能稀释运用因侵权获利计算方式的社会福利改善。法经济学的视角要求因侵权获利计算方式的制度设计应基于对专利流氓个体利益决策准确的预测，并据此对因侵权获利相关群体进行合乎社会总体福利的政策引导，基于此建议参考美国法上的赔偿金分割制度（Split-recovery statue/curative damage），依据我国产业累积创新的特征及现实需求，结合我国专利法的立法目的进行本土化改造。基于这一宗旨，中国版本的因侵权获利赔偿金分割制度的适用对象为专利主张非实施体（Patent Assertion Entities），即对讼争专利不进行实质性商业实施，而仅通过对专利收集许可费或基于侵权提起诉讼等方式作为主要营利模式的非原始发明人/非原始专利权人主体。在适用因侵权获利计算方式时，由法院对原告的权利实施情况进行审查，如果原告无法提供对诉争专利实质性进行研发、生产、销售或市场推广的实施证据，而是通过收购、许可间接获得专利权的非实施体，除非是明显的合法公益性组织，如大学、政府、教育研究机构或主要从事科技商业化的官方/半官方孵化机构等，可由法官判令将由因侵权获利计算方式得出的赔偿金的部分比例归入法院所在地/原告所在地的官方科技转移平台以专门支持技术转移及孵化。该制度一方面缩小了专利流氓进行专利套利及投机的空间，由私人经济收益所驱动的理性决策者将缺乏足够的动机提起讼累，即使提起诉讼最终也有相当比例反哺本土创新；同时该制度仅针对专利流氓，不会影响真正的发明人获得赔偿的权利；另一方面由于被告仍需要支付比法定赔偿预期更高的赔偿金，因

此对于侵权人的震慑和惩罚效果不会受到削弱，最大限度地实现了因侵权获利计算方式的社会福利最大化。

五、将财务审计费用列入维权合理开支

我国专利法的目的在于"保护专利权人合法权益、鼓励发明创造、推动发明创造的运用、提高创新能力以及促进科学技术进步和经济社会发展"，所保护的对象为创造性、新颖性与实用性兼具的产品或方法。因此，专利价值的体现应是最终产品在扣除资金、原材料、销售、管理、物流等非智力因素以外的利润，运用因侵权获利计算方式必然需要基于被告真实的财务账簿文件进行审计。如果案件需要适用技术分摊原则，则不仅需要审计计算技术分摊的基数，更需要原告、被告举证讼争专利对多重专利产品的利润贡献度，涉及复杂的技术审查。鉴于主张因侵权获利计算方式的原告要负担比法定赔偿计算方式更为复杂的举证责任（见表5-5），主张因侵权获利计算方式的原告相应地也将比主张法定赔偿计算方式的原告承担更为高昂的维权合理开支。基于侵权损害赔偿"填平"的立法目的，除了基本的律师费、公证费外，法院还应当将对被告财务账簿资料审计产生的费用列入维权合理开支范围内，并由败诉方承担。在原告主张适用被告因侵权获利计算方式的情况下，应由法院随机指定具备资质的会计事务所进行财务审计，该做法一方面能够最大程度接近讼争专利对产品利润贡献度的精确、专业及公正计算，另一方面法院指定能够防止当事人与服务机构串通造成的审计费用虚报，因此法院对实际产生的审计费用一般应全额支持。

表5-5　因侵权获利及法定赔偿举证负担对比

举证责任　　　　　　　计算方式	法定赔偿	因侵权获利
被告身份信息	√	√
被告实施侵权行为	√	√
侵权行为系相同侵权或等同侵权	√	√

续表

计算方式 举证责任	法定赔偿	因侵权获利
侵权数量	N/A	√
单位侵权产品被告获利	N/A	√
单位侵权产品涉及之资金、原材料、销售、管理、物流等非智力因素的成本	N/A	√
讼争专利对多重专利产品的利润贡献度	N/A	√

第六节　本章小结

鉴于现行司法解释已实质性降低因侵权受损之举证负担，因侵权获利作为因侵权受损的推定计算方式，制度设定之初的主要实施收益几乎消弭殆尽。本书通过对我国一审发明专利侵权成立且适用因侵权获利计算方式的裁判文书进行实证统计，得出该计算方式在增加权利人举证负担的同时对权利人严重补偿不足，法院对因侵权获利必然涉及的技术分摊问题普遍缺乏说理，在现阶段我国企业管理不规范、社会诚信度不高的背景下，因侵权获利计算方式的预期可能引导侵权人选择不符合社会整体效率原则的决策，制度的实施成本将高于实施收益，司法运行实效不佳的结论。基于此，笔者建议审慎适用专利损害赔偿因侵权获利计算方式，在必须适用该计算方式的情况下，探索设立税务、公安、法院三方联动的证据妨碍机制及赔偿金分割制度、基于我国累积创新的特征及需求选择性适用技术分摊原则与全部市场价值原则、将对被告财务资料进行审计的费用列入维权合理开支，以实现最小化事故成本、最大化社会福利的目标，使因侵权获利计算方式与我国战略利益和本土累积创新语境的需求相适应。

第六章　我国专利侵权损害赔偿
因侵权受损计算方式的
法经济学研究

专利侵权的设计目的在于赔偿权利人的损失，而非惩罚侵权人或要求其返还利润。

——马克·莱姆利（Mark Lemley）

我国专利法规定的因被侵权所受到的实际损失之赔偿计算方式（以下简称"因侵权受损"），指以每件合法使用讼争专利产品的合理利润乘以权利人因侵权所造成销售量减少的总数进行计算的、以使权利人利益恢复到侵权之前状态为目标的、第一适用顺位的损害赔偿计算方式。该计算方式能够最大限度地实现对权利人的填平补偿，可能引导其利益相关人，包括权利人、侵权人和法院形成合作博弈，进而实现社会福利的最大改善。然而我国现行因侵权受损计算方式不论在立法层面抑或司法层面都处于粗放随意阶段，因侵权受损关键要素的模糊规定造成了实际的权利空置，对该计算方式未规定技术分摊原则可能使权利人获得显示公平的不当得益，一律适用全部市场价值原则可能推高中短期内我国企业进行累计创新的创新成本。因侵权受损这一法定第一适用顺位的赔偿计算方式为何在司法适用率中排名垫底？专利产品销量下降的原因复杂而多元，权利人应如何论证侵权行为与下降销售量之间的因果关系？作为因侵权受损的替代计算方式，因侵权获利引入了技术分摊原则，而因侵权受损则一律适用全部市场价值原则，在立法逻辑上如何自洽？如何确保在适用全部市场价值原则的同时不突破填平性质？我国现有因侵权受损计算方式是否实现了专利法预期的目的，换言之，该计算方式的司法运行现状是否有效？学界对上述关键问题的探讨大多止于理论分析而鲜有实证研究。笔者拟以 2009 年 1 月 1 日至 2015 年 9 月 4 日审结的一审法院认定侵犯发明专利权成立、适用因侵权受损计算方式的案例为统计对象，基于案例实证分析对我国发明专利因侵权所受损失计算方式的运行实效进行收益成本分析，以构建符合我国累积创新需求的因侵权受损赔偿适用体系作为建言重点，以期为我国专利公共政策的制定和当前正在进行的最新一轮专利法修订提供理论依据及政策指引。

第一节　引言

虽然因侵权受损是我国专利法规定的第一序列的侵权赔偿计算方式，但我国学界对这一计算方式却缺乏关注，目前国内尚不存在对该计算方式的法经济学分析或运行实效评估。现有研究或是散见于对专利侵权损害赔偿制度整体研究的部分章节，或是仅仅关注因侵权受损制度所涉及的若干细分规则，目前仅有少数学者对这一计算方式展开专门研究。

张楠通过比较与梳理各国对同一市场规则、技术分摊原则、全面市场价值原则、边际利润等争议点的立法与案例，构建了通过初步计算与合理调整计算所失利润的完整体系，是目前国内唯一专门围绕该计算方式展开的全面研究。❶ 除此以外，国内目前对这一计算方式的研究主要属于比较研究，且主要是介绍美国相关规则并据此提出对我国的制度改善建议。和育东在其《美国专利侵权救济制度研究》中从对专利侵权救济限制的角度介绍了美国专利侵权赔偿救济中 Panduit 四要求对因果关系的限制，并以美国案例法为线索梳理了销售流失计算和价格侵蚀计算的具体做法，并与我国所失利润制度进行了比较，指出我国所失利润的涵盖范围较窄，只包括销售流失而未包含非专利竞争产品、陪护产品或衍生产品的所失利润、我国产品所失利润的赔偿基数按合理利润计算因此水平较低，我国对因果

---

❶ 张楠. 论专利侵权赔偿所失利润计算方式 [D]. 天津：南开大学，2013.

关系的推定做法容易滋生专利流氓，没有规定同一市场竞争前提，据此提出我国所失利润规则应所失利润按边际利润计算以适当提高赔偿标准。❶纪璐详细介绍了美国所失利润计算方式中，关于因果关系的"若非"标准与 Panduit 四要件标准，关于产品范围确定的司法规则演变，以及用于计算所失利润的传统所失利润、预估所失利润以及价格侵蚀三大规则，对技术分摊的立法及司法变迁进行了介绍，并据此对我国专利损害赔偿制度提出了制度建议。❷李秀娟通过梳理美国相应的司法案例沿革，探讨了美国专利权人获得所失利润的救济条件以及美国对权利人是否能就非专利产品的销售损失获得赔偿的争议，并据此提出我国应引入美国实际损失与侵权行为间因果关系的要求，明确引入专家进行损害赔偿的计算以细化专利产品销售价格与利润之间的关系。❸

　　国外对所失利润（lost profit）的研究可谓汗牛充栋，其中对该计算方式进行经济学分析及实证分析的研究亦不在少数。PWC 每年均对美国的专利诉讼进行详细的统计研究，2015 年最新的实证数据显示所失利润在 2005~2014 年的美国专利诉讼中适用率为 31%，适用率在三种计算方式中排名第二，远低于合理许可使用费计算方式，其背后的原因在于专利权人不愿承担公开财务成本和利润信息的风险，越发激烈的竞争与特定的流通渠道使消费者能够接触更多的替代产品，因此更难以证明所失利润需要的适用条件，非实施体无法适用这一计算方式，以及价格侵蚀规则的成本与复杂性减少了因侵权受损的赔偿预期。❹布莱尔和柯特（Blair & Cotter）就所失利润提出了一套完整经济分析和预估体系，解释了若非因果关系原

　　❶　和育东. 美国专利侵权救济制度研究［D］. 北京：中国政法大学，2008：71-121.

　　❷　纪璐. 美国专利侵权损害赔偿制度及其借鉴［D］. 天津：南开大学，2012：16-23.

　　❸　李秀娟. 专利侵权诉讼中实际损失之确定标准——美国的经验［A］. 国家知识产权条法司. 专利法研究（2010）. 北京：知识产权出版社，2011：16.

　　❹　PWC. 2015 PWC Patent Litigation Study［EB/OL］. https：//www. pwc. com/us/en/forensic-services/publications/assets/2015-pwc-patent-litigation-study. pdf，2015-05/2016-03-30.

则的经济理性并说明这一标准应如何在不同的市场结构中进行运用，提出专利权人不应为了鼓励有效侵权而自动获得符合若非标准的损害赔偿，并指出专利权人就陪护产品和与侵权产品直接竞争的非专利产品的所失利润应被视为由侵权所造成，权利人获得这部分赔偿并不会造成反垄断的效应。❶ 莱姆利分析了所失利润的经济合理性，指出将所失利润的某些概念引入合理许可费计算方式以及赔偿不足的顾虑导致合理许可费方式可能导致对非实施体过分赔偿，因此应在所失利润及合理许可费之间进行明确区分，确保两种计算方式不偏离其填平的原本目的。❷ 沃登、弗罗布和比弗斯（Werden，Froeb & Beavers）指出从经济学的角度，销售下降仅是侵权的一种后果，虽然侵权人带来的竞争会迫使价格下跌，但法院在计算所失利润时极少考虑到更低的价格会带来更多的销量，据此建议借鉴反垄断法中传统的并购模拟方法，运用价格和数量数据预估相关需求关系并对观察到的价格和数量基于标准的竞争互动经济模型进行调整，这一方式无须在对非侵权替代品的可接受性进行划分，还可以在不对权利人边际成本进行审计的前提下估计所失利润。❸ 尼伯丁（Nieberding）则着重从需求价格弹性的角度对侵权造成的价格和数量变动进行分析。❹ 马修斯（Matthews）则从非实施体的角度分析了对于仅持有专利而未进行实质生产的公司将无法从侵权所失计算方式中获得赔偿，进而将对冲非实施体的税收优势，承受潜在的成本。❺

---

❶ BLAIR R D，COTTERT F. Rethinking Patent Damages［J］. Tex. Intell. Prop. LJ，2001，10（1）：1.

❷ LEMLEYM A. Distinguishing Lost Profits from Reasonable Royalties［J］. Wm. & Mary L. Rev.，2009，51（2）：655.

❸ WERDEN G J，FROEB LM，BEAVERS L W. Economic analysis of lost profits from patent infringement with and Without Noninfringing Substitutes［J］. AIPLA QJ，1999，27（2）：305.

❹ NIEBERDING J F. Importance of Price Elasticity of Demand in Computing Total Lost Profits in Patent Infringement Cases［J］. J. Pat. & Trademark Off. Soc'y，2003，85（3）：835.

❺ Matthews Jr R A. Potential Hidden Cost of a Patent-Holding Company：The Loss of Lost-ProfitDamages［J］. AIPLA QJ，2004，32（2）：503.

综上所述，国外对所失利润规则运行的经济规律已经进行了深入的分析，不仅有学者运用经济学的公式及原理对现有计算规则提出评估及改善，也有专门针对该计算方式的微观案例数据统计研究，还有对该计算方式运行实效的收益成本分析。我国现有对侵权受损计算方式的研究尚停留在比较研究阶段，大部分研究仅是单纯的制度介绍而未基于我国产业的发展特征与需求进行差异性的法律移植，且缺乏对我国司法实践中因侵权受损运行实效的实证研究及数据统计，无法为后续的专利损害规则调整提供指导。

第二节　我国因侵权受损计算方式的实施现状

补偿性赔偿是大陆法系侵权赔偿的基石，因侵权受损计算方式是对侵权造成的权利人经济损失的直接填补，最能反映专利侵权赔偿的"填平"性质并真正贯彻民事侵权的全面赔偿原则。我国关于因侵权受损计算方式的立法呈现不断演进的特征。1984 年的《专利法》未对专利侵权损害赔偿计算方式做出任何规定，为了明晰司法实践中赔偿金计算的难题，1992年最高法院在司法解释中规定了因侵权受损计算方式并在 2000 年《专利法》中正式确立了这一方式，我国 2009 年 10 月 1 日施行的《专利法》第65 条则明确了因侵权受损应是计算专利损害赔偿第一顺位的计算方式，侵犯专利权的赔偿数额应按照权利人因被侵权所受到的实际损失确定。2015年 2 月 1 日施行的《关于审理专利纠纷案件适用法律问题的若干规定》第20 条细化了因侵权受损的具体计算方式，即因侵权受损可以根据专利权人的专利产品因侵权所造成销售量减少的总数乘以每件专利产品的合理利润所得之积计算。同时该司法解释为权利人销售量减少的总数难以确定的情况规定了替代性的举证方式，即侵权产品在市场上销售的总数乘以每件专利产品的合理利润所得之积可以视为权利人因被侵权所受到的实际损失，这一替代方式实质性降低了因侵权受损计算方式的举证难度。我国的部分地区法院也对因侵权受损进行了积极的探索，如重庆市高级人民法院开创性地细化了"权利人实际损失"的范围，列举了可得利益损失的计算方式，明晰了合法产品单位利润的具体形式，并从技术功能、效果及部分等角度提出了技术分摊的要求，是国内对因侵权受损规定得最为详细的司法文件；❶ 江苏省高级人民法院强调了应依据产品部件的效果、本身价值及利润贡献率合理确定赔偿数额，实质体现了对技术分摊的要求；❷ 浙江省高级人民法院、上海市高级人民法院亦在其适用法定赔偿的司法指导意见中提及技术分摊原则的要求。❸ 虽然我国关于侵权受损的法律规定不断完善，但总体上仍存在简单粗陋、立法文件效力位阶低等问题，难以适应我国专利审判的客观需要。

在笔者统计的 318 个有效案例样本中，有 11 个案件的原告主动提出适用因侵权受损计算方式，但最后只有两个案件的法官采纳了该计算方式，适用率仅为 0.06%，在四种计算方式中适用率垫底。样本统计中采取因侵权获利计算方式的赔偿均值为 4.5 万元，法官对原告起诉额的支持率均值为 50%，远高于法定赔偿 35.4% 的支持率均值。由于 2015 年 2 月 1 日施行的《关于审理专利纠纷案件适用法律问题的若干规定》实施时间据案例统计时不足一年，这一司法解释对因侵权受损计算方式降低举证负担、促进适用的效果暂时未体现，有待进一步评估。从案例统计可以得出，作为专利法规定适用顺位排名第一的计算方式，对权利人的保护力度远超法定赔偿，但在实际司法适用率却垫底。法定赔偿压倒性地适用以及最能贯彻填平原则之因侵权受损方式的束之高阁造成专利保护实际效果与创新主体的期待存在较大差距，专利保护不力问题严重挫伤了我国企业的创新积极性，甚至导致部分企业丧失了对专利保护的信心。因此，对因侵权受损计算方式的研究亟待加强，笔者意图探寻该计算方式司法适用垫底的原因，

---

❶ 重庆市高级人民法院《关于确定知识产权侵权损害赔偿数额若干问题的指导意见》（2008 年通过）第三条、第四条、第六条、第八条、第九条。

❷ 江苏省高级人民法院《关于知识产权侵权损害适用定额赔偿办法若干问题的指导意见》（2005 年通过）第十条、第十一条。

❸ 浙江省高级人民法院《关于审理侵犯专利权纠纷案件适用法定赔偿方法的若干意见》（2009 年通过）第七条、第八条。上海市高级人民法院《关于知识产权侵权纠纷中适用法定赔偿方法确定赔偿数额的若干问题的意见（试行）》（2010 年通过）第六条。

意图通过对因侵权受损之因果关系、技术分摊、合理利润等问题的研究对该制度的完善提出符合效率原则的科学建议。

第三节　因侵权受损计算方式之收益

一、最大限度实现对权利人的填平补偿

补偿性赔偿，又称全面赔偿原则，是大陆法系侵权赔偿的基石，指侵权行为人承担赔偿责任的大小，应以行为所造成的实际财产损失为依据，全部予以赔偿。[1] 我国专利法首要的立法目的在于"保护专利权人合法权益"，对侵权计算方式顺位的规定也明确体现我国专利侵权赔偿遵循的是以"填平"为目的的补偿性赔偿立法意旨。与其余的三种计算方式比较，我国的合理许可使用费倍数计算方式虽然以"既成"许可费为基础，但专利许可交易的复杂与个性化决定了在先许可与在后涉案专利的许可条件无法完全一致，法官对在后涉案专利许可使用费的确定仍然是基于假定的虚拟谈判，"合理"限制的判断尺度由法官心证把握，这都决定了该方式确定的赔偿只可能接近真实谈判而不可能完全还原；因侵权获利本质是对因侵权受损举证不能进而退而求其次的推定选择；法定赔偿则更是国家事前拟定的赔偿区间，无法在每个个案中实现全面赔偿。因侵权受损则是对原告受损的直接测定，是基于原告合法产品的利润、成本、销量、技术先进性等信息通过相对严谨的经济分析获得的、更加科学及贴近真实的结果，因此对于已经实施专利的权利人来说，因侵权所受损失计算方式应是实现填平，保护专利权人合法权益的最理想方式。在笔者统计的 318 个发明专利侵权成立的有效样本中，共有 7 起案件原告主动提出应适用因侵权所受损失，但仅有两起案件法院最终采纳了侵权所受损失的计算方式，适用率仅为 1.1%，是四种计算方式中适用率最低的；样本统计中采纳因侵权所受损失计算方式的发明专利侵权的赔偿平均值为 120 万元，实际获赔额与起诉人索赔额的比

---

[1]　杨立新．侵权行为法［M］．上海：复旦大学出版社，2005：268.

例高达 100%，原告诉请的合理开支平均值为 5 万元，法院支持的合理开支平均值为 2.5 万元，占原告诉请的 50%，无论是赔偿平均绝对数额还是法院支持原告诉请比例都遥遥领先其余三种计算方式。假设发生在我国的发明专利侵权中，权利人因侵权所受损失平均为人民币 100 万元（假设此金额可以精确计算及举证），国内只 10% 的权利人提出专利维权诉讼，❶ 而采取侵权获利计算方式的预期赔偿支持度为 100%，据此：

权利人维权预期赔偿 = 因侵权所受损失 100 万元 × 权利人起诉概率 10% × 侵权获利计算方式预期赔偿支持度 100% = 10 万元

在四种计算方式中，因侵权所受损失计算方式的权利人维权预期赔偿是最高的，同时 2015 年实施的司法解释实质性地降低了运用因侵权所受损失计算方式的举证成本。正如美国一项调查体现的，美国的企业家反复提及柯达与宝利来一案的天价专利赔偿对其专利战略的重塑和影响，❷ 更高的损害赔偿预期将刺激更多的权利人积极维权，间接提升权利人起诉的概率，矫正我国专利司法保护严重的履行差错。更高的维权预期赔偿也体现了强烈的宣告功能，是专利所蕴含的、用以阻止他人对专利发明进行制造、使用、销售或许诺销售的排他功能价值的最好体现。❸ 更高的损害赔偿对权利人来说意味着更高的创新潜在回报，这一预期将加强权利人进行研发投资及技术披露的动机，提升我国科技创新活动的效率。

二、对于有损社会整体福利的侵权行为适用全部市场价值原则有助于实现必要震慑

随着我国经济发展方式加快转变，创新引领发展的趋势越发明显，国

---

❶ 依据学者最新的实证数据，国内只有 10% 的权利人提出专利维权诉讼。参见：张维. 知识产权侵权获赔额整体偏低 [N]. 知识产权报，2013-04-18.

❷ HALL B H, ZIEDONIS R H. The Effects of Strengthening Patent Rights on Firms Engaged in Cumulative Innovation: Insights from the Semiconductor Industry [J]. Entrepreneurial Inputs and Outcomes: New Studies of Entrepreneurship in the United States, 2001 (13): 133-171.

❸ SCHMITT-NILSON A. Unpredictability of Patent Litigation Damage Awards: Causes and Comparative Notes [J]. American University Intellectual Property Brief, 2011 (3): 53.

家大力倡导通过加大专利侵权行为惩治力度、规制专利滥用行为以实现专利制度激励创新的基本保障作用。❶ 恶意侵权、重复侵权、以侵权为业以及单纯的销售侵权产品等行为可以通过侵权提升自身收益，但这种收益是以损害权利人为基础的，且对我国累积创新不会带来任何正效用，给权利人或社会带来了外部成本和负效用，就社会整体而言会带来效率和财富的损失，不符合效率原则，因此此类情形侵权人通过侵权获得的收益不可计入社会总收益/总福利中。侵权法的经济分析理论认为，最小化事故的总体成本是侵权法最重要的目标，而事故整体成本的降低主要通过震慑以及损失平摊实现，赔偿本身并非目的，而仅是实现成本削减目的的手段。❷ 损害赔偿意义上的震慑指不得不支付损害赔偿的预期将对未来类似情况的当事人行为产生的影响。❸ 经典经济分析理论指出：当被告可能从其所造成的损害中逃脱责任时，损害赔偿的适当数量，即实现适当震慑的损害赔偿幅度应是被告已经造成的损害，乘以反映其逃脱责任概率的乘数。❹ 如果行为人从侵权行为中无利可图，甚至还需付出一定的代价，则能够有效地抑制侵权动机，预防侵权行为产生。笔者实证统计显示，无论是赔偿平均绝对数额或者法院支持比例，因侵权所受损失都遥遥领先其余三种计算方式，实质提高了侵权成本。不仅如此，在现阶段我国专利司法保护存在明显赔偿不足的背景下，对于有损于社会整体福利的侵权行为适用基于全部市场价值原则实则突破了侵权赔偿的填平性质而具备了一定的惩罚性色彩，将提高侵权人为其已经造成的损害支付的赔偿平均数预期并一定程度上接近实现社会理想的预防和参与风险活动的水平。理想的损害赔偿金能促使侵权人将侵权行为导致的外在损害内部化，这就给侵权人采取合乎效

---

❶　国务院关于新形势下加快知识产权强国建设的若干意见 [Z]. 2015-12-22.

❷　CALABRESI G. The Cost of Accidents：A Legal and Economic Analysis [M]. Yale University Press，2008：24-25.

❸　POLINSKY A M，SHAVELL S. Punitive Damages：An Economic Analysis [J]. Harv. L. Rev.，1997，111（4）：877.

❹　POLINSKY A M，SHAVELL S. Punitive Damages：An Economic Analysis [J]. Harv. L. Rev.，1997，111（4）：874.

率标准的决策提供了动力，对此类行为适用全面市场价值原则，正是迫使侵权人对其侵权行为导致的外在损害的内部化，是对我国现有侵权赔偿补偿严重不足的矫正。

三、可能促成的合作博弈更符合专利法的立法目的

笔者主张法律制度应追求社会经济效率，专利法最重要目的应基于功利角度，即为了保护专利权人合法权益、鼓励发明创造、推动发明创造的运用、提高创新能力以及促进科学技术进步和经济社会发展。因侵权受损计算方式可能引导其利益相关人，包括权利人、侵权人和法院形成合作博弈，进而实现社会福利的最大改善（见表6-1）。经济学认为，每个博弈者都是理性的，最终目标都是为了实现自身利益的最大化。对于权利人来说，鉴于因侵权受损能够带来四种计算方式中最高的赔偿平均绝对数额及法院支持比例，一旦权利人得以举证侵权产品在市场上销售的总数及每件专利产品的合理利润，权利人具备极强的动机适用这一计算方式，基本排除了适用其他三种计算方式的可能。这一计算方式能最大限度地实现填平，权利人进行诉讼的潜在收益将增加，专利权的保护力度增加，排他性增强、在许可谈判中的影响力增加、创新的预期收益相应增加，进而投资发明创造、进行原始创新以及推动发明创造运用的动机也会显著增加。同时因侵权受损计算中要求的"专利权人的专利产品因侵权所造成销售量减少的总数"适用前提是权利人对专利进行了商业化，即要求制造及销售。这一计算方式将在一定程度上引导权利人对专利实现从发明到产品的跨越，实质性地提升创新能力及促进科学技术进步，并且这一实质商业化的要求排除了该计算方式被非实施体投机滥用的可能性，确保侵权赔偿能够流向真正的权利人以反哺创新。对于侵权人来说，赔偿额是为其自身行为自由所支付的成本。❶ 因侵权获利对侵权人来说意味着最高的侵权成本预期，而全部市场原则的宽松适用突破了填平原则而具备了震慑甚至是惩罚

❶ ［美］罗伯特·考特，托马斯·尤伦. 法和经济学［M］. 史晋川，董雪兵，等译. 上海：格致出版社，2012：364.

的性质，使侵权使用的成本可能等于或高于许可或规避设计的成本，确保侵权人无法因机会主义行为获利。相较于其他计算方式，因侵权受损更可能引导侵权人将侵权行为造成的损害内部化，选择与权利人进行许可谈判，通过支付许可费等方式合法使用专利或基于该发明进行规避设计的决策。一方面市场化的许可方式可以在确保权利人利益的同时促进技术的流动转移，另一方面规避设计能够促进使用人研发能力的提升，基于此，因侵权受损可能引导侵权人选择的两条路径更加符合专利法的立法目的，进而提升社会的整体收益。对于运用该计算方式的法院来说，一旦权利人得以举证侵权产品在市场上销售的总数及每件专利产品的合理利润，基本排除了适用其他三种计算方式的可能；侵权人为了降低赔偿额，最佳策略必然是尽可能质疑及挑战权利人主张之因侵权受损计算方式的证据而尽可能排除该方式的适用。基于本书在制度构建部分提出的证据妨碍机制，如果侵权人拒不提供侵权产品销售总数的真实数据或造假，将启动税务、刑事、法院三级联动的惩罚机制或依照权利人主张的数额认定之不利后果，这一制度震慑得以确保侵权产品销售总数的真实性基本不存在问题。侵权人为了阻却法院运用因侵权受损之计算方式，必将对权利人产品的合理利润进行证据三性的强烈质疑，这一相互监督、制约的合作博弈关系将确保法院能最为真实、准确及客观地计算出侵权损害赔偿，实质性地减少法院处理专利侵权案件的管理成本及诉讼制度运行成本，符合纳什均衡。

表 6-1 因侵权受损利益相关人之博弈分析及社会福利变动分析

	利益相关人的利益	社会整体福利的利益
权利人的决策	1. 对专利权的保护、排他性增强，创新预期收益增加 2. 对商业化的专利保护、排他性增加 3. 诉讼潜在收益增加，维权动机增加	1. 激励进行创新，促进科学进步和创新（+） 2. 引导权利人对专利实现从发明到产品的跨越，实质性地提升创新能力及促进科学技术进步（+） 3. 实质商业化要求排除了该计算方式被非实施体投机滥用的可能性，确保侵权赔偿能够流向真正的权利人以反哺创新（+）

续表

	利益相关人的利益	社会整体福利的利益
侵权人的决策	1. 侵权使用的成本可能等于或高于许可或规避设计的成本，侵权人无法因机会主义行为获利 2. 选择与权利人进行许可谈判，通过支付许可费等方式合法使用专利 3. 基于该发明进行规避设计的决策	1. 侵权人将侵权行为造成的损害内部化（+） 2. 许可方式可以在确保权利人利益的同时促进技术的流动转移（+） 3. 规避设计能够促进使用人研发能力的提升（+）
法院的决策	1. 运用税务、刑事、法院三级联动的惩罚机制或证据不利推定机制震慑侵权人 2. 侵权人必然将对权利人产品的合理利润进行证据三性的强烈质疑	1. 确保侵权产品销售总数的真实性基本不存在问题（+） 2. 确保权利人合理利润的真实性基本不存在问题（+） 3. 相互监督、制约的博弈关系将确保该计算方式最大程度的真实、准确及客观，实质性地减少法院处理专利侵权案件的管理成本及诉讼制度运行成本（+）

第四节　因侵权受损计算方式之成本

一、关键要素的模糊规定造成权利空置

安守廉教授指出，中国在知识产权立法时，既宣布权利，但又不受制于权利兑现，这直接造成了权利空置。❶ 我国专利法中对因侵权受损计算方式关键因素的模糊规定即为权利空置的典型佐证。因侵权受损计算最关键的两大要素在于专利权人的合法专利产品因侵权所造成销售量减少的总数及每件合法专利产品的合理利润。我国现行专利立法虽然大幅降低了该计算方式的举证门槛，为这两大要素提供了简单直接的替代举证方式，然而究竟如何证明权利人在某一段时间内的销售量减少属于"因侵权所造成"？何种情况属于"权利人销售量减少的总数难以确定"？何种情况下

---

❶ ［美］安守廉. 窃书为雅罪［M］. 李琛，译. 北京：法律出版社，2010：103.

"可以"或"不可以"运用侵权产品销售总数替代权利人销售量减少的总数？专利产品的合理利润如何界定？对此立法均无涉及。在司法实践方面，依据笔者统计，我国法院尚未支持一例发明专利权利人主张依据"专利权人的专利产品因侵权所造成销售量减少的总数"为基数的、适用因侵权受损计算方式的案例，仅有三起对这两大因素举证不力的排除式论证案例（见表6-2）。在梳理有限的三起案例后，可以大致得出法院在认定"因侵权所造成销售量减少的总数"方面的保守立场：首先，法院对该证明销量下降证据的真实性与合法性未能提供清晰指引。原告"因侵权所造成销售量减少的总数"显属原告内部经营信息，一般原告只需提供侵权持续期间财务报表的同比与环比数据即可证明下降的销售量，这一证据由原告举证成本最小是显而易见的不争事实。然而法院并不认可原告"自行提供的数据"，是要求第三方证据加以佐证，或是由独立的会计师事务所进行审计，现行案例并未对此提供明确指引；其次，法院对因果关系提出了潜在的举证要求却缺乏清晰指引。关于销量下降与侵权之间的因果关系确属世界性的难题，因为销售量下降的原因可能是复杂而多元的，消费者消费习惯的改变、同类产品的竞争、自身产品质量的下降、营销策略的失误、零售终端的选择方式、广告的覆盖面下降、公司或品牌美誉度受损、产品定价过高、消费者群体的减少、产品过时、消费能力下降、市场饱和等均可能造成销售量下降。❶ 法院亦认可侵权持续时间内原告销售额的下降与诸多因素有关，对原告提出了隐含的、证明销售量减少"由侵权所造成"的因果关系举证要求，而现行判例对这一因果关系缺乏明晰指引。新制度经济学派的鼻祖诺斯认为制度的目的在于通过为人们提供日常生活的规则来减少不确定性，因此如果一项制度没有减少不确定性，那么它就是不健全的，甚至不能称为制度。❷ 现行关于因侵权受损计算方式的规定过

---

❶　庞璐. 浅析现有专利侵权赔偿制度的合理性［C］//中华全国专利代理人协会. 加强专利代理行业建设、有效服务国家发展大局——2013年中华全国专利代理人协会年会暨第四届知识产权论坛论文选编. 北京：知识产权出版社，2013：8.

❷　王磊，赖石成. 中国经济改革过程中的制度分析——以诺斯的制度理论透视当下中国经济改革［J］. 现代管理科学，2015（3）：42.

于简单抽象，无法为司法实践中专利侵权损害赔偿金的认定减少不确定性，直接导致了该计算方式在司法实践中的冷遇，实质造成了这一最能实现"填平"效果的、有利于保障权利人利益计算方式的权利空置。

表6-2　原告主张依据因侵权受损而法院最终适用法定赔偿案例统计

案号 比较因素	（2009）珠中法民 三初字第 5 号	（2011）郑民 三初字第 744 号	（2011）浙金知 初字第 193 号
原告主张之计算方式	因侵权受损	因侵权受损	因侵权受损
法院采纳之计算方式	法定赔偿	法定赔偿	法定赔偿
原告主张因侵权所受损失之证据形式	原告自行制作了其销量下滑的数据	专利损失计算依据表及明细和专利研发投入汇总表及明细证明其因侵权受到的损失	2011 年财务报表及审计报告以证明原告的利润率
法院对证据认定立场	无法确定相关评估标准和数据的真实性、准确性以及合理性，否定该证据效力	原告销售额的下降与诸多因素有关，否定该证据之效力	原告未就每吨专利产品的合理利润提供充分、有效的证据支持，否定该证据之效力
原告是否因侵权赔偿计算方式提出上诉	因侵权赔偿计算方式提出上诉	提出上诉，但未涉及侵权赔偿计算方式	未上诉

资料来源：北大法宝，中国自 2009 年 1 月 1 日至 2015 年 9 月 4 日审结之侵害发明专利一审案件。

二、未规定技术分摊原则可能使权利人获得显失公平的不当得益

我国现有专利侵权责任体系属于补偿性质，这一性质试图通过赔偿使受害人恢复到未遭侵权以前的效用水平，意在"使受害人完好无损"。而专利的价值体现在实施了该专利的产品因此而增长的利润上，当侵权发生时，权利人受到的损失正是由其专利技术带来的增利。因此专利侵权赔偿的应是权利人因侵权所丧失的或侵权人因侵权而获得的增利，❶ 这也正是我国在侵权人因侵权获利计算方式中确立技术分摊规则的理论基础。技术

---

❶ 张玲，张楠. 专利侵权损害赔偿额计算中的技术分摊规则［J］. 天津法学，2013（1）：14.

分摊规则指按照特定专利对最终产品利润的贡献比率来计算专利侵权损害赔偿数额。全部市场价值规则指因产品的整个市场价值都取决于专利的功能、或者说专利特征是消费者选择产品的利益，因此权利人的损害赔偿额应当以整个侵权产品，包括专利和非专利部分的全部获利来计算。❶《最高人民法院关于审理侵犯专利权纠纷案件应用法律若干问题的解释》第 16 条第 1 款明确规定因侵权获利计算方式应考虑技术分摊原则，然而对原本最应凸显"填平"性质的因侵权所受损失却未规定技术分摊原则。相反，2015 年 2 月 1 日起施行的《最高人民法院关于审理专利纠纷案件适用法律问题的若干规定》第 20 条规定：权利人因被侵权所受到的实际损失可以根据专利权人的专利产品因侵权所造成销售量减少的总数乘以每件专利产品的合理利润所得之积计算。权利人销售量减少的总数难以确定的，侵权产品在市场上销售的总数乘以每件专利产品的合理利润所得之积可以视为权利人因被侵权所受到的实际损失。从文意解释上对因侵权所受损失是实行全部市场价值规则的。虽然我国专利法并未使用推定之概念，但将侵权人因侵权获利作为权利人因侵权所受损失的替代计算方式应无异议，原本应遵循相同填平原则的两种计算方式对技术分摊规则却采取了不同的立场，在立法逻辑上无法自洽。从比较法的角度，目前美国、日本、德国与韩国均未区分因侵权受损和因侵权获利计算方式选择性适用技术分摊原则。专利权有限的范围不仅设定了侵权的四至，也同时限定了权利人侵权赔偿的范围，❷ 侵权救济对权利人过分赔偿或是赔偿不足均不符合填平原则。对于因侵权受损不加区分地适用全部市场价值规则可能使权利人不恰当地扩展专利范围。首先，在专利产品涉及多个专利时适用全部市场价值可能使权利人获得显失公平的不当利益。以智能手机为例，一台智能手机涉及的专利就有 4000~5000 组，❸ 依据研究显示，在一台假设价格为 400

---

❶　管育鹰. 专利侵权损害赔偿额判定中专利贡献度问题探讨［J］. 人民司法，2010（23）：85.

❷　BENSEN E E. Understanding the Federal Circuit on Patent Damages for Unpatented Spare Parts［J］. Fed. Cir. BJ，2002（12）：62.

❸　余盛良. 高通垄断三宗罪［N］. 证券时报，2014-02-13.

美元的智能手机中，各个部件涉及专利许可费的总和高达 120 美元，从许可费构成可以大致推断出不同的专利对手机价值的贡献度不一（见图 6-1）。❶

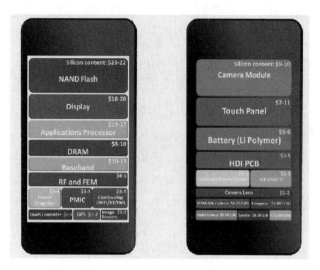

图 6-1　智能手机许可费构成

资料来源：Armstrong, Ann K., Joseph J. Mueller, Tim Syrett.：The Smartphone Royalty Stack：Surveying Royalty Demands For the Components Within Modern Smartphones, 2014.

假设某一智能手机制造商 A 拥有照相机镜片的专利，该专利在整机的总体专利许可费中只占据 0.8% ~ 1.7% 的部分，另一制造商 B 未经许可使用了该专利，A 主张基于全部市场价值原则将智能手机整机利润作为因侵权受损的赔偿计算依据，法院不考虑技术分摊原则，明显过分夸大了照相机镜片专利的利润贡献率。在上述情况下，特定专利的权利人将获得来源于其他专利权人的利润贡献，在这一特定专利不属于侵权产品吸引消费者购买的主要特

---

❶ ARMSTRONG, ANN K., JOSEPH J. MUELLER, TIM SYRETT. The Smartphone Royalty Stack：Surveying Royalty Demands For the Components Within Modern Smartphones ［EB/OL］. https：//www. wilmerhale. com/uploadedFiles/Shared _ Content/Editorial/Publications/Documents/The-Smartphone-Royalty-Stack-Armstrong-Mueller-Syrett. pdf, 2014-05-29/2016-02-20.

征或使某一制造商进入某一特定产业的高门槛技术时，这一"搭便车"的效应将更加明显，权利人可能因此获得显失公平的过度赔偿。其次，即使专利产品仅覆盖单一的专利，不可否认的是一项产品的利润来源于营销、仓储、管理、财务等多重因素的综合作用，如果不加区分而将产品利润完全归因于专利，专利权的排他性将进一步扩展到产品的非专利部分，将专利权的排他性扩展至产品的其他非专利部分，违反了专利授权范围的限定原则。

三、适用全部市场价值原则可能增加中短期内我国企业进行累计创新的创新成本

专利侵权赔偿的民事赔偿属性决定了因侵权所受损失是最符合"填平"原则的赔偿计算方式，然而对该计算方式不加区分地适用全部市场价值原则将为这一计算方式蒙上浓重的惩罚色彩。现代技术的更新换代之快早已突破了摩尔定律，越来越多的技术已不仅是单一专利实施的成果，而是集成了若干专利技术或现有技术；近年来随着专利池及标准组织的兴起，越来越多的科技产品涉及一揽子专利，尤其是在计算机、通信技术、生物医药、精密仪器等领域，如一台智能手机涉及专利就有 4000~5000 组，假设某一手机制造商未获得权利人许可制造手机，每个专利权人均运用全部市场价值原则要求整机利润赔偿且法院不考虑技术分摊，该侵权人将可能对 4000~5000 个权利人分别承担以整机利润为赔偿基数的侵权损害赔偿，这显然突破了专利侵权的填平目的而具备了极强的惩罚性色彩，将引发对侵权人的过度惩罚。虽然我国某些行业的领军企业已经初步具备了创新能力，但大部分企业仍处于跟随与模仿阶段，目前我国企业主流的创新模式属于累积创新；同时在我国市场上具备较高商业价值的核心专利、基础专利多被国外企业掌握，累积创新严重依赖国外专利，因此引进和运用国外专利的能力和成本对于我国企业的累积创新至关重要。基于我国企业累积创新的现实语境，无论通过何种方式运用国外专利，基于全部市场价值原则的因侵权受损计算方式对我国企业来说都意味着更高的创新成本。首先，全部市场价值原则可能对我国企业的"边际合法行为"产生过度震慑。累积创新常见的路径为通过无效申请挑战可能站不住脚的专利、

规避设计或窄化、优化现有专利，从而实现对现有技术的累积创新。❶ 由于专利范围的模糊性以及专利侵权标准的复杂性，这些可能推动累积创新的行为往往处于合法使用与侵权使用的灰色地带而被称为"边际合法行为"。❷ 全部市场价值原则的惩罚性质可能过分震慑那些原本可以规避设计的公司或本可以更加靠近专利边界（而不是越界）的企业，可能导致从事累积创新的我国企业在防止专利侵权方面过分投入，而在"边际合法行为"方面投入不足：潜在的累积创新企业可能倾向于获得专利许可，支付不必要的许可费而不是挑战那些可能站不住脚的专利；企业为了避免被适用全部市场价值原则的风险，可能放弃研发与专利技术不同却处于侵权模糊地带的创新。其次，在通过许可交易合法运用专利的情况下，更强的知识产权保护水平将减少许可人面临的来自于被许可人的纵向竞争，同时将减少被许可人面临的横向竞争，因此将提高许可费水平。❸ 全部市场价值原则实质性增强了我国专利权的保护水平，进而可能推高专利许可费。鉴于在中短期内，我国都将是国际知识产权许可交易的净进口国，提升专利许可费水平最直接的受益人将是国外专利权人，而我国企业进行累积创新的许可费成本将实质性增加，这将减少我国企业从事累积创新获得的利润预期，因此可能减少我国企业的累积创新。

第五节　构建符合我国累积创新需求的因侵权受损损害赔偿制度

由于适用因侵权受损的制度成本与收益无法精确量化，关于该制度的

---

❶ Bekkers, R. N. A. & West, J. The Effect of Strategic Patenting On Cumulative Innovation In UMTS Standardization [EB/OL]. https：//research. tue. nl/en/publications/the-effect-of-strategic-patenting-on-cumulative-innovation-in-umt, 2006-08-01/2019-07-10.

❷ COTTER T F. Economic Analysis of Enhanced Damages and Attorney's Fees for Willful Patent Infringement [J]. Fed. Cir. BJ, 2004 (14)：291, 318.

❸ NAGAOKA S. Determinants of High-Royalty Contracts and the Impact of Stronger Protection of Intellectual Property Rights in Japan [J]. Journal of the Japanese and International Economies, 2005, 19 (2)：233-254.

利弊之比并不存在确定的结论。但通过上述分析可以明确得出，我国现阶段因侵权受损相关规则的粗陋与欠缺在适用过程中可能滋生巨大的社会成本，权利控制抑或过分赔偿都将对社会造成不可承受之重。因侵权受损被专利法列为第一适用顺位的原因在于该计算方式在理论上能够最大限度地实现专利损害赔偿的填平效果。法律经济学"着眼于未来"的特征强调："法律的价值最终必须按照它在实现其目标方面的成功来评价，而不纯粹以它的形式的法律结构来判断。"❶ 依据笔者的实证分析，该计算方式在司法实践中处于权利空置状态，现有立法潜在地突破了填平目的而具有了震慑甚至惩罚色彩。一项用心良好的制度，如何避免"播下的是龙种，却收获了跳蚤"的局面，需要立法者、执法者充分考虑该制度得以有效执行的各要素，来确保法律运行的效果。

一、基于我国累积创新的特征及需求选择性适用技术分摊原则与全部市场价值原则

如前所分析，不加选择地适用全部市场价值原则可能使权利人不恰当地扩展专利范围并获得显失公平的不当收益，全部市场价值原则在特定情况下将突破专利侵权的填平目的而造成对侵权人的过度惩罚，进而增加中短期内我国企业进行累计创新的创新成本。基于此，笔者提出应在因侵权受损计算方式中确立技术分摊原则并根据被告侵权行为对社会整体福利的影响以及我国累积创新的特征及需求选择性适用：

（一）适用全部市场价值原则的一般情形

基于我国目前专利侵权损害赔偿严重补偿不足的司法现状，建议将全部市场价值作为因侵权受损计算方式的默认原则。首先，我国现有实证统计显示我国目前尚不存在因为适用全部市场价值原则而造成过度赔偿的情况，相反由于国内只有10%的权利人提出专利维权诉讼，权利人整体尚处

❶ GERVAIS, DANIEL J. Application of an Extended Collective Licensing Regime in Canada: Principles and Issues Related to Implementation [J]. Vanderbilt Public Law Research Paper, 2003, 26 (11): 21.

于严重补偿不足的状态，如果默认适用技术分摊原则，相当于在现有判赔水平上再行摊薄，将加剧赔偿不足的水平，降低权利人进行发明与商业化的动机。其次，对于有损社会整体福利的侵权行为，应通过适用全部市场价值原则实现一定程度的震慑。恶意侵权、重复侵权、以侵权为业以及单纯的销售侵权产品等行为可以通过侵权提升自身收益，但这种收益是以损害权利人为基础的，且对我国累积创新不会带来任何正效用，给权利人或社会带来了外部成本和负效用，就社会整体而言会带来效率和财富的损失，不符合效率原则，因此此类情形侵权人通过侵权获得的收益不可计入社会总收益/总福利中。对此类行为适用全面市场价值原则，正是迫使侵权人对其侵权行为导致的外在损害的内部化，是对我国现有侵权赔偿补偿不足的矫正。最后，由于专利的非物质性、专利价值的市场波动性及主观性，精确量化特定专利对最终产品利润贡献率的举证成本很高，甚至是不可能的命题。著名的汉德法官就曾在审判书中陈述："由于技术分摊并不能根据权利要求的文本加以确定，因而答案在某种程度上只能是任意的。所有的发明都是一种改进，都是站在过去知识的肩膀上做出的，很难说它为现有知识增加了百分之几的新贡献，也许某种改进在结构是可分的，使技术分摊的量化成为可能，但这仍难以保证利润也按这一比例分摊就是准确的。"❶ 技术分摊原则在世界范围内都是一个棘手的难题，国内的知识产权庭法官是否具备相应的背景知识与经验来确定专利的贡献率还存疑问，而运用技术分摊原则将实质性地增加权利人的举证成本及法官判案的时间则是毫无疑问的。基于以上原因，笔者建议现阶段在适用因侵权受损计算方式时，应默认适用全部市场价值原则。

（二）适用技术分摊原则的例外情形

我国专利法的目的在于"保护专利权人合法权益、鼓励发明创造、推动发明创造的运用、提高创新能力以及促进科学技术进步和经济社会发展"，所保护的对象为创造性、新颖性与实用性兼具的产品或方法。因此

---

❶ 和育东. 专利侵权赔偿中的技术分摊难题——从美国废除专利侵权"非法获利"赔偿说起［J］. 法律科学（西北政法大学学报），2009（3）：161-168.

专利价值的体现应是最终产品在扣除资金、原材料、销售、管理、物流等非智力因素以外的利润，默认适用全部市场价值原则是矫正我国当前专利司法低水平保护的阶段性选择。基于技术分摊原则的规范合理性基础及我国累积创新的需求，我国在现阶段必须保留适用技术分摊原则的例外情形。

1. 使用人实施以边际合法行为为形式的改进但构成侵权的情况

无论是基于技术分摊原则的合理性基础，抑或基于法律移植过程中适应本国累积创新发展需要的理性与主观能动性，边际合法行为都应适用技术分摊原则而非全部市场价值原则。边际合法行为指通过规避设计、反向工程、窄化或优化现有专利等方式对现有有效专利进行利用的非许可行为。边际合法行为人的主观方面表现为从事与原始创新不同的改进意愿，客观方面表现为实施规避设计、挑战专利有效性或窄化改进现有技术等改进行为。虽然由于专利界限的模糊性以及专利侵权认定的不确定性，边际合法行为可能因为靠近专利边界而存在专利等同侵权的可能性，然而与非效率的相同侵权不同，边际合法行为能够优化现有技术，推动技术的运用，在一定程度上得以促进社会总体福利，因此边际合法行为可能构成的侵权在主观方面、客观方面及经济效率方面均不等同于相同侵权。同时考虑在中长期内，我国企业的创新模式主要依托于对原始创新的累积创新，而边际合法行为正是累积创新最重要的实现形式，对边际合法行为的默许、保护甚至鼓励符合我国创新现状及产业利益，因此如被告能够举证其系边际合法行为构成侵权，且被告主动要求适用技术分摊原则，则法院应当适用技术分摊规则。

关于边际合法行为情况下技术分摊原则的具体适用，首先，应由被告举证其对涉案专利以边际合法行为的方式进行了改进，主要体现为实施规避设计、窄化改进现有技术等自主改进行为的证据；其次，由法院指定的会计师事务所审计原告所提交的产品成本及利润构成信息，以确认最终产品在扣除资金、原材料、销售、管理、物流等非智力因素以外的利润，以划定技术分摊的基数；最后，既然法院已经以等同侵权定性了侵权人的使用行为，意味着该行为虽然满足边际合法行为的特征，同时也符合我国立法规定的等同特征，即"基本相同的手段，实现基本相同的功能，达到基本相同的效果"+"本领域普通技术人员在被诉侵权行为发生时无须经过创造性劳动就能够联想到"。❶ 等同特征意味着侵权人的改进对讼争专利价值的增量或是产品成本的削减作用是不显著的，这一改进并不具有创造性及新颖性，因此笔者建议将边际合法行为对最终产品的利润贡献率上限定为技术分摊基数的20%，由被告提交证明讼争专利及原告非经改进的原始产品在技术市场及产品市场的独占程度的证据。如果在被告的侵权产品进入市场前，原告非经改进的原始产品在产品市场的独占程度越低，意味着被告的改进对最终产品的利润率可能的贡献越大，据此依据其独占程度的高低，由法官在技术分摊基数0~20%酌定，如果被告不提交相关证据，则默认此情形下原告专利的利润贡献率为技术分摊基数的100%。

2. 专利产品涉及多个专利

技术分摊涉及的技术分析、价值评估的操作难度及"技术分摊量化不可能"的理论争议从未停止。近年来随着专利池及标准组织的兴起，越来越多的科技产品涉及一揽子专利，这越发加大了在多重专利产品中进行技术分摊的难度。因此，笔者建议此情形下技术分摊必须由被告主动要求及适当举证方可适用。在多重专利情形下的技术分摊属于世界性的理论与司法难题，笔者在此试图探索解决此难题的举证思路。

当专利产品包含多重专利时，应主要由被告加以证明讼争专利对多重专利产品的利润贡献度，原告可以提交相应反驳证据，最终由法院通过对原告、被告提交证据进行效力审查及证明力度比对，在技术分摊基数的基础上酌定讼争专利的利润贡献度，此类证据包括但不限于：

（1）最终产品包含的专利数量；

（2）讼争专利对应何种功能；

（3）讼争专利对应部件的功能对产品功能的重要性；

（4）该专利部件是否使该产品首次进入一个新市场，如手机上网模块

---

❶ 《最高人民法院关于审理专利纠纷案件适用法律问题的若干规定》（2015年2月1日施行）第十七条第二款。

芯片使手机从传统通信领域跨入网络服务领域；

（5）该专利部件是否是吸引消费者购买最终产品的主要卖点，如对三星可卷曲折叠屏幕手机来说，屏幕卷曲折叠面板专利显然是其最大的卖点；

（6）该专利部件是否构成终端产品的主要功能，如对智能手机而言，无论附加功能再强大也无法否认无线通话是其最基础、最重要的功能；

（7）该专利部件是否可以单独拆分出售或使用，如电视遥控板在一般情况下无法单独拆分出售或使用；

（8）是否曾有法院就同一产品的其他专利进行判赔以防止过度赔偿，如（2004）沪二中民五（知）初字第 89 号判决书中显示，被告在侵权产品摩托车中使用了原告的一项外观设计专利和一项发明专利，原告分别向被告提起诉讼及索赔。法院在发明专利侵权案件中扣除了外观设计一案中的判赔部分。在原告、被告充分就讼争专利对多重专利产品的利润贡献度进行举证后，由法官依据双方证据确定讼争专利对多重产品的利润贡献度。

在此需要特别指出的是，本书所遵循的思路是专利损害赔偿制度应符合我国累积创新的特征及产业发展需求，因此在利润分摊的具体适用尺度上，对于我国产业在有效专利布局（尤其是维持 10 年以上有效专利布局）上明显处于弱势且存在专利许可费堆叠风险的领域，以及我国企业进行边际合法行为的情形，我国法院应倾向于严格适用技术分摊原则；而对于我国产业具有后发优势且在专利布局不具有劣势的领域，以及有损于社会整体福利的行为，如恶意侵权、重复侵权、单纯的销售侵权产品行为，我国法院应倾向于适用全面市场价值原则。

二、明晰适用之关键要素以确保权利兑现

虽然现行司法解释已经通过替代方式实质降低了因侵权受损的举证负担，不可否认的是一方面因侵权受损的原始计算方式尚未在司法实践中真正兑现，另一方面该替代方式的规定仍处于粗放随意的状态。为了确保权利人得以真正基于因侵权所受损计算方式获得赔偿，减少该规则适用的随

意性，应在立法或司法层面尽快明晰具体指引，合理分配举证责任。

（1）销售量减少的因果关系。

原告"因侵权所造成销售量减少的总数"属于原告内部经营信息，由原告举证成本最小，一般原告只需提供侵权发生及持续期间专利产品的同比与环比财务报表数据即可证明下降的销售量。为了防止过分赔偿，销售量减少"由侵权所造成"的因果关系应是不言而喻的隐含举证要求，然而销售量下降的原因可能是复杂而多元的，只有在侵权发生前和持续期间专利产品属于市场独占地位时，销售量减少才可能从严格意义上说"由侵权所造成"。基于此，笔者建议如果权利人能证明涉案专利属于原始创新，即视为其已完成销售量减少"由侵权所造成"因果关系的举证责任。原始创新（primary innovation）是与累积创新（cumulative innovation）相对应的概念，意指独立存在的基础技术。与改善效能、降低成本或是新增功能的累积创新不同，原始创新所形成的产品得以独占某一细分市场，甚至开创了一个崭新的细分市场，且不存在不侵权的替代技术或产品。原始创新是累积创新的基础，能够为权利人建立技术垄断地位以实现超额回报，是我国企业获取核心技术、提升竞争力的源泉，与此同时原始创新具有高风险、高投入、回报周期长、资源需求量大的特点。❶ 从法经济学的角度，笔者主张法律制度应追求社会经济效率，专利法最重要目的应基于功利角度，即为了保护专利权人合法权益、鼓励发明创造、推动发明创造的运用、提高创新能力以及促进科学技术进步和经济社会发展，通过简化原始创新因侵权所造成销售量减少的举证负担，能够更好地补贴及回报权利人进行原始创新的巨额时间、财务及人力成本，提升其创新的动机，以更好地服务我国的自主创新。

（2）何种情况属于"权利人销售量减少的总数难以确定"？何种情况下"可以"或"不可以"运用侵权产品销售总数替代权利人销售量减少的总数？

---

❶ 杨卓尔，高山行，江旭. 原始创新的资源基础及其对企业竞争力的影响研究［J］. 管理评论，2014（7）：73-74.

因侵权所受损失作为专利法第一顺位的计算方式，能够最大限度地实现填平并符合专利法的立法目的。为了降低权利人举证成本并确保这一计算方式被有效实施，应明确规定在权利人得以适当举证专利产品的合理利润及侵权产品销售数量时即可准用"权利人销售量减少的总数难以确定"情形的举证规则且不得适用其他三种计算方式，在立法条文中明晰"应当"而非"可以"运用侵权产品销售总数替代权利人销售量减少的总数，以防止法官对这一计算方式路径依赖式的排斥适用及选择性适用。

（3）专利产品的合理利润如何界定。

专利产品的合理利润一般应由权利人承担举证责任。鉴于专利产品的合理利润率越高，权利人的赔偿金额预期也越高，权利人举证天然具有夸大甚至造假动机。为了有效规制这一不当动机，权利人提出的产品合理利润证据首先应系侵权发生及持续期间，专利产品可单独划分的、直接相关的成本、利润信息，而不应是权利人全系列产品的集合证据。另外，此类证据应由独立第三方制作或进行佐证，常见的举证思路包括权利人主动要求法院指定的第三方会计师事务所对权利人提供的会计数据进行审计、权利人向被告以外的第三人提供的、基于真实交易的产品或服务的利润材料、权利人许可他人制造、销售产品的利润材料、公认的行业产品利润率等。

第六节　本章小结

在四种专利侵权损害赔偿计算方式中，因侵权所受损失计算方式在理论上可能引导其利益相关人，包括权利人、侵权人和法院形成合作博弈，进而实现社会福利的最大改善。然而这一理论上最优的选择却因为立法的粗陋规定而造成了权利人的举证困境及法官对该计算方式路径依赖式的排斥立场及选择性适用。基于此，笔者提出应为该方式适用的几大关键要素提供明晰举证指引，包括因侵权造成销售量减少的因果关系、专利产品的合理利润界定、强制适用该计算方式的举证门槛，基于我国累积创新的特征及需求引入技术分摊原则并选择性适用，确保该计算方式所带来的潜在社会福利改善能够充分兑现。

第七章　结论和展望

第一节　研究结论

　　网络技术、人工智能、生物技术、信息技术、新材料与新能源技术等与制造业的深度融合正在引发全球新一轮的科技革命和产业变革，专利侵权损害赔偿作为最重要的专利救济途径，是激励创新、促进经济发展方式转型、优化产业结构行之有效的政策杠杆。目前我国一方面在原始创新与基础科学领域少有建树；专利质量、专利商业化运用能力与发达国家差距巨大，急需通过加强对专利侵权损害赔偿规则的研究实现对创新的保护与激励，增强我国原始创新的能力以助力我国经济转型；另一方面需要正视的是虽然我国某些行业的领军企业已经初步具备创新能力，但大部分企业仍处于跟随与模仿阶段，目前我国企业主流的创新模式属于累积创新，与此同时在现阶段我国企业经营不规范，市场化程度较低的背景下，侵权人具有极强的动机采取机会主义行为，提供虚假营业利润信息，甚至主动造假以承担低水平的专利侵权赔偿，因此，我国当前以加大侵权损害赔偿力度为路径的专利战略转向最终能否在我国实现社会福利最优的实施效果，有赖于决策者对专利侵权损害赔偿体系运行收益与成本的深刻理解。

　　本书主要围绕以上背景及问题进行研究，得出以下研究结论。

一、我国现行专利侵权损害赔偿制度未能实现理想的法律实施效果

　　我国现行专利侵权损害赔偿制度对权利人严重赔偿不足，无法有效推

动发明的运用与商业化，我国专利侵权损害赔偿计算方式适用顺位在司法实践中未能获得有效实施，法定赔偿的适用呈现严重泛化倾向，法院对因侵权受损、因侵权获利及合理许可使用费倍数计算方式持保守立场，适用顺位存在严重的"顺位倒挂"。我国专利侵权损害赔偿制度未能实现理想的法律实施效果，原因是多方面的，包括规则本身技术难度及规则建构不合理的立法因素，证据不利推定制度在专利侵权司法实践中鲜有真正实施以及法官超负荷办案加剧对法定赔偿倾向性适用的司法因素，累积创新为主的创新模式制约了制度的实施效果以及低下的专利商业化水平与低水平的专利侵权损害赔偿互为因果的经济因素，证据造假现象普遍以及权利人怠于举证的社会因素等。

二、专利侵权损害赔偿之顺位设计必须符合纳什均衡

研究发现，合理许可使用费倍数计算方式能够给予专利权人充分保护，引导专利使用人更多地借助事先许可或自主研发的方式合法利用专利，并间接推动国内许可服务市场的发展，符合纳什均衡，因此笔者提出在先许可交易满足真实性审查时应默认适用合理许可费倍数计算方式。而因侵权获利计算方式潜在地将引导侵权人提供虚假营业利润信息，甚至采取做假账的方式以大幅调低营业利润，形成亏损的账面结果，获得有利于己的低水平赔偿，该规则一方面无法促成侵权人对侵权行为造成的损害内部化，另一方面做假账本身对市场规则将是极大的破坏，将加剧我国企业经营的不规范及不诚信。基于此，因侵权获利计算方式的预期可能引导的路径不符合纳什均衡，笔者建议审慎适用因侵权获利计算方式，仅在权利人未对专利进行商业化而无法适用因侵权所受损失及专利合理许可使用费倍数计算方式，且权利人主动要求适用因侵权获利计算方式时方可适用。法定赔偿以外其他三种计算方式的举证及适用难度明显高于现有法定赔偿的自由心证，专利法对于其他三种计算方式规定了选择性的适用模式以及法官"说多错多"的趋利避害心理加剧了法定赔偿的泛化与滥用，导致对权利人严重补偿不足，无法对侵权实现有效震慑，不符合纳什均衡。据此笔者建议确立法定赔偿的例外适用原则，通过法律修改或司法解释明晰排

除三种基本计算方式适用的例外情况，除非属于例外适用的情形，否则专利侵权赔偿额计算应默认适用基本计算方式，以限制法定赔偿的泛化与滥用，使其回归兜底适用的立法原意。

三、专利侵权法定赔偿规范化量赔标准应体现效率与效益之双重价值导向

从设计之初，诉讼效率就是专利侵权法定赔偿制度重要的价值基础，然而诉讼效益是这一制度得以有效实施的正当性保障。效益与效率的双重内生价值基础要求法定赔偿应最小化制度运行的直接成本与错误成本之和，提升法定赔偿的适用确定性、可操作性与权威性。我国应针对我国现有专利侵权法定赔偿的赔偿不足、说理不清等问题，以提高该制度司法保护的效率与效益为原则，围绕专利法目的建立规范化量赔标准：规范统一量赔标准的第一步应以基础性、普适性及中位数代表性为原则确立发明专利侵权法定赔偿的基准参考案例；在确认某类型侵权性质的参考基准案例后，应通过比较个案与基准参考案例在专利商业化程度及侵权情节要素上的区别来确定个案最终赔偿额，并提出下列确定专利侵权法定赔偿额的计算公式：

法院对原告法定赔偿额的支持程度＝专利商业化程度30%＋侵权能力30%＋侵权所涉金额10%＋地域范围10%＋侵权持续时间10%＋故意侵权10%

四、最优专利侵权损害赔偿制度应符合我国产业累积创新之特征与需求

研究发现，我国企业在中短期内主流的创新模式属于累积创新，而累积创新严重依赖国外专利，因此我国长期以来大规模、低水平适用的法定赔偿能够降低我国企业从事累积创新的成本。随着我国产业发展已经实现从创新式模仿向模仿式创新的跃迁，加大赔偿力度将带来更显著的社会福利改善。在此背景下，专利侵权损害赔偿制度这一政策变量仍然需要通过选择性适用市场分摊与全部市场价值原则、引入赔偿金分割制度以默许、

保护甚至鼓励边际合法行为，最大限度地减少制度的实施成本，使其与我国产业累积创新的现实特征与需求相适应。

五、最优专利侵权损害赔偿制度应倾斜保护成功商业化之专利

本书分析了对成功商业化之专利进行倾斜保护的经济理性，提出应通过明晰"专利商业化"的认定标准、给予合法商业化专利默认的三倍许可费保护、将专利的商业化程度作为法定赔偿量化确定的最重要因素以提高创新产品的转化率，促成我国专利从技术到运用的跨越。

第二节　研究展望

我国目前采用法经济学方法论对专利侵权损害赔偿运行实效，尤其是法定赔偿以外的专利侵权计算方式的运行实效进行实证研究的文献还非常罕见。笔者对这一研究领域进行了探索与尝试，但由于水平和时间所限，研究还相当粗陋，许多问题仍值得进一步深入研究。

一、进一步研究法院确定专利侵权损害赔偿金额的要素权重

由于统计的难度与时间、经济成本的限制，笔者虽然将法院的审判理由作为案件的统计要素之一，却未进一步拆分赔偿金额确定要素。分析专利损害赔偿金额确定要素的权重一方面能够为构建可量化的、科学确定的赔偿金额计算体系提供极具价值的实证数据，另一方面可为我国专利权人的举证维权提供有效参考。

二、进一步研究举证门槛降低后因侵权获利计算方式的司法适用情况

2015 年 2 月 1 日实施的《最高人民法院关于审理专利纠纷案件适用法律问题的若干规定》大幅度降低了因侵权受损的举证门槛，侵权获利作为因侵权受损的推定计算方式，制度设定之初的主要实施收益几乎消弭殆

尽，通过统计与分析因侵权获利在司法解释实施后的适用频率、法院适用技术分摊原则的说理程度以及法院证据保全的效果，可以为该制度存在的合理性、必要性提供有效依据。

三、进一步扩大和更新案例样本库

本书由于时间和成本限制，只统计了我国发明专利侵权的判决书，同时涉及专利合理许可使用费、因侵权获利、因侵权所受损失的裁判文书数量和比例都极少，有待进一步补充及更新，以提升统计数据的准确性。

参考文献

一、著作

［1］安建.中华人民共和国专利法释义［M］.北京：法律出版社，2009.

［2］汤宗舜.专利法教程［M］.北京：法律出版社，2003.

［3］徐红菊.专利许可法律问题研究［M］.北京：法律出版社，2007.

［4］国家知识产权局条法司.新专利详解［M］.北京：知识产权出版社，2001.

［5］杨立新.侵权行为法［M］.上海：复旦大学出版社，2005.

［6］［美］安守廉.窃书为雅罪［M］.李琛，译.北京：法律出版社，2010.

［7］［美］大卫·D.弗里德曼.经济学语境下的法律规则［M］.杨欣，译.北京：法律出版社，2004.

［8］［美］理查德·波斯纳.法律理论的前沿［M］.武欣，凌斌，译.北京：中国政法大学出版社，2003.

［9］［美］理查德·波斯纳.法律的经济分析［M］.蒋兆康，译.北京：中国大百科全书出版社，1997.

［10］［美］罗伯特·考特，托马斯·尤伦.法和经济学［M］.史晋川，董雪兵，等译.上海：格致出版社，2012.

［11］［美］罗尔斯·正义论［M］.何怀宏，等译.北京：中国社会科学出版社，2009.

［12］Blair R D，Kenny L W.Microeconomics for Managerial Decision Making［M］.New York：McGraw-Hill Companies，1982.

［13］Calabresi G.The Cost of Accidents：A Legal and Economic Analysis［M］.

New Haven：Yale University Press，2008.

［14］Cooter R，Ulen T.Law and Economics ［M］. Upper Saddle River：Pren-
tice Hall，2011.

［15］Miceli T J.The Economic Approach to Law ［M］. San Francisco：Stanford
University Press，2004.

［16］NORTH，DOUGLASS，C.，ROBERT P.THOMAS，The Rise of the
Western World：A New Economic History ［M］. Cambridge：Cambridge
University Press，1973.

［17］Robert Cooter，Thomas Ulen，Law and Economics ［M］. New Jersey：
Prentice Hall，2011.

［18］United States Congress.Office of Technology Assessment.Innovation and
Commercialization of Emerging Technologies ［M］. Washington：Office of
Technology Assessment，1995.

二、论文

［1］崔志刚，全红霞.知识产权赔偿中"侵权人获利"标准的思考 ［J］.
科技与法律，2007（4）.

［2］陈朝晖，谢薇.专利商业化激励：理论，模式与政策分析 ［J］. 科研
管理，2012，33（12）.

［3］董雪兵，史晋川.累积创新框架下的知识产权保护研究 ［J］.经济研
究，2006（5）.

［4］冯晓青.利益平衡论：知识产权法的理论基础 ［J］. 知识产权，2003，
13（6）.

［5］郭德忠.美国判例对专利许可使用费的规制 ［J］. 电子知识产权，
2008（4）.

［6］高锡荣，罗琳.中国创新转型的启动证据——基于专利实施许可的分
析 ［J］. 科学学研究，2014（7）.

［7］夏强.广州市中级人民法院知识产权审判庭课题组，模糊的边界：知
识产权赔偿问题的实务困境与对策 ［J］. 法治论坛，2014（3）.

［8］管育鹰.专利侵权损害赔偿额判定中专利贡献度问题探讨［J］.人民司法，2010（23）.

［9］胡晶晶.知识产权"利润剥夺"损害赔偿请求权基础研究［J］.法律科学（西北政法大学学报），2014（6）.

［10］贺宁馨.我国专利侵权诉讼有效性的实证研究［D］.武汉：华中科技大学，2012.

［11］贺宁馨，李杰伟，丁秀好.专利侵权损害赔偿额的影响因素研究——基于我国24个地区专利侵权案件的实证［J］.情报杂志，2012（12）.

［12］贺宁馨，袁晓东.我国专利侵权损害赔偿制度有效性的实证研究［J］.科研管理，2012（4）.

［13］黄学里，李建星.理性的量化：知识产权法定赔偿之恪守与超越——基于310份案例之SPSS统计分析［C］//建设公平正义社会与刑事法律适用问题研究——全国法院第24届学术讨论会获奖论文集（上册），2012：507-519.

［14］和育东，石红艳，林声烨.知识产权侵权引入惩罚性赔偿之辩［J］.知识产权，2013（3）.

［15］和育东.专利侵权损害赔偿计算制度：变迁、比较与借鉴［J］.知识产权，2009（5）.

［16］和育东.专利侵权赔偿中的技术分摊难题——从美国废除专利侵权"非法获利"赔偿说起［J］.法律科学（西北政法大学学报），2009（3）.

［17］和育东.美国专利侵权救济制度研究［D］.北京：中国政法大学，2008.

［18］纪璐.美国专利侵权损害赔偿制度及其借鉴［D］.天津：南开大学，2012.

［19］雷刚.美国专利侵权损害赔偿计算中的市场占有率法［J］.科技管理研究，2014（12）.

［20］刘劲松.专利侵权损害赔偿的计算方法研究［D］.广州：华南理工大

学，2012.

[21] 李黎明.专利侵权法定赔偿中的主体特征和产业属性研究——基于2002—2010年专利侵权案件的实证分析 [J]. 现代法学，2015（4）.

[22] 李晓明，辛军.诉讼效益：公正与效率的最佳平衡点 [J]. 中国刑事法杂志，2004（1）.

[23] 李文健.刑事诉讼效率论——基于效益价值的法经济学分析（上）[J]. 政法论坛：中国政法大学学报，1997（5）.

[24] 刘洋.专利制度的产权经济学解释及其政策取向 [J]. 知识产权，2009（3）.

[25] 骆永家.证明妨碍 [J]. 月旦法学杂志，2001（69）.

[26] 刘宇琼.侵权行为法的经济分析 [D]. 北京：中国政法大学，2005.

[27] 廖忠安.专利转化率的相对性实证分析 [D]. 广州：华南理工大学，2014.

[28] 李秀娟.专利侵权诉讼中实际损失之确定标准——美国的经验 [A]. 国家知识产权条法司.专利法研究（2010）.北京：知识产权出版社，2011.

[29] 马光荣.制度、企业生产率与资源配置效率——基于中国市场化转型的研究 [J]. 财贸经济，2014（8）.

[30] 庞璐.浅析现有专利侵权赔偿制度的合理性 [C] //中华全国专利代理人协会.加强专利代理行业建设、有效服务国家发展大局——2013年中华全国专利代理人协会年会暨第四届知识产权论坛论文选编.北京：知识产权出版社，2013.

[31] 阮开欣.解读美国专利侵权损害赔偿计算中的合理许可费方法 [J]. 中国发明与专利，2012（7）.

[32] 上海市高级人民法院民三庭.上海法院确定侵犯知识产权赔偿数额的司法实践 [J]. 人民司法，2006（1）：15-16.

[33] 王凤.我国专利侵权损害赔偿相关问题研究 [D]. 兰州：兰州大学，2009.

[34] 王磊，赖石成.中国经济改革过程中的制度分析——以诺斯的制度理

论透视当下中国经济改革［J］．现代管理科学，2015（3）：42．

［35］ 文礼朋，郭熙保．专利保护与技术创新关系的再思考［J］．经济社会体制比较，2007（6）．

［36］ 吴汉东．利弊之间：知识产权制度的政策科学分析［J］．法商研究，2006（5）．

［37］ 吴汉东．知识产权本质的多维度解读［J］．中国法学，2006（5）．

［38］ 吴汉东．关于知识产权基本制度的经济学思考［J］．法学，2000（4）．

［39］ 吴敬琏．制度重于技术——论发展我国高新技术产业［J］．经济社会体制比较，1999（5）．

［40］ 王鹏．最优专利侵权归责原则的选择———一种经济模型的方法［J］．制度经济学研究，2010（4）．

［41］ 王申．法官的理性与说理的判决［J］．政治与法律，2011（12）．

［42］ 王晓丹．专利侵权损害法定赔偿的计算因素研究［D］．长沙：湖南大学，2007．

［43］ 徐聪颖．我国专利权法定赔偿的实践与反思［J］．河北法学，2014（12）．

［44］ 杨柳．我国专利侵权损害法定赔偿问题研究［D］．南昌：江西财经大学，2014．

［45］ 袁秀挺，凌宗亮．我国知识产权法定赔偿适用之问题及破解［J］．同济大学学报（社会科学版），2014（6）．

［46］ 杨卓尔，高山行，江旭．原始创新的资源基础及其对企业竞争力的影响研究［J］．管理评论，2014（7）．

［47］ 祝建辉．基于经济分析的专利使用费赔偿制度研究［J］．科技管理研究，2010（11）．

［48］ 张玲，张楠．专利侵权损害赔偿额计算中的技术分摊规则［J］．天津法学，2013（1）．

［49］ 张楠．论专利侵权赔偿所失利润计算方式［D］．天津：南开大学，2013．

［50］朱启莉.我国知识产权法定赔偿制度研究［D］.长春：吉林大学，2010.

［51］张维迎.法律：通过第三方实施的行为规范［J］.读书，2000（11）.

［52］周晓冰.建立知识产权损害赔偿的"最大程度确定"规则（续前）［J］.电子知识产权，2008（10）.

［53］周晓冰.建立知识产权损害赔偿的"最大程度确定"规则（待续）［J］.电子知识产权，2008（9）.

［54］张晓霞.侵权获利返还之请求权基础分析——以第三次修订的《专利法》第65条为出发点［J］.知识产权，2010（2）.

［55］赵歆，刘晓海.加拿大专利赔偿案件计算侵权人利润法及启示［J］.科技管理研究，2014（20）.

［56］詹映，张弘.我国知识产权侵权司法判例实证研究——以维权成本和侵权代价为中心［J］.科研管理，2015（7）.

［57］詹映.我国知识产权保护水平的实证研究——国际比较与适度性评判［J］.科学学研究，2013（9）.

［58］［澳］约翰·巴斯滕.法官行为：与政府的关系［A］.怀效锋.法官行为与职业伦理［C］.北京：法律出版社，2006.

［59］Anton J J，Yao D A.Finding "Lost" Profits：An Equilibrium Analysis of Patent Infringement Damages［J］.The Journal of Law，Economics & Organization，2006，23（1）.

［60］Blair R D，Cotter T F.Rethinking Patent Damages［J］.Tex.Intell.Prop.LJ，2001：10.

［61］Blair R D，Cotter T F.Economic Analysis of Damages Rules in Intellectual Property Law，An［J］.Wm.& Mary L.Rev.，1997：39.

［62］Bensen E E.Understanding the Federal Circuit on Patent Damages for Unpatented Spare Parts［J］.Fed.Cir.BJ，2002：12.

［63］Bekkers，R.N.A.& West，J.The Effect of Strategic Patenting On Cumulative Innovation In UMTS Standardization［C］.Dime Working Papers on Intellectual Property Rights，2006（9）.

［64］ Burk D L, Lemley M A.Policy Levers in Patent Law ［J］. Va.L.Rev., 2003, 89.

Chien C V.Predicting patent litigation ［J］. Texas Law Review, 2011, 90.

［65］ Crouch D D.The Patent Lottery: Exploiting Behavioral Economics for the Common Good ［J］. George Mason Law Review, 2008, 16 (1).

［66］ Calabresi G, Melamed A D.Property Rules, Liability Rules, and Inalienability: One View of the Cathedral ［J］. Harv.L.Rev., 1971: 85.

［67］ Coase R H.The Problem of Social Cost ［J］. Journal of Law and Economics, 1960: 3.

［68］ Cotter T F.Four Principles for Calculating Reasonable Royalties in Patent Infringement Litigation ［J］. Santa Clara Computer & High Tech. LJ, 2010: 27.

［69］ Cotter T F.Economic Analysis of Enhanced Damages and Attorney's Fees for Willful Patent Infringement ［J］. Fed.Cir.BJ, 2004: 14.

［70］ Dodge R E.Reasonable Royalty Patent Infringement Damages: A Proposal for More Predictable, Reliable, and Reviewable Standards of Admissibility and Proof for Determining a Reasonable Royalty ［J］. Ind. L. Rev., 2014: 4.

［71］ Drahos P.A philosophy of intellectual property ［M］. Aldershot: Dartmouth, 1996.

［72］ Eisenberg R S, Merges R P.Reply to Comments on the Patentability of Certain Inventions Associated with the Identification of Partial cDNA Sequences ［J］. AIPLA QJ, 1995: 23.

［73］ Eisenberg R S.Patents and the progress of science: Exclusive rights and experimental use ［J］. The University of Chicago Law Review, 1989: 56 (3).

［74］ Galasso A, Schankerman M.Patent Thickets, Courts, and the Market for Innovation ［J］. the RAND Journal of Economics, 2010: 41 (3).

［75］ Gervais, Daniel J.Application of an Extended Collective Licensing Regime in Canada：Principles and Issues Related to Implementation ［J］. Vanderbilt Public Law Research Paper，11-26.

［76］ Gilbert R，Shapiro C. Optimal Patent Length and Breadth ［J］. RAND Journal of Economics，1990：21.

［77］ Golden J M. Principles for Patent Remedies ［J］. Tex.L.Rev.，2009，88.

［78］ Grady M F，Alexander J I. Patent law and rent dissipation ［J］. Virginia Law Review，1992.

［79］ Green J R，Scotchmer S. On the Division of Profit in Sequential Innovation ［J］. RAND Journal of Economics，1995，26（1）：20-33.

［80］ Hall B H，Ziedonis R H. The Effects of Strengthening Patent Rights on Firms Engaged in Cumulative Innovation：Insights from the Semiconductor Industry ［J］. Entrepreneurial Inputs and Outcomes：New Studies of Entrepreneurship in the United States，2001：13.

［81］ Henry M D，Turner J L. Patent Damages and Spatial Competition ［J］. The Journal of Industrial Economics，2010，58（2）.

［82］ Heald P J. Optimal Remedies for Patent Infringement：A Transactional Model ［J］. Hous.L.Rev.，2008：45.

［83］ Heald P J. Transaction Costs Theory of Patent Law ［J］. Ohio St. LJ，2005：66.

［84］ Ian Ayres & Paul Klemperer. Limiting Patentees' Market Power Without Reducing Innovation Incentives：The Perverse Benefits of Uncertainty and Non-Injunctive Remedies ［J］. 1999：97.

［85］ Kitch E W. The Nature and Function of the Patent System ［J］. Journal of Law & Economics，1977，20（2）.

［86］ Lemley M A. Distinguishing Lost Profits from Reasonable Royalties ［J］. Wm.& Mary L.Rev.，2009：51.

［87］ Lemley M A，Shapiro C. Patent Holdup and Royalty Stacking ［J］. Tex.L. Rev.，2006：85.

［88］ Lemley M A. The Economics of Improvement in Intellectual Property Law

[J]. Tex.L.Rev., 1997: 75.

[89] Matthews Jr R A. Potential Hidden Cost of a Patent – Holding Company: The Loss of Lost–Profit Damages, A [J]. AIPLA QJ, 2004: 32.

[90] Mazzeo M J, Hillel J, Zyontz S.Explaining the "npredictable": An Empirical Analysis of U.S.Patent Infringement Awards [J]. International Review of Law and Economics, 2013, 35 (C).

[91] Mazzoleni R, Nelson R R.The Benefits and Costs of Strong Patent Protection: A Contribution to the Current Debate [J]. Research policy, 1998, 27 (3): 275.

[92] Merges R P. The Trouble with Trolls: Innovation, Rent – Seeking, and Patent Law Reform [J]. Berkeley Technology Law Journal, 2010: 24.

[93] Merges R. Intellectual Property Rights and Bargaining Breakdown: The Case of Blocking Patents [J]. Tennessee Law Review, 1994: 62.

[94] Nieberding J F. Importance of Price Elasticity of Demand in Computing Total Lost Profits in Patent Infringement Cases, The [J]. J.Pat.& Trademark Off.Soc'y, 2003.

[95] Nagaoka S. Determinants of High – Royalty Contracts and the Impact of Stronger Protection of Intellectual Property Rights in Japan [J]. Journal of the Japanese and International Economies, 2005, 19 (2).

[96] Osenga K. Formerly Manufacturing Entities: Piercing the Patent Troll Rhetoric [J]. Conn.L.Rev., 2014: 47.

[97] Ofer Tur–Sinai.Cumulative Innovation in Patent Law: Making Sense of Incentives [J]. IDEA: The Intellectual Property Law Review, 2010 (4).

[98] Paul Burrows, Cento G. Veljanovski. Introduction: The Economic Approach to Law [A]. Paul Burrows and Cento G. Veljanovski.The Economic Approach to Law [C]. London: Butterworths, 1981.

[99] Paik Y, Zhu F. The Impact of Patent Wars on Firm Strategy: Evidence from the Global Smartphone Market [C] //Academy of Management Proceedings.Academy of Management, 2013 (1).

［100］ Polinsky A M, Shavell S. Punitive Damages: An Economic Analysis ［J］. Harv.L.Rev., 1997: 111.

［101］ Potter R H, Krattiger A, Mahoney R T, et al. Technology Valuation: An Introduction ［J］. Intellectual Property Management in Health and Agricultural Innovation: a Handbook of Best Practices, Volumes 1 and 2, 2007: 805-811.

［102］ Raghu T S, Woo W, Mohan S B, et al. Market reaction to patent infringement litigations in the information technology industry ［J］. Information Systems Frontiers, 2008, 10 (1).

［103］ Reichman J H. Of Green Tulips and Legal Kudzu: Repackaging Rights in Subpatentable Innovation ［J］. Vand.L.Rev., 2000: 53.

［104］ Reitzig M, Henkel J, Heath C. On Sharks, Trolls, and Their Patent Prey—Unrealistic Damage Awards and Firms' Strategies Of "Being Infringed" ［J］. Research Policy, 2007, 36 (1).

［105］ Rich G S. Relation between Patent Practices and the Anti-Monopoly Laws ［J］, The.J.Pat.Off.Soc'y, 1942.179.

［106］ Roin B N. The Case for Tailoring Patent Awards Based On the Time-To-Market of Inventions ［J］. UCLA Law Review, 2014: 61.

［107］ Schmitt-Nilson A. The Unpredictability of Patent Litigation Damage Awards: Causes and Comparative Notes ［J］. Intellectual Property Brief, 2012, 3 (3).

［108］ Seaman C B. Reconsidering the Georgia-Pacific Standard for Reasonable Royalty Patent Damages ［J］. 2011: 1661.

［109］ Shapiro C. Patent reform: Aligning reward and contribution ［M］ //Innovation Policy and the Economy, Volume 8. University of Chicago Press, 2008.

［110］ Shaver L. Illuminating Innovation: From Patent Racing to Patent War ［J］. Wash.& Lee L.Rev., 2012: 69.

［111］ Sichelman T M. Purging Patent Law of "Private Law" Remedies ［J］.

Texas Law Review，2014：92.

［112］ Sterk S E.Property Rules，Liability Rules，and Uncertainty About Property Rights ［J］. Michigan Law Review，2008：106.

［113］ Takenaka T.Success or Failure－Japan's National Strategy on Intellectual Property and Evaluation of Its Impact from the Comparative Law Perspective ［J］. Wash.U.Global Stud.L.Rev.，2009：8.

［114］ Tsai B H.Does Litigation Over the Infringement of Intellectual Property Rights Hinder Enterprise Innovation? An Empirical Analysis of the Taiwan IC Industry ［J］. Issues & Studies，2010，46（2）：173-203.

［115］ Webster E，Jensen P H.Do Patents Matter for Commercialization? ［J］. Journal of Law and Economics，2011，54（2）.

［116］ Werden G J，Froeb L M，Beavers L W.Economic Analysis of Lost Profits from Patent Infringement with and without Noninfringing Substitutes ［J］. AIPLA QJ，1999：27.

［117］ Wyatt L.Keeping Up with the Game：The Use of the Nash Bargaining Solution in Patent Infringement Cases ［J］. Santa Clara Computer & High Tech.LJ，2014：31.

［118］ Yieyie Yang.Patent Problem：Can Chinese Courts Compare with the U.S. in Providing Patent Holders with Adequate Monetary Damages ［J］. J. Pat.& Trademark Off.Soc'y，2014.

［119］ Zhang M，Hylton K N.Optimal Remedies for Patent Infringement ［J］. Boston Univ.School of Law，Law and Economics Research Paper，2015（15-53）.

三、报纸

［1］ 毛振华."专利大国"遭遇"专利之痛" ［N］. 科技日报，2015-07-22.

［2］ 余盛良.高通垄断三宗罪 ［N］. 证券时报，2014-02-13.

［3］ 张维.97%专利侵权案判决采取法定赔偿 ［N］. 法制日报，2013-

04-16.

四、判例

[1] Dowagiac Mfg.Co.v.Minnesota Moline Plow Co., 235 U.S.641 (1915)

[2] Georgia-Pacific Corp. v. United States Plywood Corp., 318 F.Supp.1116 (S.D.N.Y.1970)

[3] FROMSON V.WESTERN LITHO PLATE & SUPPLY CO., 853 F.2D 1568 (1988).

[4] Mobil Oil Corp.v.Amoco Chems.Corp., 915 F.Supp.1333, 1342 (D.Del. 1994), Rude v.Westcott, 130 U.S.152, 164-165 (1889).

五、电子文献

[1] 国家工商总局.2015 年 4 月全国市场主体发展报告 [EB/OL]. http：//www.saic.gov.cn/zwgk/tjzl/zhtj/xxzx/201505/P0201505206192-83729167.pdf，2015-05-20/2016-01-29.

[2] 广东省高院课题组.关于探索完善司法证据制度破解知识产权侵权损害赔偿难的调研报告 [EB/OL]. http：//www.gdcourts.gov.cn/ecdoma-in/framework/gdcourt/lgedihgbabbebboelkeboekheeldjmod/jldinjpmabbgb-boelkeboekheeldjmod.do? isfloat=1&disp_ template=pchlilmiaebdbboelje-hjhkjkkgjbjie&fileid=20141107175330766&moduleIDPage=jldinjpmabb-gbboelkeboekheeldjmod&siteIDPage=gdcourt&infoChecked=0&keyword=&dateFrom=&dateTo=，2014-11-07/2016-02-01.

[3] 国家知识产权局规划发展局.2013 年中国有效专利年度报告（一）[EB/OL]. http：//www.sipo.gov.cn/ghfzs/zltjjb/201503/P0201503255-27033534175.pdf，2013-12-05/2015-08-05.

[4] 世界银行.知识产权使用费，接受 [DB/OL]. http：//data.worldbank.org.cn/indicator/BX.GSR.ROYL.CD/countries? page=1，2015-06-15.

[5] 世界银行.知识产权使用费，支付 [DB/OL]. http：//data.worldbank.

org. cn/indicator/BM.GSR.ROYL.CD，2015-06-15.

［6］ 中国知识产权咨询网.华为首次闯入 2014 年度美国专利授权 TOP50
［EB/OL］. http：//www.iprchn. com/Index_ NewsContent. aspx？newsId=
81259, 2016-01-13.

［7］ Armstrong, Ann K.，Joseph J. Mueller，and Tim Syrett. The Smartphone
Royalty Stack：Surveying Royalty Demands For the Components Within Mod-
ern Smartphones ［EB/OL］. https：//www.wilmerhale. com/uploadedFiles/
Shared _ Content/Editorial/Publications/Documents/The - Smartphone -
Royalty-Stack-Armstrong-Mueller-Syrett.pdf，2014-05-29/2016-02-20.

［8］ Executive Office of the President. Patent Assertion and U. S. Innovation
［EB/OL］. http：//www. whitehouse. gov/sites/default/files/docs/paten-
treport.pdf.2013-6/2015-06-17.

［9］ Freshfields Brunkhaus Deringer.A Guide to Patent Litigation，［EB/OL］. ht-
tp：//www.freshfields.com/uploadedFiles/SiteWide/Knowledge/A%20Guide%
20to%20Patent%20Litigation%20in%20the%20PRC. PDF，2013-06/2015-
08-05.

［10］ KALANJE C M. Role of Intellectual Property in Innovation and New
Product Development ［EB/OL］. http：//www. wipo. int/sme/en/docu-
ments/ip_ innovation_ development_ fulltext.html#inv，2015-12-31.

［11］ OECD. OECD Economic Surveys：China 2015 ［EB/OL］. http：//dx.
doi.org.10.1787/eco.surveys-chn-2015-en，2015-03/2016-02-20.

［12］ PWC.2015 PWC Patent Litigation Study ［EB/OL］. https：//www.pwc.
com/us/en/forensic-services/publications/assets/2015-pwc-patent-liti-
gation-study.pdf，2015-05/2016-03-30.